沂南文化旅游发展集团有限公司统筹

沂南历史文化

YINAN LISHI WENHUA

古史究真

李遵刚◎著

山东城市出版传媒集团·济南出版社

图书在版编目(CIP)数据

古史究真 / 李遵刚著. -- 济南 : 济南出版社,
2022.12

（沂南历史文化）

ISBN 978-7-5488-3308-6

Ⅰ. ①古… Ⅱ. ①李… Ⅲ. ①沂南县 - 地方史 - 研究 - 古代 Ⅳ. ①K295.24

中国版本图书馆CIP数据核字（2022）第227585号

沂南历史文化：古史究真

出 版 人　田俊林
责任编辑　张智慧
装帧设计　张　倩
出版发行　济南出版社
地　　址　山东省济南市二环南路 1 号（250002）
印　　刷　天津雅泽印刷有限公司
版　　次　2023 年 4 月第 1 版
印　　次　2024 年 1 月第 2 次印刷
成品尺寸　170 mm × 240 mm　16 开
总 印 张　62
总 字 数　990 千
总 定 价　328.00 元（全三册）

总 序

2016年，我所著《沂南古史钩沉》由中国文联出版社出版，山东省政协副主席、山东师范大学齐鲁文化研究中心主任王志民为拙著作序并予以推介和鼓励。《沂南古史钩沉》分为上下两编，上编为《钟灵毓秀》，专写琅邪、阳都、诸葛亮及其家族；下编《流光溢彩》，主要写历史上沂南县境内的人文历史和望族名流。因为涉及面宽，又受文字数量的限制，有些内容没有收纳进去；因为时间紧迫和能力所限，有些有价值的史实没有来得及挖掘或没有整理收录进去。沂南虽然是一个新县，但沂南大地上先民的历史却十分久远。随着社会的发展和科技的进步，许多闻所未闻的历史文物逐渐被发掘出来。经过几年的努力，笔者又收集到了一些有关山川、人文等方面的历史资料，可以稍稍弥补当年的遗憾了，因此决定将《沂南古史钩沉》上编《钟灵毓秀》分离出来，增加一部分已发表的与阳都和诸葛家族有关的考论文章，单独成册，以《阳都诸葛》为书名付梓；对下编《流光溢彩》的章节进一步梳理，再增加一些新的历史资料，分为《古史撷英》和《古史究真》两册付梓。

《阳都诸葛》《古史撷英》和《古史究真》三本书合称为《沂南历史文化》。

历史是已经发生了的事情。把发生过的事情，通过恰当的文体有系统地记录、研究和诠释，后人可以对此有所了解，这就是史书。本书虽然写的都是历史内容，但仅是“言人未言，言之有据，言之成理”的历史资料集。即便如此，本套丛书在内容和形式上也是尽力按照信史来书写的。

读史，可以让我们知晓曾经发生过什么事情，知道古代沂南有这些应知的大事；可以让我们从中总结事物发展的规律，并更好地促进社会的发展与变革。这就是我挖掘、整理、出版此类著作的初衷。

对沂南县的古代历史，后人从不同的角度、以不同的体裁及不同的理解可以写出不同的文章，但历史是客观存在的，无论作者如何书写，历史都以自己的方式存在着，不可改变。本书挖掘收录的仅是沂南历史的冰山一角，大量的历史事实有待继续深入发掘；在对沂南历史的审视角度、表达方式和理解认知方面，因我自身的能力和特点，自知严谨尚可而文采不足，舛误之处也必定存在。我已忝列古稀，渐感力不从心。恳望有志者不懈努力，后来居上，并不吝指谬与匡正。

李遵刚

2021 年 10月于芥子书屋

目录

第一章　远古探究

第二章　古事新论

第三章　青驼寻古

第四章　古迹考略

第五章　乡贤考论

第六章　沂苑撷英

外一章　煎饼史话

第一章 远古探究

冠以“沂南”之名的化石

沂南县是个新县，若从1939年12月设立南沂蒙联防办事处，1940年3月改称沂南县开始计算，至今也就80多年的历史。但是，沂南大地却有着科学认定的古老历史：这块土地上发现了以“沂南”命名的远古时代的哺乳类动物和雉科动物化石。

沂南县位于沂蒙山区中部，蒙山东北边缘，沂河中游，县境东西最大横距56.6千米，南北最大纵距50.8千米，面积约1719.3平方千米。沂南县属鲁东南低山丘陵区，地貌分区特征比较明显，自西而东依次为低山区、平原区、丘陵区。西部为低山区，属山东地台的一部分，海拔在88—762.8米之间，相对高程200—400米，其中海拔500米以上的山峰有19座，五彩山主峰海拔762.8米，为海拔最高点；中部为平原区，位于沂河两岸和东汶河、蒙河下游两岸，为洪水冲积平原，海拔88—100米之间，面积约412平方千米，占全县总面积的23%；县境东部为丘陵区，海拔100—240米之间，丘陵区面积约331平方千米，占全县总面积的19%。

远古时期（距今300万年前至公元前21世纪），这块土地上的哺乳动物有多少种类已不可知。现在已发现而且在国内有影响的有两种哺乳类动物化石和一种鸟类动物化石，这三种化石都被冠以“沂南”二字。

沂南熊

生物的一般分类层次是：界、门、纲、目、科、属、种。熊是食肉目熊科动物的通称。熊科还分为4个属（懒熊属、眼镜熊属、马来熊属、熊属），8个种。沂南熊就是现代熊科动物的远祖之一。

1993年1月，《古脊椎动物学报》第31卷第1期发表了中国科学院古脊椎动物与古人类研究所李亦征文章《记山东沂南上新纪熊属一新种》。熊化石出自沂南县马牧池乡双泉村西山洞穴堆积中。文章记述：

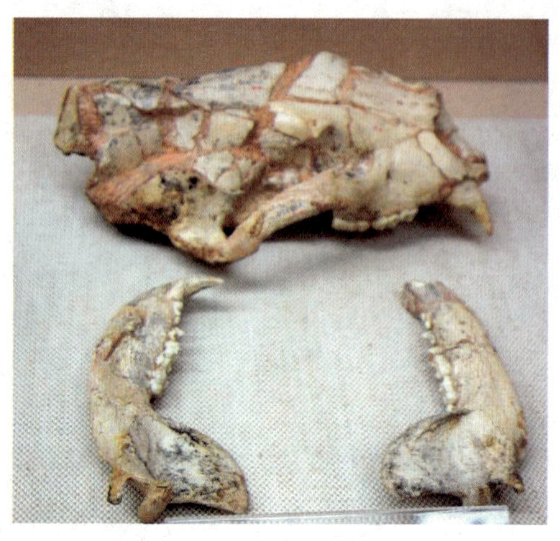

"沂南熊"头骨化石

洞穴围岩由奥陶纪的白云质灰岩构成，堆积物基本为一套混杂堆积，以浅棕红色含灰岩角砾的黏土岩为主，其间充填有碳酸钙结晶，胶结坚硬。堆积物厚度约4.2 m。其间发现较为丰富的化石，多数保存完整，初步计有鸟类、爬行类、食肉目、啮齿目和翼手目。

在这些化石中，最重要的发现是食肉目中的熊化石。考古学者将在这里发现的熊化石定名为"沂南熊"，并说明：英语"种名取自化石产地沂南县的汉语拼音"。文章还提到："这是在中国首次发现的中上新世Ursus[①]的可靠记录，它的发现对于探讨欧亚大陆上真正熊类的演化及地理分布等问题具有重要意义。"

继发现沂南熊之后，中国科学院古脊椎动物与古人类研究所邱占祥院士等人于2006年发现了两件产自甘肃省东乡县的龙担动物群的熊类化石，这是这一动物群中熊类化石的首次发现。东乡县的熊类化石被归入沂南熊。

沂南科氏仓鼠

20世纪80年代，中国科学院古脊椎动物与古人类研究所在马牧池乡杏墩子村附近的棋盘山出土了一批古生物化石。在棋盘山上的一处古生代裂隙堆积中，专家们先后发现了鸟、鼠、兔、蛇、鹿、蝙蝠及螺等数十种古生物化石……化石镶嵌在中奥陶纪石灰岩和钙质砂岩层的裂隙中，化石地层地质年代为上新世，距今300—500万年。[②]

1984年10月，《古脊椎动物学报》第22卷第4期发表了中国科学院古脊椎动物与古人类研究所郑绍华文章《科氏仓鼠一新种》。作者"以沂南县名作种名"，将这种仓鼠定名为"沂南科氏仓鼠"，并说明：正型标本是"一相当完

①Ursus，汉语译为"熊属"。
② 录自沂南县文物管理所原所长赵文俊在《中国文物报》发表的文章《沂南棋盘山发现古生物化石》。

整的成—老年个体头骨”，副型标本是“一左下颌骨”。作者在文章提要中说：

> 山东沂南马牧池区双泉西山红棕色角砾岩层中的Kowalskia yinanensis sp.nov.头骨和下颌是该属迄今所发现的最完整的材料。这种仓鼠大小接近波兰晚上新世的K.magna，具有和Cricetinua varians相似性状的头骨及下颌。臼齿尖（嵴）发育程度较捷克最晚上新世的K.intermedia稍原始，时代上大致可与之相对比。

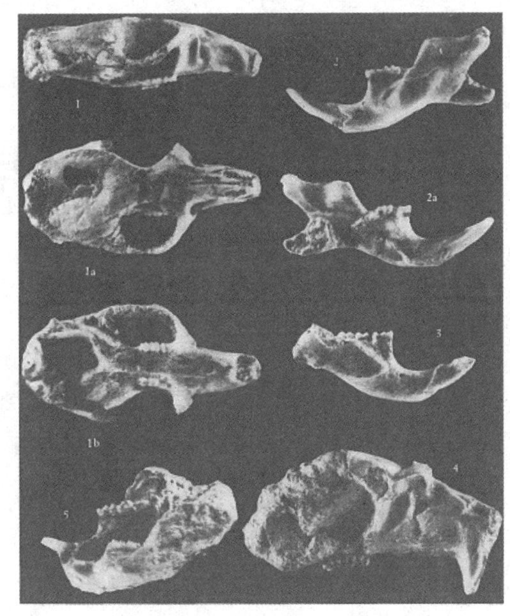

“沂南科氏仓鼠”头骨化石

沂南山东雉

在棋盘山出土的古生物化石中，鸟类和蛇类化石相当丰富，保存也较完整。经过整修，已经获得了三具较完整的鸟类化石。有趣的是，一只鸟腹内有一鼠类头骨，另一只腹内有胃石。

2003年，鸟化石标本被命名为“沂南山东雉”（拉丁学名Shandong-ornis yinansis）。

这三种远古时期的动物化石命名都冠以“沂南”二字，以实物的形式证明了沂南大地远古时期哺乳动物和鸟类的多样性。

迎旗山前的石斧与字符

文明，是从外在客观的角度来认识、描述和评价人类整体社会行为的专有综合概念和指标。这虽然不是一个能简单“量化”的指标，但可以说，工具和文字是人类进入文明社会的重要标志，而文字的出现更是人类文明的曙光。

在青驼镇迎旗山和蒙河之间的地域内，近几年就发现了人类早期的工具和字符。

先民活动区

石斧

石斧是远古时代人类用于砍伐或砍劈等用途的石质工具。斧体较厚重，一般呈梯形或近似长方形，两面刃，磨制而成，多斜刃或斜弧刃，亦有正弧刃或平刃。

在迎旗山东端的河沟边出土了一枚石斧。

这枚石斧不仅两端有对称的正弧刃，而且中段有磨制而成的环形凹槽。这表明，这枚石斧不仅可以便于手握砍削，而且可以绑在木棍上使用。石斧的外形，不仅显示出高效的实用性，而且显示出浓厚的审美意识。

石斧正、侧照片

字符

在迎旗山山洞的石壁上，刻画着一组字符。

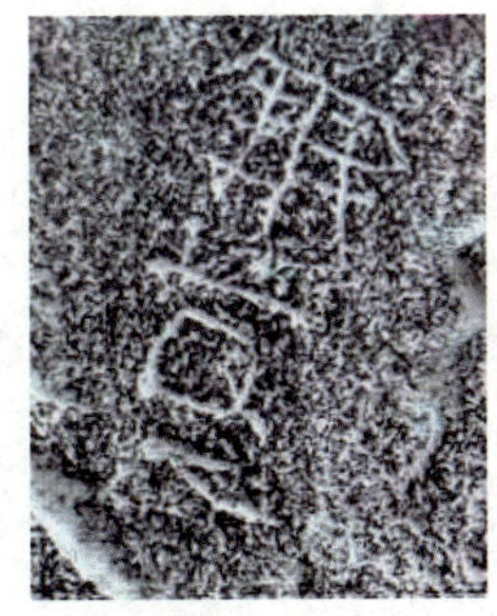
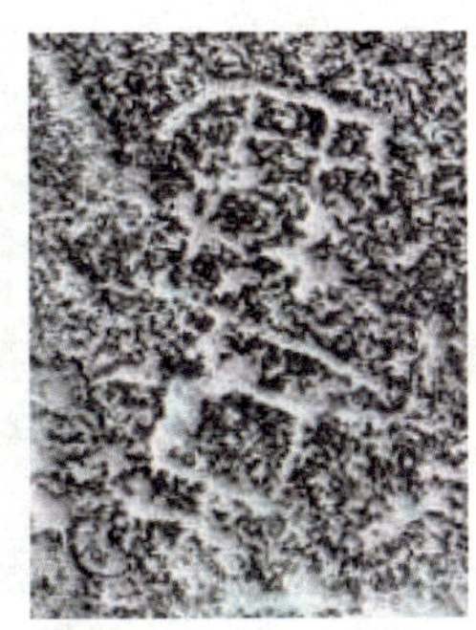

字符拓片

这组字符由于一直处于阴暗封闭的环境中，所以字符刻画痕迹基本没有风化。一块岩石平面上的7个字符，已经显示出比较成熟的表意规律。其中有两个字符具有极高的相似度，这显然不是巧合，一定是有意而为。

石斧＋字符的意义

迎旗山前出土石斧、山洞发现字符不是偶然现象。

早在20万年以前，人类的祖先就在沂河和沭河流域广袤的土地上创造了远古文明，旧石器时代早期的文化遗存有多处发现使用文字符号，沂河和沭河流域发现的近百处细石器文化遗存，也是一二万年前的人类所创造。

迎旗山前蒙河以北的这一区域，背风向阳，依山面水，土地肥沃，不仅有沃土可撒种获粮，而且有山林可狩猎鸟兽，有阔水可捕获鱼虾，有山洞可以栖息，是人类先民理想的繁衍地。虽然在这一区域内还没发现远古文化遗址，但通过这枚石斧和几个文字符号就可窥一斑了。

石斧的真实性、出土地点和意义是毋庸置疑的。这些字符是否能认定为文字，表示了什么事，至今还没有权威之说，但这些字符是沂南县境内迄今唯一发现的字符，这些字符的存在已证明了这一地域是沂南县境内人类的早期文明所在地。

里宏北辛文化遗址

沂、汶、蒙三河两岸是远古时期先民繁衍生息的重要栖息地。远古先民留下了许多灿烂的文化遗址和遗迹。

众多的古文化遗址

目前，在沂南县境内已发现170多处古文化遗址。其中北辛文化遗址1处，大汶口文化遗址6处，龙山文化遗址44处，夏文化遗址1处，商周文化遗址31处，汉文化遗址90处。比较有代表性的有：

大成庄遗址。位于界湖街道大成庄村西岭地上，属于旧石器时代（距今约300万年前开始，延续到距今1万年左右止，是以使用打制石器为标志的人类物质文明发展阶段）遗址。这里出土了大量旧石器时期的石核、石片等远古文物。2012年1月，被评为“山东省第三次全国文物普查百大新发现”之首。现为临沂市重点文物保护单位。

西司马遗址。位于大庄镇西司马村西，遗址面积约15万平方米，文化堆积厚1—1.5米。出土遗物主要有夹砂红陶三角形鼎足、凿形鼎足、夹砂红陶罐上沿及罐底、黑陶碗等，纹饰以印纹、划纹为主。该遗址为大汶口文化（公元前4300年至公元前2500年）中晚期遗存，保存较好，内涵丰富。1992年6月，被山东省人民政府公布为省级文物保护单位。

东柳沟遗址。位于马牧池乡东柳沟村，当地人称为“古董沟”，面积约12万平方米。出土遗物主要有鼎足、夹砂红陶碗、罐、背水壶、石斧、石凿等。该遗址属于大汶口文化、山东龙山文化（公元前2500年至公元前2000年）。2015年6月，被山东省人民政府公布为省级文物保护单位。

坊前古遗址。位于大庄镇坊前村新村西南，面积约16万平方米，出土有龙山文化石斧，汉代瓦片、石砚、弩机等。该遗址属于龙山文化、汉代文化聚落地。现为临沂市重点文物保护单位。

白石埠遗址。位于大庄镇白石埠村东北，遗址内除了有龙山文化以来的远古遗存以外，还有明朝末年河南巡抚、兵部右侍郎高名衡的墓葬及高氏祖林。现为临沂市重点文物保护单位。

里宏北辛文化环壕遗址

北辛文化是分布于黄河下游的一种新石器时代文化。因为该文化以滕州市官桥镇北辛遗址最为典型，故定名为北辛文化。碳14测定这种文化的年代在公元前5400年至公元前4400年之间，其后发展为大汶口文化。

2019年11月底至2020年8月初，山东省文物考古研究院对于砖埠镇里宏村的古文化遗址进行了考古发掘。里宏遗址地处两河交汇处，位于沂河以西、东汶河南岸。遗址西部被村子覆盖，东部靠东汶河，因受东汶河冲击破坏，边缘参差不齐。现存遗址平面为南北向长条形，南北长约200米、东西残宽约40米，残余面积7000余平方米，发掘面积近千平方米。

里宏北辛文化遗址位置

本次发掘清理各时期灰坑98个，沟状遗迹14条，墓葬2座，房址7座，长条形坑20个，灶2个，水井1口，柱洞若干，时代自北辛文化起，经龙山、岳石、商、周至魏晋时期，没有中断，其中又以北辛文化遗存的发现最为重要。

北辛文化遗存主要分布于发掘区东北部，考古人员在发掘中清理了环壕聚落西北部的一段北辛文化小型环壕。在以防御为目的的城或建城的技术出现之前，为防御洪水、猛兽以及敌对势力的侵袭等，在居住的聚落周围挖出的作为防御设施的围沟被称为环壕。龙山文化的环壕一般能达到几十米宽，而这里的壕沟宽度只有两米多，而且壕沟剖面呈倒三角形，底部非常尖，人很容易越过。这种上边宽底部窄的形态不利于攀爬，可能是为了防御野兽特意修建而成

里宏北辛文化环壕遗址

的。

在北辛文化环壕聚落中，考古人员还发现了三座房址。其中一座在环壕区域内侧，有两座打破了环壕边界。环壕区域内侧的房址均为近方形，现仅存垫土，建造过程是在房址范围内先挖坑，后垫土。打破环壕边界的两座房址的年代要比环壕的时代略微晚一些。从出土的典型器物对比可知，这两座房址时代为北辛偏晚的时期，所以环壕聚落是北辛偏早时期的。环壕废弃之后，这里还有人生存，遗址存在时代上的延续性。

里宏北辛文化遗址是沂南县境内乃至整个临沂地区目前所发现的时代最早的新石器时代遗存，环壕聚落的发现为建立和完善临沂地区古文化谱系，了解沂沭河流域北辛文化早期聚落面貌、文化特征及区域类型特点提供了非常珍贵的材料。

罗圈峪玉石器具

1988年7月，岸堤公社（今岸堤镇）罗圈峪村民在山上巨石裂隙中发现了一组玉、石器。1998年第3期《考古》杂志刊载的于秋伟、赵文俊二人合作撰写的文章《山东沂南县发现一组玉石器》对其做了初步介绍。

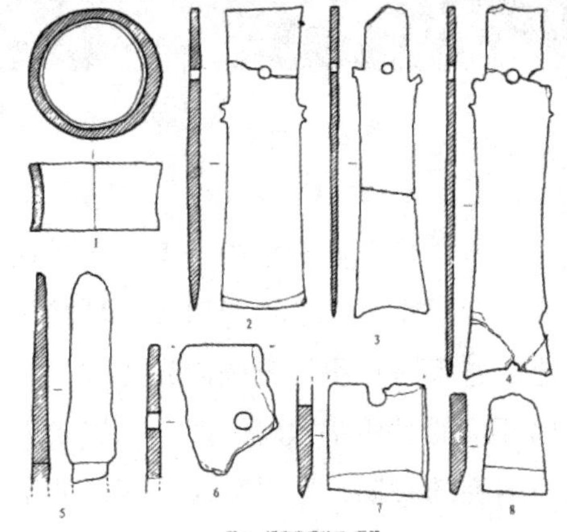

《山东沂南县发现一组玉石器》附图1

这组玉、石器共16件。其中：

玉器2件。一件是青玉质镯，侧面呈亚腰形，直径5.4厘米，孔径4.6厘米，高2.8厘米；造型规整，采用磨制和钻孔技术，制作较精。另一件是锛，亦为青玉制成，略呈梯形，顶部微弧，直刃稍斜，刃面较宽，长4.2厘米，宽2.3厘米，厚0.6厘米。

石器共14件。其中牙璋4件、石锛7件、石铲1件、石矛1件、石凿1件。石器造型比较规整，穿孔技术采用管钻较多。

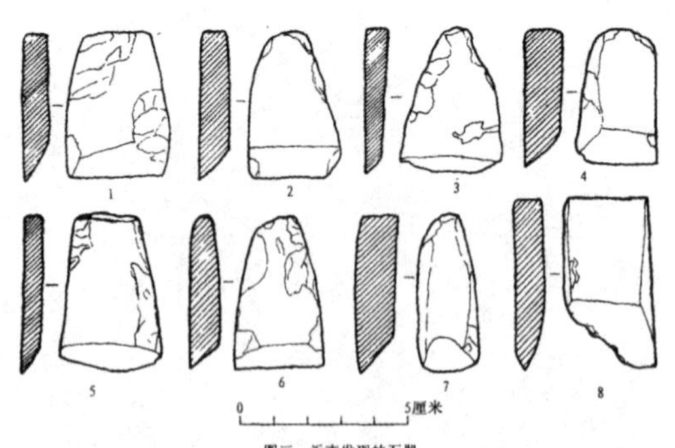

《山东沂南县发现一组玉石器》附图2

这组石器中，形体比较大的是三件牙璋。最大的一件牙璋，长30.8厘米，深褐色，器体磨制光滑，器阑为肩突式，前有附阑，凹弧刃。中大的一件，长25.8厘米，亦为深褐色，器体狭长，磨制极精，器首略窄于器身，肩突式器阑，凹弧刃。略小的一件，长24.8厘米，青黄色，石质较粗，器体略宽，平刃微凸，双突式器阑，钻孔制作精良。

罗圈峪出土的牙璋（邓聪摄）

综合牙璋及其他玉、石器的特征，可初步断定这组玉器、石器的时代属龙山文化。龙山文化是中国黄河中、下游地区约新石器时代晚期的一类文化遗存。

这组玉器，经碳-14检测认定距今约4350—3950年。

根据这组玉、石器集中出土于山石裂缝之中及附近无文化遗址特征判断，此地属于祭祀坑的可能性较大。

这组出土玉、石器说明，距今约4350—3950年期间，沂南县的西部山区不仅有我们的先民在这里繁衍生息，而且他们已经熟练地掌握了带有工艺性质的玉、石器加工技术。

沂义探究

沂南作为县名，主题字是“沂”。对临沂人乃至山东人来说，“沂”字不是常用字，也不是生僻字。对于外省人来说，这个字就很少见更很少用了，一定是一个生僻字。而在古代，只要是读书人就认识它，有的人还把它用在名字里。

作为沂南人，应该了解一些“沂”字的基本知识。

“沂”字的读音和义项

“沂”字是个多音字。查当今权威词论专著《辞源》《辞海》和众多汉语字典的集大成者《汉语大字典》，综合起来“沂”字有两个读音：

1.读 yí（音同“姨”）。读 yí 时有三个义项：

①水名，如“沂河”。

②山名，如“沂山”。

③姓，这是一个十分少见的姓。《钦定续通志》记载，元代有个沭阳县令名字叫沂川。《汉语大词典》引《正字通·水部》：“沂，姓。《一统志》：沭阳令沂川。”

2.读 yín（音同“银”）。读 yín 时有四个义项：

①乐器名。古代一种用竹管制成像笛子一样的乐器。《尔雅·释乐》记载：“大篪谓之沂。”

②凹纹。《周礼·考工记·辀人》有“良辀环灂”句。对此语，汉代郑玄注曰:“环谓漆沂鄂如环。”沂是凹纹，鄂是凸纹。沂鄂就是器物表面的凹凸纹理。

③与“垠”通，意为崖、边际。《汉书》有“汉良受书于邳沂”的记载。对此，颜师古“注”引晋代尚书郎晋灼《汉书音义》曰：“沂，崖也，下邳水

之崖也。”

④地名。《春秋左传·宣公十一年》记载有地名“沂”。“沂”是春秋时期楚国的一个邑，遗址在今河南省许昌市襄城县姜庄乡境内。遗址附近现在有前沂城村和后沂城村。

“沂”的本义是什么？由著名历史学家、古文字学家李学勤担纲编著的《字源》，是一部专门阐释汉字源流的专著，其中对“沂”的解析是：“形声字。从水，斤声。水名。”

根据以上权威释义可知，“沂”的本义是水。读音同“姨”的水名、地名都在山东省，或与山东有关联。

沂河

沂河是淮河流域泗沂沭水系中较大的河流，流经淄博市沂源县，临沂市沂水县、沂南县、兰山区、河东区、兰陵县、郯城县，流至江苏省宿迁市入骆马湖，又东出经新沂河由灌河口燕尾港汇入黄海。沂河全长574公里，流域面积17325平方公里，河面最宽达1540米。

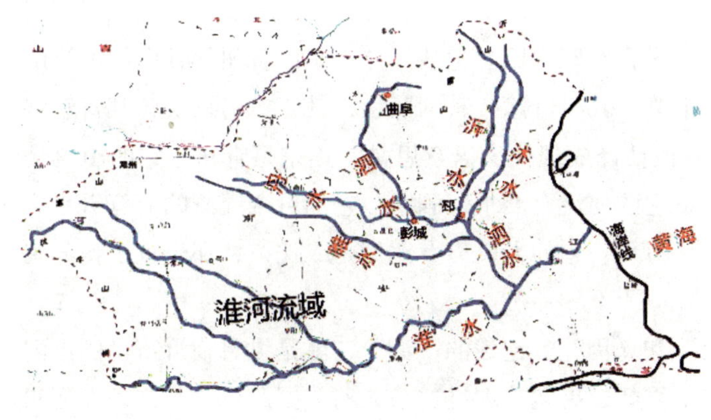

淮河流域沂河位置

沂河的最早记载

沂河古名“沂”。最早记载“沂”的史籍是《尚书》和《周礼》。

《尚书》最早书名为《书》，到汉代改称《尚书》，意为“公之于众的（古代）皇室文献”。主流观点认为《尚书》是中国最古老的政事史料汇编，约成书于公元前5世纪，是商代中后期和西周时代的作品。其中《禹贡》篇有“淮沂其乂，蒙羽其艺”的记载。译成现代汉语意思是：淮沂二水经过大禹的治理，蒙山和羽山地区已能种植农作物了。

禹治水，一般说来治理的是黄河流域。是黄河流域的哪一部分？范围有多大？

关于禹治水的范围，《史记·殷本纪》引《汤诰》记载："古禹、皋陶久劳于外，其有功乎民，民乃有安。东为江，北为济，西为河，南为淮，四渎已修，万民乃有居。"所谓"四渎"，黄河、古济水、淮河为其三，古今都无疑义，问题就在于"东为江"之"江"。长期以来，人们一直认为古籍中"江"是长江的专名。于是，有的学者就指出"东为江"方位有错误，有的学者认为"江"是"汉"之误。《史记》记载的四水方位分别是东、北、西、南，显然不会有错。针对这些矛盾或存疑，著名历史学家、历史地理学家、武汉大学资深教授石泉先生所作的《古文献中的"江"不是长江的专称》一文第一个题目就是："古四渎之江不是长江，当是今鲁南之沂河。"[①]他列举了数条论据，第一条就是《史记封禅书》所云"四渎咸在山东"，论据凿凿可信，结论无可置疑。这样，大禹治水的范围就明晰了：西到黄河下游，北到古济水（故道相当于小清河一带），南到淮河，东到沂、沭河，亦即今山东全境，江苏、安徽北部，河南东部，河北南部。禹的时代为原始社会末期，没有现代意义上的国家，仍为部落。大禹作为部落联盟领袖在这么大的范围内治水，已经是了不起的成就了。

《周礼·夏官·职方氏》记载："正东曰青州，其山镇曰沂山，其泽薮曰望诸，其川淮泗，其浸沂沭，其利蒲鱼，其年二男三女，其畜宜鸡犬，其谷宜稻麦。"[②]这段话译成现代汉语意思是：正东是青州。它的山镇是沂山，它的大泽是望诸，它的河流有淮水、泗水，它的可资灌溉的河有沂水、沭水，它的特产有蒲柳、海鱼，它的人民男女比例是二比三，那里宜于蓄养鸡、狗，宜于种植稻、麦。

《尚书》和《周礼》记载的"沂"，就是纵贯临沂市境的沂河。早在公元前21世纪时的夏朝，禹就治理过这条大河。据此可知，这条大河叫作"沂"至少已有4000年的历史了。

沂河与沂山的因果关系

《尚书》和《周礼》都涉及了沂水和沂山，但都没有进一步论述沂水和沂山的因果关系。

东汉许慎所著《说文解字》对"沂"字的解释是："水。出东海费东，

① 石泉：《石泉文集》，武汉大学出版社，2006年版。
② 杨天宇：《周礼译注》，上海古籍出版社，2004年版。

西入泗……一曰沂水，出泰山盖青州浸。”《说文解字》是中国第一部系统地分析汉字字形和考究字源的字书，它认为“沂”字最初也最基本的含义是“水”，并指出有两条名为“沂”的水，但他没有给出因果关系的答案。

东汉大儒郑玄生活的年代比许慎稍晚，他为《周礼》作注时，对“其山镇曰沂山”句注曰：“沂山，沂水所出也。”郑玄只说沂水出自沂山，也没说明山与水名称的因果关系。

唐代经学家贾公彦对郑玄的“注”进一步注解说：“沂水出沂山，水乃取名于此”，他认为水名源自山名。

是否如贾公彦所说水名源于山名呢？答案应是：先有水名，后有山名，山名源自水名。

首先，《尚书·禹贡》中历数的青州范围内的水有潍、淄、汶、济、沂，历数的山仅有岱和蒙，没有与蒙山比肩的沂山。岱山即今之泰山。也就是说，当时还没有“沂山”之名。那时，人们是把这座山看作泰山的一部分，并无专名。即使所谓“东泰山”，也仅是在帝王东巡祭山时作为借用名。如，司马迁《史记》记载：“公玉带曰：‘黄帝时虽封泰山，然风后、封钜、岐伯令黄帝封东泰山，禅凡山，合符，然后不死焉。’天子既令设祠具，至东泰山，东泰山卑小，不称其声，乃令祠官礼之，而不封禅焉。”①公玉带这段话的意思是：黄帝的时候，虽然他封了泰山，但是风后、封钜、岐伯让黄帝封东泰山、禅凡山，符合礼仪，然后就可以长生不老了。汉代，虽然已有“沂山”之名了，但著述严谨的司马迁，还是记述说黄帝时代称这座山为“东泰山”的。

其次，《周礼·夏官·职方氏》记载了“沂山”这一称谓，说明将这座山称之为“沂山”最早始于周朝，而在此之前早就有“沂水”之名了。

山和水的命名关系一般都是山因水而得名，为什么沂山是因沂水得名而不是相反呢？

关于沂河的源头，历史文献记载不一。1988年10月，国家水利部治淮委员会、水利部沂沭泗局沂沭河管理处、山东省临沂地区水利局会同沂源县水利局等有关部门进行了实地勘察，结论是：沂河有四源，主源是发源于徐家庄乡龙子峪村西南小黑山北麓的徐家庄河（流域面积和水量最大）。其他三源分别是：发源于大张庄乡老松山北麓的大张庄河；发源于大张庄乡张家旁峪南山的南岩河（又称仁里庄河）；发源于大张庄乡狼窝山北麓的高村河（又称田庄河）。四源相汇沂源县田庄水库，水库以下称沂河。

①《史记·孝帝本纪》。

在古人看来，这座位于泰山之东的高山，其势巍巍，俯视众山，莽莽苍苍，深不可测，沂水定源于此。到了周朝，人们意识到这座大山不仅是泰山的一部分，更是一座独立的名山，因此便借水名把这座大山命名为沂山了。

沂的本义及读音

“沂”字为什么由“氵”和“斤”合成呢?

“氵”读音shuǐ，同“水”，用作偏旁。“斤”是一个象形字。《说文》解释说：“斤，斫木斧也，象形。凡斤之属皆从斤。”对于“斤”字，清代文字训诂学家段玉裁更明确地说：“斫木斧也……横者象斧头，直者象柄，其下象所斫木。”“氵”和“斤”合成一个字，不仅说明有水可用，而且也说明日常生活中已普遍使用“斤”了，更说明这个地方是中华古文明的重要发祥地之一。1981年，在沂源县土门镇九会村骑子鞍山山边发现的“沂源猿人”化石，经用先进的宇宙成因核素埋藏测年法测定，年代应该是（64±8）万年，这说明人类先祖至少在距今约64万年前，就已在沂山地区繁衍生息了。

有了字形后，它的读音又是如何确定的呢？也就是说，它为什么读 yi，而不是别的呢？从现存的文字史料中，无法找到现成的答案。古代所有“字书”“辞书”也都没有给出读为 yi 的理由。但山东人的一个特殊发音可以给出一点启示，这就是与东方或太阳相关的一些字往往都读作yi音，如后羿的“羿”，日月的“日”，甲乙的“乙”（天干次位，指东方）等等。而且，从胶东半岛向西一直到沂山这一带，人们的发音还有一个共同的特点，那就是把声母r，发成 y，如“肉”读 yòu（又），“热”读 yè（夜），“然”读 yán（盐），“日头”读 yì tou（义头）。也许正是由于古人对太阳的敬畏和独特的发音，便把当时生活之地最大的河流——沂河称为“沂”，发音成yí河，把水源之山名为“沂”，发音成 yí 山。

“夷”字，在龙山文化时期的骨刻文（距今4600—3300年）中就已出现，在甲骨文（距今3600年前）中更有多处发现。“夷”作为对一定区域的人群的称呼始自周代。“夷”，字面解析是背着弓箭的人。从命名的原因分析，也许是因为“沂”地先民“r”“y”不分，习惯把“日（rì）”读作“yì”，因此把身背弓箭的“沂”地之人，称为“夷”人。因“夷”人部落在周王室的东方，故被称作“东夷”。由此，可以说，“沂”是东夷文化的源头。

沂河的衍生名

不仅从水名衍生出了山名，而且还衍生出了县名和新的水名。

从水名“沂”衍生出了县名

最早衍生出的县名是临沂。西汉元封五年（前106），在今临沂市兰山区白沙埠镇诸葛城村一带新置县，因治所临近沂河而名“临沂”。隋大业初年（605），临沂、开阳、即丘3县合并为临沂县，治所迁至开阳（今临沂城）。

由汉代临沂县又衍生出了晋朝江南的临沂县。东晋咸康元年（335），为了安置和安抚追随琅邪王司马睿南迁的临沂县士族，在东晋京都（今南京）附近侨置了临沂县，隶属侨置的南琅邪郡。因此，侨县临沂境内的一座山又有了“临沂山”的名称。南宋周应合《景定建康志》记载：“（临沂山）在城东北四十里，周回三十里，高四十丈，东北接落星山，西临大江，西南有临沂县城。”①

隋朝，衍生出了沂水县。隋朝开皇初年，废东安郡，置东安县（故城遗址位于沂水县城南15公里，沂河西岸2公里许）。开皇十六年（596），另辟新地为东安县，原东安县改名沂水县，沂水县名沿用至今。东安县改名沂水县，显然是因为县境内有“沂水”且县治临近“沂水”的关系。现在，为了区别县名的“沂水”和水名的“沂水”，一般将这条河流称作“沂河”。

从沂水县衍生出了沂南县。为了抗日的需要，中国共产党于1939年9月设立了南沂蒙县，辖原沂水县五区（辖界湖、明生、依汶、孙祖4乡）、六区（辖姚家店子、铜井、苏村、苗家曲4乡）、九区（辖塘子、岸堤、垛庄、崖子4乡）、十区（辖葛沟、左泉、河阳、张庄4乡）和原蒙阴县的二区（驻地官庄，原在岸堤水库水区）、四区（驻地在今蒙阴县联城乡大庄村）。1940年3月，南沂蒙县改称沂南县，辖区未变。原南沂蒙县所辖区域主要是沂水县南乡和西南乡，所以更名为“沂南”。1958年11月，撤销了沂南县。1961年8月，恢复了沂南县，县名沿用至今。沂河流经沂南县段，自苏村镇苏家庄北入县境，在砖埠镇沭阳村南进入临沂市境。因河道弯曲，西岸长43.5公里，东岸长46公里。

由沂河发源地衍生出了沂源县。为了抗日需要，从沂水、临朐、蒙阴三县划出部分地域组成新县。因为新县中心区域在沂河的发源地，所以定名为“沂源”。关于沂源县名称的确定，还有一段佳话：

① 钦定四库全书《景定建康志》卷十七《山川》。

1944年，鲁中区党委决定在三县接合部建立一个新县后，区党委书记罗舜初、副书记高克亭和新任命的县委书记边一峰，一起围着地图研究新置县的名称。开始，大家把鲁山作为思考县名的出发点，有人提议叫鲁山县，有人提议叫鲁阳县，还有人提议叫三合县，但都不满意。边一峰为了熟悉这一带的地形以便于今后开展工作，就在地图上找山岭、河流、村庄和各种古迹。当他顺着沂河往上找到东里店、织女洞、鲁山、沂河源头时，就顺口说："这里就是沂河的发源地吧？"这话引起了高克亭的注意，他稍加思索后说："对，这里是沂河发源地，就叫沂源县吧。"沂源县的名字就这样诞生了。

由新沂河衍生出了新沂县。1949年，由宿迁、沭阳、东海、邳县4县析置新县，以新安镇为县治。新安镇是清同治元年（1862）设置的，有历史文化底蕴，因此，新县以县治为名，定名新安县。后来因为与河南省新安县同名，1952年改名新沂县。1990年撤县设市（县级），称新沂市。

从水名"沂"衍生出的新河名

为了治理泗、沂、沭河下游洪涝灾害，从1949年开始，以废旧的黄河故道为基础，在沂河下游开辟一条新河道以导流泄洪，定名为新沂河。

流经苏北沭阳县、灌南县的一条河流名为沂南河，这是新沂河及新沂县衍生出来的名称。灌云县还有沂北乡和沂河村。

总之，由沂河衍生出来的地名，按顺流排列有沂源、沂水、沂南、临沂、新沂及新沂河、沂南河等，形成了一个完整的地名链。

小沂河

山东省济宁市境内也有一条沂河。这条沂河发源于邹城市城前镇凤凰山西麓，自东向西流至兖州市滋阳县汇入泗水。

这条河古名沂水，曾名庆源河、泗沂河，后为区别于源出沂源县的沂河，改称小沂河。小沂河的称谓，最早见于《明史》志第六十一《河渠三》："入黄济运者，泗、洸、小沂河及山东泉水也。"

《论语》中记载了这条沂河："莫春者，春服既成，冠者五六人，童子六七人，浴乎沂，风乎舞雩，咏而归。"这段话出自《论语》"先进"篇，是孔子的四位弟子各言其志时，曾皙对自己志向抱负的表述。"沐"字是形声字。《说文》中说"沐，濯发也。从水，木声"。"沐于沂"这段话译成现代汉语就是：暮春时节，春天的衣服已经上身了，和五六位成年人，六七个少年

小沂河

郎，到沂河里洗洗头，在舞雩台上吹吹风，一路唱着歌儿回来。正是"浴乎沂"这句话，使古代文人对"沂"这个本来很生僻的字，都有了深刻的印象。也因《论语》的关系，小沂河的名气盖过了大沂河。

为了说清楚两条沂河，免得世人混淆甚至张冠李戴，道光七年（1827）版《沂水县志》特此做了说明：

> 沂之名始见于《禹贡》，继见于《周礼》，再又见于《鲁论》。自《鲁论》言"浴沂"，后之人不详其地，往往即以沂水县误当之。故寺观碑碣有云"浴沂之境"者，不知当日圣门言志处，曲阜之沂非沂水之沂也。

小沂水

山东境内除了大沂河和小沂河，还有一条大河，清代以前名为"小沂水"。

元朝于钦所撰地方志《齐乘》记载：

> 沂水又南径诸葛城，又南径王祥墓孝感水入焉……又南至沂州城东，小沂水西来入焉。小沂出蒙山西，东过费县神山，纳祊水，出县南关阳川，至沂州西又分为涑水。涑自州城西、小沂自城北俱入沂。

接着记载说：

宋庆历间，沂州修城碑云：大小二沂环流外转，而小沂尤湍于西北，平日波如簟纹，清浅可爱，及山雨水至，如百万阵马摩垒而来，谓此水也。

《嘉庆重修一统志·沂州府》记载：

小沂水，源出费县西北聪山，东南至兰山县入沂。古名治水，亦名武水，又名浚河。

从《齐乘》和《嘉庆重修一统志》的记载可知：现在的祊河，在宋朝庆历年间叫作小沂水，从元代到清嘉庆年间还都是名为小沂水的。

祊河古名小沂水的事实，再次为本文前述结论佐证：“沂”并不是因为源头在沂山；今鲁中的大山冠以“沂”字，是因为“沂水”的原因，也就是说“沂水”之名早于“沂山”之名。

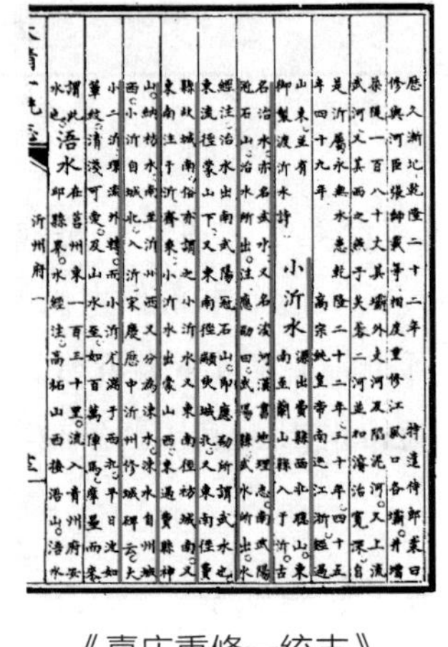

《嘉庆重修一统志》

又南逕諸葛城又南逕王祥墓孝感水入焉其水出墓西感溝湖剖氷躍鯉之地又南至沂州城東小沂水西來入焉小沂出蒙山西東過費縣神山納祊水祊出縣南闕陽川至沂州西又分為涑水涑自州城西小沂自城北俱入沂宋慶歷間沂州修城碑云大小二沂環流外轉而小沂尤湍于西北平日波如簟紋清淺可愛及山雨水至如百萬陣馬摩壘而來謂此水也沂水又南分流入三十六穴湖東通沭水詳

于钦《齐乘》

大沂小沂各千秋

大沂河的意义重在地理。大沂河，是淮河的三大支流之一，古时还有淮沂并论的表述。如《尚书·禹贡》就有“淮沂其乂，蒙羽其艺”的记载。

小沂河的意义重在文化。小沂河，虽然流长和流域面积与大沂河难以匹敌，但因为沾了孔圣人的光，在历史典籍中出现的“沂”字，大都是小沂河之“沂”，而非大沂河之“沂”。含有“沂”字的词语或成语也都与“浴乎沂”之“沂”有关，如：“沂志”和“沂咏”，都指知事乐命、不求为政的志愿；“沂曲”，意思是在沂水边逍遥唱歌；“沂水舞雩”和“沂水弦歌”，都比喻知时处世，逍遥游乐；“沂水春风”，比喻深受孔学的教育与熏陶；“春风沂水”，指放情自然、旷达高尚的生活乐趣。古代文人名字中用的“沂”字，也都与“浴乎沂”之“沂”有关。如，北宋咸平年间，山东青州出了一个状元名字叫王沂公；南宋时期著名的格律派词人王沂孙，字圣与，又字咏道；南宋时期著名植物学家陈咏，字景沂；金元时期以总裁官身份编定辽、金、宋三朝史的王沂，字师鲁；明朝浙江鄞县（今浙江宁波）人陈沂，初字宗鲁，后改鲁南；还有清代编著《武侯八陈兵法辑略》的江南大儒汪宗沂；等等。沂公、沂孙、圣与、咏道、景沂、师鲁、宗沂，其名、其字、其号无不彰显或蕴含着对圣人、对圣人之地——“沂”的崇仰之情。

沂河是临沂人民的母亲河，她的灵秀之气孕育出了一代贤相诸葛亮。对于沂河和诸葛亮的关系，清雍正年间，西流庄（今大庄镇大庄村）进士高淑增在《阳都道上问诸葛武侯故里》诗中写道：

管乐起南阳，伊吕佐西土。
由来闲气钟，乃在沂之浒。
春风吹行幰，临流时怀古。
山川吐奇秀，一门萃龙虎。
想其垂髫时，弋钓或兹浦。
陵谷递变更，故居夷禾黍。
欲访通德里，白云满山坞。

有趣的是，汉字中有个以“沂”与“山”为部合成的字“𡶴”，读音为yín。这个字最早见于晋朝人郭璞《江赋》：“𡶴沦溛瀤，乍浥乍堆。”𡶴沦，即大水回旋之貌。

古代，“沂”字是个文人皆知，有着儒家文化内涵的字。现在，“沂”字是一个地名链环中无可替代的中心字，不仅地理意义中蕴含着丰富的历史文化，而且因为“添一瓢沂河水情深意长，续一把蒙山柴炉火更旺”的经典歌词，又增添了一项红色文化的内涵。

以“沂南”为县名，有文化底蕴，有方位指示，有红色历史，美哉！

说汶解字

对于“汶”字，沂南人乃至山东人都不陌生，因为鲁中南地区有多条河流叫作“汶”，地名还有“汶南”“汶上”“新汶”“依汶”等。但多数人对这个字的读音未必能读正确，对省外地名中的“汶”的正确读音，更可能模糊。

“汶”的读音和义项

“汶”字有四个读音。

“汶”字的第一读音和义项，古今词典无一例外都是：音“wèn”，水名，在今山东省。

如《康熙字典》释为：“汶，古文‘渂’……文运切，音问……水名。”“汶”字最早的写法是“渂”，字面意思是“纵横交错的水边升起了太阳”。“切”是旧时汉语标音的一种方法，用两个字，取上一字的声母与下一字的韵母拼成一个音。“文运切”译成现代汉语就是：用“文”的声母（w）和“运”的韵母（en）相拼，读音如“问”。

又如，《汉字字源》解释：“形声字。水(氵)表意，篆书形体像河流，表示汶河；文（wén）表声，文有花纹义，花纹较密集，表示汶河支流众多。本义是汶水，也叫大汶河。”《汉字字源》还附有插图，形象地描绘了“汶”字

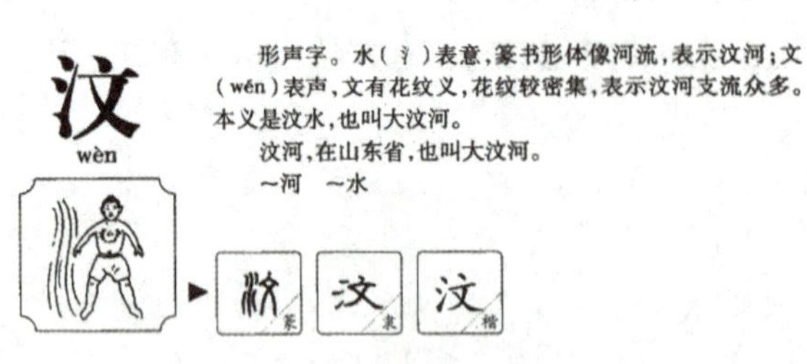

《汉字字源》插图

的演变。

读音“wèn”的“汶”还是姓氏。汶姓是个罕见姓氏，仅广东新会，陕西韩城，山西太原、长治等地有分布。关于汶姓的来历，《姓氏考略》在“汶”姓下，引清人张澍的话注曰：“居于汶水者，指汶为姓，如济氏、淮氏之类。”如此说来，“汶”姓源于“汶河”，“汶河”之畔就是“汶”姓的发源地。

“汶”字的第二个读音是“wén”，与“文”的读音相同。辽东古代有个孤竹国，新莽前叫文县，新莽改文县为文亭，东汉改文为汶。现在叫作汶城，读作“wén”城，这应该是地名读音依从当地人的选择了。

“汶”字的第三个读音是“mín”。对这一读音，《康熙字典》表述为：“弥鄰切，音珉。与岷通。汶江也。”还记载：《尚书·禹贡》记载为“岷”，《史记》记载为“汶”。《汉语大词典》也释为：“汶，读音mín……同‘岷’。山名，在今四川省。水名，即岷江。”

“汶”字的第四个读音是“mén”，有词语“汶濛（mén méng）”，意为玷污。《楚辞·离骚·渔父》有：“安能以身之察察，受物之汶汶者乎？宁赴湘流，葬于江鱼之腹中。”这里的“汶”通“惛”，有不明、蒙污之义。屈原被佞臣谗言所害，不被楚王重用，又不愿同流合污，为表明洁身自爱的心志，选择了弃世投江的极端之路。

以“汶”（wèn）命名的河流

“汶”的本义是水名。以“汶”（wèn）命名的河流，集中在山东省鲁中南地区。明万历《兖州府志·河渠志》记载：“齐有三汶：一出莱芜原山，西流入济，谓之北汶……一出朱虚县小泰山北，经龟山之阴东流入淮；一出五女山，南流纳堂埠水，又南汇蒙阴水入沂。惟入济者为大。”《兖州府志》所说三汶，现在的名称是：“入济”之汶是“大汶河”；“东流入淮”之汶是“汶河”，又称“潍汶河”；“入沂”之汶是“东汶河”。

大汶河

《尚书》和《诗经》都记载了这条汶河。《尚书·禹贡》记载“浮于汶达于济”，意思是从“汶”乘船可以进入“济”水。《诗经》“载驱”篇也记载了这条汶河：“汶水汤汤，行人彭彭。鲁道有荡，齐子翱翔。汶水滔滔，行人儦儦。鲁道有荡，齐子游敖。”[①]译成现代汉语就是：“汶水日夜哗哗淌，行人纷纷驻足望。鲁国大道宽又平，文姜回齐去游逛。汶水日夜浪滔滔，行人纷纷驻足瞧。鲁国大道宽又平，文姜回齐去游遨。”齐子，即齐国僖公的女儿，鲁桓公夫人，姜姓，史称文姜。

大汶河发源于旋崮山北麓沂源县境内，汇泰山山脉、蒙山支脉诸水，自东向西流经莱芜、新泰、泰安、肥城、宁阳、汶上、东平等县、市，注入东平湖，再向北流出汇入黄河。大东汶河干流河道长239公里，流域面积9098平方公里。大汶河流域的一些新石器时代文化遗址，因在大汶口镇境内首先发现而被命名为“大汶口文化”。

汶河（潍汶河）

对于这条汶河的位置，《汉书·地理志》记载：“琅邪郡朱虚县东泰山，汶水所出，东至安丘入维。《说文》维作潍。”《汉书》所说的“朱虚县”是中国古代县名，位于今山东省临朐县临朐镇东南25公里处；“东泰山”即现在的“沂山”；“汶水”即现在潍坊境内的“汶河”。“汶河”是潍河主要支流，其源头在沂山东麓，流经临朐县后入安丘市境注入潍河。汶河全长165公里，流域面积1873平方公里。

这条汶水，也曾被南宋毛晃称为“东汶水”。他在《禹贡指南》“浮于汶达于济”条下注曰“汶水，出朱虚弗其山，乃东汶水……”

东汶河

流经沂南县的汶河即东汶河。这条东汶河古称汶水，又称东汶河，是沂河的主要支流，《康熙字典》记载为“入沂之汶”。

东汶河有两大源头。对两个源头，北魏郦道元《水经注》记载，南源名桑泉水，北源俗名梓河。

清道光七年（1827）《沂水县志·舆地·山川》记载:“梓水为沂蒙划疆分界之水。”这里的“沂蒙”指的是蒙阴县和沂水县。梓水干流长66公里，在蒙阴县常路镇龙岗埠与桑泉水汇合。

东汶河进入沂南县境后，流长10公里以上的支流有：代庄河，自东南向西北流，在岸堤镇岸堤村东南入汶；高湖河，在岸堤镇局埠村东入汶；马牧池河，在马牧池乡牛王庙村西入汶；孙祖河，在张庄镇小河村北入汶；张庄河，在张庄镇张庄村南入汶。东汶河汇聚众多支流后，流至大庄镇王家新兴村南汇入沂河。

---

① 雒三桂：《诗经新注》，齐鲁书社，2000年版。

东汶河

东汶河干流全长132.3公里①，其干流在沂南县境约80公里，主要流域在沂南境内。

《水经注》记载："二源双会，东导一川，俗谓之汶水也。"由此可知，"汶水"之名至少有1700多年的历史了。因为南北两源中，南源桑泉水为主源，桑泉水又名"汶水"，所以宋元以来，对全流称之为"汶水"。后来，为了区别泰山之阳的大汶河和潍坊的汶河，它改称为"东汶河"。

流经沂南县的"汶水"何时改称"东汶河"，没有发现明确记载。但民间碑刻可证，康熙年间就称之为"东汶河"了。如大庄镇司马村孟氏祖林现存康熙三十一年（1692）《明堂碑记》记载：

> 祖茔……原在沂河之西马屋沟之滨。今则询之父老，杳无形迹可指，嗣季则移于东汶河之北、凤凰山之阳矣。

而史籍记载的"东汶河"之名，最早见之于清代齐召南《水道提纲》卷四："沂河即古沂水……流经苏村集北又折而南，又西南，流至葛沟集西南，

① 《沂南县水利志》载"沂南县10公里以上河流特征统计表"。

有东汶河自西北来……东汶河即沂水西源也，亦名桑泉河。”①《水道提纲》成书于乾隆二十六年（1761），是记述乾隆朝中期国内水道源流脉络的专著。乾隆朝后期成书的《清朝通志》在记载“沂河”支流时，就正式引用了“东汶河”这一称谓：“沂河源出沂水县西北，经县城西，折而西南，有东汶河自蒙阴县来会。”

由此可推知，至迟清初这条东汶河就有“东汶河”的称谓了。

沂南县张庄镇东汶河西岸，立有一通民国二十二年（1933）修船记事碑，碑文开篇就写道：“浩浩东汶河，此乃古渡口。”这也是民间认可“东汶河”称谓的直接证据。

小汶河

小汶河在汶上县北部边境，是汶上、东平两县的自然分界线。小汶河是明代开挖的引大汶河水援济运河的河道。这条人工河，曾因年久失修，而导致水患严重。1959年治理后正式定名“宁汶河”，但民间还习惯叫“小汶河”。

五汶

历史上还有“五汶”的称谓。但历史著作对“五汶”表述不尽一致。

晋朝郭缘生《述征记》记载:“泰山郡水皆名曰汶。汶凡有五：北汶、瀛汶、牟汶、柴汶、浯汶，皆源别而流同。”这一说法，为唐代《元和郡县图志》所采用。但北魏时期地理学家郦道元《水经注》却把汶水的干流及其支流牟汶、北汶、石汶、柴汶合称为“五汶”。《述征记》是一部行役记体例的著作，记载的是郭氏跟随刘裕北伐慕容燕、西征姚秦的沿途所见。《水经注》是一部地理专著，是北魏晚期的郦道元对前人记述水系的专著《水经》的注述，因而名《水经注》。《述征记》在前但为行役记，《水经注》在后却系地理专著，两相比较，《水经注》的说法更宜采信。

对于五汶，不仅有专家研究其内涵，还有诗人将其凝固成一个词语，写入了诗篇。例如：宋朝诗人王奕的《和徐中丞容斋旧泰山一百四韵贽见》中就有“搴裳涉五汶，擎爽薄吟锡”。清代赵执信《暮春泰山道中遇雨》诗中也有“五汶”二字：“余寒和晓色，客路转氤氲。五汶入春雨，千山行岱云。尘消容马健，绿净向天分。未拟成归梦，今宵遮莫闻。”

五汶，已沉淀为一个汉语固定词了。

“汶”在语文中使用频率不高，这就使很多人不太熟悉。因为大众生疏，一旦出现误导，将会被大多数原本不知者接受，三人成虎，像劣币驱逐良币一

①《四库全书》之《史部・水道提纲》中“葛沟集西南”，误。应为“葛沟集西北”。

汶 Wèn ❶ 汶河，水名，大汶河（Dàwèn Hé），水名，都在山东。❷ 汶川（Wènchuān），地名，在四川。❸ 图姓。

第7版《现代汉语词典》截图

样，使本来正确的读音被淘汰。2016年6月面世的第7版《现代汉语词典》，对“汶”的注音就只剩一个“wèn”音，无论地名、水名和姓氏，都读此音了。

附文：

东汶河南沿汶村渡口修船记事碑

旧时，东汶河同沂河一样，干流无水库截流，支流无塘坝拦蓄，四季不断流，夏秋之季往往洪水泛滥，自古就是交通之大阻。各个渡口都是冬春架设简易木桥，夏秋木船摆渡。架桥、造船及修船，都靠地方士绅贤达倡导捐款。凡是捐款达到一定数量的村庄，过桥或乘船就不收取渡河费了。没有参与捐资的村庄，村内的人过桥或乘船时，就需缴纳一定的费用。好在那时的人很诚实，没有为了省几个小钱而把自己的庄“卖”了的。

修船碑

张庄镇南沿汶村前就有一个这样的渡口。旧时，这是青驼和张庄两地人到界湖的必经之处。自从1966年在北沿汶村和小河村之间修建了一座水漫桥，这个渡口才不搭建木桥了，只有那只古老的木船，继续为两岸村民提供着便捷的服务，直到失去了维修价值才退出了历史舞台。

南沿汶渡口是什么时候开始有了第一只木船的，已无从考证。最后这只木船是什么时候建造的，也没见记载。但因为维修这只木船，却留下了一座芳名碑和文辞优美的“修船记”。

修船碑是民国二十二年（1933）镌立的。《修船碑记》序文是简短的五言诗，其后是首事者及捐款者姓名。其五言诗的“序”曰：

浩浩东汶河，此乃古渡口。
有船济行人，年深木尽朽。
夏秋水汪洋，商旅断行走。
临流增浩叹，气感徒冲斗。
附近诸村庄，善士信多有。
倡言复修船，愿者争先首。
庀材速鸠工，事蒇[①]如反手。
输财诸姓名，载碑永传后。
功成在壬申，立碣岁癸酉。
叶吉[②]仲春月，其日为十九。
首事廿四人，信俱英哲耦。
书丹仲鼎弟，记者尹子久。

碑载首事者：

尹庆一 薛士献 尹恒一 尹贞一 刘义 尹理堂 尹文衡 尹秉公 李晓云 尹仲业 薛汝□ 薛汝椽 赵玉台 赵玉复 尹仲熙 张□ 张自明 张学周 张作中 王海昌 王宗海 王宗裕 王宗□ 王□□ 张文明 张□铭 张庠申

捐款者有几百人，可惜因字迹太小而且日久年深，已经难以辨识了。

渡口早已废弃，行人罕有至者。历经风雨的民国修船碑，也慢慢地倒下，

① 事蒇（chǎn）：事情已办完。蒇，完成，解决。
② 叶吉（xié jí）：和谐吉祥。

渐渐地被人们遗忘了。2005年清明，邻村几个孩提时代曾在它身边嬉戏的村民想起了它，寻到了它，拂去了它身上厚厚的泥土，把它扶立起来，将它还硬朗的身骨安放在专门为它建设的基座上，还给它增加了一个伴侣——《重扶故碑颂》碑。旧记事碑首事者尹恒一，字子九，是今沂南县张庄镇松泉峪村人。他生于清同治元年（1862）前后，读过几年私塾，曾任沂水县下峪社（今沂南县张庄镇下峪村）社长。尹恒一治家严谨，热爱公益事业，张庄和青驼一带公益捐助多有其名。新碑记事者尹占鲁是尹恒一的孙子，退休教师，时年81岁。

现在，已届耄耋的修船记事碑依然坚守在那里，默默地等待着前来拜访的知音者，诉说那段历史。

考蒙辨河

沂南县与“蒙”有缘：境内虽无蒙山主峰，却有蒙山余脉五彩山；虽不是蒙河发源地，但蒙河干流大部分在沂南境内。“蒙”字已有3600多年的历史，本义扑朔迷离，引申义丰富多彩。

“蒙”的本义

“蒙”是个古老的字，甲骨文中就有“蒙”字。

东汉人许慎《说文解字》对“蒙”解释说：“蒙，王女也。从艸。冡声。莫红切。”冡，读音měng。

现代《汉语大字典》就引用了《说文解字》的释义：“蒙，王女也。从艸，冡声。”并指明：蒙，今为“矇”“濛”“懞”的简化字。《汉语大字典》第一个义项是：“草名。即菟丝。一年生缠绕寄生草本。”菟丝是一种草，蔓生，茎细长，通常寄生在豆科、菊科、蒺藜科等多种植物上。菟丝也写作“兔丝”，西汉人刘安《淮南子》就记载:“千年之松，下有茯苓，上有兔丝。”东汉人高诱对“兔丝”注释说:“一名女萝也。”王女、菟丝和女萝是同一植物的不同名称。

《说文解字》是中国第一部系统地分析汉字字形和考究字源的字书。《汉语大字典》是1990出版的，共收单字56000多个，是当今规模最大、收集汉字单字最多、释义最全的一部汉语字典，是以解释汉字的形、音、义为目的的大型汉语专用工具书。两者都是最权威的工具书，后者因为认可前者而引用，是值得信赖的。

但是，许慎所处的年代还没有发现甲骨文，文字的源头仅能追溯到当时已知的金文。甲骨文是商周时期刻或写在龟甲和兽骨上的文字，内容多为占卜记录，现在的汉字就是从甲骨文演变而来的。甲骨文中有“蒙”字，《汉语大字典》对“蒙”字的解析，没有涉及甲骨文。因此说，《汉语大字典》对“蒙”字的解释是有缺陷的。

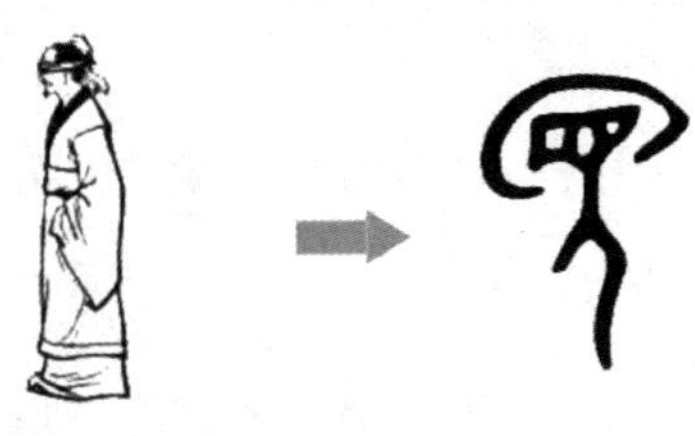

现在工具书《汉字字源》对“蒙”的释义是：“‘蒙’是个会意字，本义是遮盖，读音为méng。甲骨文的‘蒙’，下方是个‘人’形，上方是个被东西蒙上眼睛的形状，呈现出遮蔽的本义（如图）。小篆的‘蒙’，字形下方变成了‘豕’，字义没有改变。‘蒙’字后来引申为愚昧，如蒙昧。”

《汉字字源》是2005年出版的。这部工具书把国家语言文字工作委员会确认的三千五百个常用汉字的形义来源，按造字方法分六章逐一做了说明。《汉字字源》出版时间比《汉语大字典》晚，而且直接根据甲骨文释义，相比来说更具可信度。

蒙山之“蒙”

最早记载山东蒙山的史籍是《尚书》。其中《禹贡》篇有“淮沂其乂，蒙羽其艺”的记载。乂，义为治理、安定；艺，义为种植。《禹贡》的记载说明，大禹对淮河和沂河治理后，蒙和羽两个地区就能种植农作物了。蒙是蒙山，羽是羽山。羽山位于江苏省东海县与山东省临沭县交界处，海拔269.5米。

山名为什么叫“蒙”？从“蒙”字演变的历史，可以寻见端倪。

综合各种字典对“蒙”的寻源释义，可以归纳为：“蒙”字中间的“冃”，既是声旁也是形旁，是“冒”的本字，表示将帽子套在头上。冡，甲骨文作，上面是（帽子），下面是（隹，小鸟），两者结合表示罩住小鸟。篆文，以（豕）代替甲骨文字形中的（隹），表示罩住野猪。古人为了驯养刚捕获的鸟兽，特意将它们的眼睛罩住，避免它们因看到陌生环境而挣扎或逃脱，帮助它们安静下来，以利驯养。篆文异体字，在基础上加（草）写成（蒙），表示用草木枝叶遮蔽，使人看不见。造字本义：将动物或人的眼睛罩住，使其失去视野。隶化后，楷书字形冡、蒙，淡化了帽子（冃）的形象。古籍中用“蒙”后，“冡”就极少用了。“蒙”字由本义引申出“蒙昧”“无知”等义项。

由“蒙”演变的规律可推知，因这座古老的大山树木参天，遮天蔽日，遥望大山，不见山体真面目，进入山中，犹如被罩住了眼睛，因而名之以“蒙山”。

蒙山又称为“东蒙”，最早见于《论语·季氏》所记孔子与学生冉有的对话：

> 季氏将伐颛臾，冉有、季路见于孔子曰：“季氏将有事于颛臾。”孔子曰：“求！无乃尔是过与？夫颛臾，昔者先王以为东蒙主，且在邦域之中矣，是社稷之臣也。何以伐为？”

这段对话译成现代汉语意思是：季氏要攻打颛臾，冉有、季路去见孔子说：“季氏快要攻打颛臾了。”孔子说：“冉求，这不是你的错吗？颛臾曾做过先王的东蒙主，而且就在鲁国境内，是鲁国的一部分，为何要打它？”

蒙山在鲁国国境的东部，所以又称为东蒙。孔子说的东蒙，就是《诗经》上说的“蒙”，在“蒙”字上加一“东”字，意在指明其方位，因此说“东蒙”不过是当时的俗称而已。

蒙山又称为“东山”。《孟子·尽心上》记载:“孔子登东山而小鲁，登泰山而小天下。”“东山”就是蒙山。

蒙山呈西北—东南走向，起于平邑，横跨费县北部，蒙阴南部，终于沂南西南部、兰山区西北部，连绵长75公里。

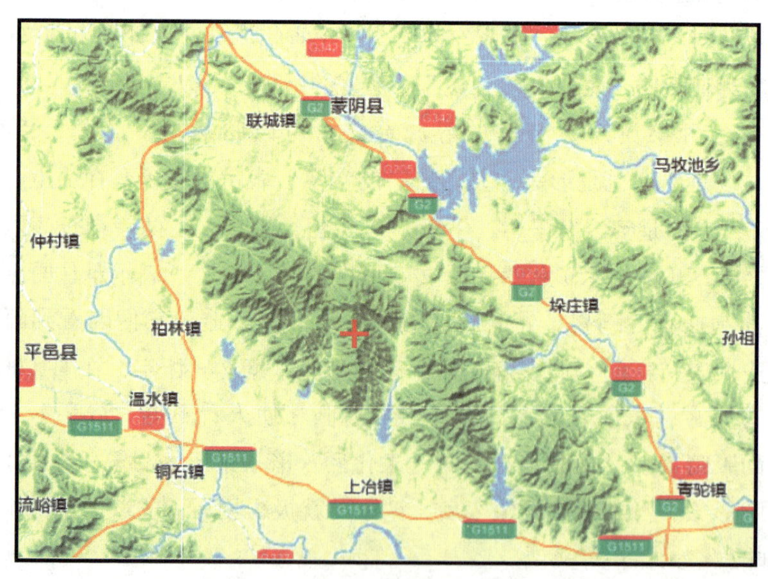

蒙山位置

蒙河之“蒙”

蒙河是流经沂南县境的三条河流之一，其干流全长62.3公里，自双堠镇入境后，又流经青驼、砖埠两个乡镇，境内流长37公里，润泽39个自然村。

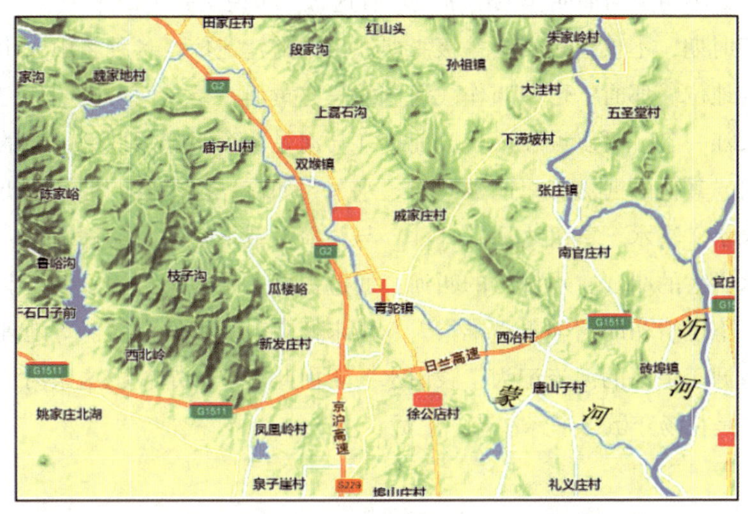

蒙河位置

这条河流为什么叫“蒙”？

《汉语大字典》认定“蒙（méng）”的义项有18个。其中第16个义项是：“古地名。①在今山东省蒙阴县境。《左传·哀公十七年》：‘公会齐侯，盟于蒙。’杜预注：‘蒙在东莞蒙阴县西，故蒙阴城也。’②春秋宋蒙泽。汉置蒙县。治在今河南省商丘市东北。《史记·老子韩非子列传》：‘庄子者，蒙人也，名周。’”

第17个义项是：“山名。①在山东省中部，跨平邑、费县、蒙阴、沂南等县。《尚书·禹贡》：‘淮沂其乂，蒙羽其艺。’《汉书·地理志上》：‘泰山郡蒙阴县’……②在四川省名山县西，所产茶称蒙顶茶。”

第18个义项是：“姓。《通志·氏族略三》：‘蒙氏……东蒙主以蒙山为氏，秦有将军蒙骜，生武，武生恬，皆仕秦。’”

《汉语大字典》中“蒙（méng）”的18个义项中没有“水名”。由此可推知：这条河流因发源于“蒙山”而且流经于“蒙地”而冠以“蒙”字。

北魏地理学家郦道元《水经注》在记载“沂水”时写道：“沂水又南，迳阳都县故城东……沂水又南，与蒙山水合。水出蒙山之阴，东流迳阳都县南，东注沂水。”虽然郦道元没有专题记述“蒙山水”，但他为后人留下了宝贵的历史信息：蒙河古名蒙山水。

明万历《兖州府志》之《沂水》也记载为蒙山水：“沂水又南，与蒙山水合。水出蒙山之阴，东流迳阳都县东南，注入沂水。”

为什么不叫蒙河而叫作蒙山水呢？有这么一个说法：

先秦时期，不仅仅是社会等级森严，出于封建迷信，各种名山大川也有属于各自的地位。那时，可以叫作“河”的只有黄河一条，而可以叫作“江”的也仅有长江一条。可以说在汉代以前，江与河是两个固定的概念，指的就是长江与黄河，其他的河流都只能被叫作“水”，如流经沂南县的沂河叫沂水，汶河叫桑泉水、汶水。秦汉之后，“江”与“河”就不是固定的称谓了。一般来说，把水量大的叫江，水量少的叫河。通过古籍文字检索可知，上自北魏《水经注》，下至清初胡渭《禹贡锥指》、清末杨守敬《书经注疏》等地理著作，都把这条源于蒙山的河流记为“蒙山水”。由此可以认定：把这条河流名之为“蒙河”是在杨守敬《书经注疏》之后。

蒙河别名

今之所称蒙河，清代也叫“汶河”。今所见最早的记录是雍正年间的碑文。

青驼镇尚庵寺清雍正四年（1726）碑记载：

> （尚庵寺）东有沧海，西有云蒙，汶水绕于前，英奇峙于后，且山之上有……

地方志书也有明确记载。

道光七年（1827）《沂水县志》卷一《山川》，在记述“蒙山水”时也说：

> 此水亦名汶水。

民国五年（1916）版《临沂县志》记载：

> 东汶河桥，在城北九十里青驼寺。清康熙二十一年邑人卢文心等

倡建。

根据桥在“城北九十里青驼寺”的位置可知，“东汶河桥”就是蒙河桥，也就是说当时的水名是“东汶河”。

清雍正四年（1726）碑记载为“汶水”，乾隆《沂州府志》说“汶水”是俗名，道光《沂水县志》说“亦名汶水”，民国版《临沂县志》称这条河道上的桥为“东汶河桥”，由此可知“汶水”的叫法，在整个清朝时期一直存在着。

现代水文勘察认定，蒙河发源于蒙阴县界牌镇依汶庄北部的中山南麓。依汶庄的称谓，肯定是因为“依着东汶河”而得村名。这也说明，蒙河另名汶水由来已久。至于为什么叫汶水，那就需有心人探讨了。

蒙河源流

蒙河流域呈扇形，支流多而短，主要支流下峪河、黄仁河全在蒙阴县境内。

在沂南县境汇入蒙河干流的10公里以上支流有四条：

梭庄河，发源于蒙阴县垛庄镇沙峪沟，在双堠镇东梭庄村东南汇入干流。

响河，发源于双堠镇五彩山大顶子，在双堠镇西郭庄村南汇入干流。

东石门河，发源于临沂市兰山区黄泥堰村，在青驼镇山北头村北汇入干流。

磨石河，发源于费县解峪子村南峪，在青驼镇卢家河疃村北汇入干流。

蒙河源于蒙山流经沂南，干流的60%在沂南县境。干流自青驼镇高家坊庄村南折向东流，成为沂南县与临沂市兰山区的自然分界线，最终在沂南县砖埠镇的最东南角汇入沂河。

云仍双泉

道光七年（1827）《沂水县志》在“泉源”条下记载：

云泉、仍泉。县百里，出云仍山双泉峪之云仍溪，二泉相距丈余。仍泉未经修理，云泉大定五年修，明天启间重修，有残碣尚存，乡人资以灌溉。

在“梓水”条下记载：

东汶水……东经牛王庙，马牧池水入之。又东经柳沟庄、双泉峪，云仍泉注之。

关于云山与仍山的位置，《沂水县志》“山川”条记载：

虎蹲顶（县西南七十五里，一名护云顶，又名云山）……虎蹲顶西南为团圆漫（县西南八十里，一名仍山）。

虎蹲顶，今名虎屯顶。团圆漫之名未变。

云泉与仍泉，即今马牧池乡双泉村的两眼清泉。一泉在今村委办公院前，当地人称为北泉，又叫大泉；另一泉在北泉南侧几十米处，俗称南泉或南泉子。

泉名的意蕴

仍，八世孙；云，九世孙。云仍也写作“云礽”，是云孙与仍孙的并称，意为远孙，亦泛指子孙后代。《尔雅·释亲》：“昆（kūn）孙之子为仍孙，仍孙之子为云孙。”宋朝范成大《次诸葛伯山赡军赠别韵》诗有句：“我家鸱夷子，竹帛照吴越。云仍无肖似，颓首愧前哲。”明朝李东阳《赠阙里孔以昌》诗有句:“已向云仍占圣泽，还从伯仲识风标。”近代王朝瑞有题赠杏堤先生篆书八言联：“纪绪云仍泳承吴北；溯源家学名震虞东。”可见，在古代乃至近代，云仍这个词并不生僻，有文化的人都知道而且常用。

王朝瑞题联

按照“仍孙之子为云孙”和坐北朝南时北为上的原则，双泉的命名是符合中国传统文化的，即仍泉在上位，云泉在下位。

依据北有云山和仍山而将双泉命名为云泉和仍泉，足见当时人文化意识之浓。虽始自何时已无从考究，但根据“云泉大定五年修”的记载，可知金朝大定五年（1165）时修葺的南泉，当时已叫“云泉”，而未修葺的北泉一定是叫“仍泉”了。

祖姓来双泉峪子村落籍的时候，云泉与仍泉早就存在了。可能是祖姓落籍始祖不仅看中了云仍与双泉的灵秀，或者更看重云仍双泉与祖姓的吉祥关系——祖姓繁荣昌盛，云仍源远流长。如今，祖姓兴旺发达，已是村内乃至地域内的望族，这也印证了祖姓落籍始祖的慧眼与远见。

泉群地带

双泉峪子村不止有云仍两泉，这是一个泉水四出的泉群地带。

村东坡地里，自古还有一个叫“海眼”的泉子。这处泉子有着一大一小两个泉眼，俗称大海眼和小海眼，出水量很大。村内老人说，大海眼和小海眼两个泉眼，出水情况是不同的。平日里小海眼泉口流水汩汩，大海眼却不出水，一旦到了雨季，大海眼就要出水了。而且大海眼出水时呈滚涌之势，水量巨大而源源不绝，似乎是大海里的水从这里涌出来了。

1956年，双泉峪子、小保护、常山庄、张家峪子等六个自然村的人，借着“海眼”的水源挖大井。清理泉口时，他们发现了泉眼处有早年间的修砌遗留物。早年的修砌方式是用长方木打基础，在方木上边垒砌打制的块石。这种垒砌方式说明，地面以下砂层较厚，难以清理干净，方木做基础可以节省石料，方木在水中腐烂也很慢。当地人有这样的传说：大海眼和小海眼通着东海龙王的龙宫，村里人家办红白公事需要盘子、碗时，只需要在泉子旁烧纸烧香、叩头默祷一番，泉子里会涌上来一些玉质的碗、盘、碟子。使用完了，只需要点上香烛感谢一番，然后把碗、盘、碟子如数沉入泉中就行了。村里一个贪心的人，家里办公事时从泉子里借出了碗、盘、碟子，却贪图玉质器物很值钱，归还时把一件玉碗留下了，换上了一个同样大的瓷碗。老龙王发现玉碗被人换了，一气之下就把那些碗、盘、碟子全都摔碎了。自此以后，泉子里再也求不出来碗、盘、碟子了。但是，泉口里还经常泛上来一些碗盘碴子。这个故事蕴含着一个事实，那就是这里曾经是水量充足的泉。

双泉峪子村还有一些泉眼，如老村东河沟边上就还有眼叫“北井”的泉眼。这些泉眼皆与季节等关系密切，洪水暴发季节，泉水经常从井口里冒出来，顺着大街漫流一片。村东河沟里还有一些“水漏子”，洪水流到这里，打着漩涡漏到地下，似乎能把人抽进去。这个时候，往往也就是大泉子、大海眼、小海眼等泉水四溢的时候。

南泉子（云泉）位于大泉之南不远处，石壁砌筑，上有栏杆。据老人们回忆，早年间南泉子泉口是一个大水汪，泉水往西南流，不远就进入了河道。由此可知，金朝和明朝修葺南泉子（云泉）之后，不知何年泉池坍塌了，逐渐形成了一个大水汪。也可知，现在南泉子（云泉）石壁砌筑和栏杆存世时间并不长。

近代，由于雨量减少，海眼泉、北泉、南泉等泉水量也少得可怜了，只有云仍两泉还可利用。但是，这两个泉子虽然距离很近，地下水源却好像不是一个“水线”上的。大泉子（仍泉）的水线受村中河水影响较大，夏天丰水季节，泉水就旺。较大的降雨后，泉水每每溢出泉池四周，翻滚不停。这个时候，水质有时浑浊。而南泉子（云泉）虽然水量不大，但一年四季均匀出水，水质变浑的情况更是少见。

立村时间辨析

从道光七年（1827）《沂水县志》的记载可推知，当时还存有金朝大定五年（1165）和明朝天启年间（1621—1627）修葺云泉的残碑，或许天启年间残碑有金朝大定五年修泉的记述。可惜这些弥足珍贵的记事残碑早已不知去向了。

《沂南县地名志》根据村境内郑氏墓地有明朝万历二十一年（1593）的墓碑认定：“可推知约在明朝中期建村。村内有两眼清泉，村址在大山峪中，因以得名。”

如果以《沂水县志》对云泉修葺时间的记载，证之《沂南县地名志》中双泉峪立村的时间，显然认定为“在明朝中期建村”是值得商榷的。如若“在明朝中期建村”，何来金朝大定五年的修泉记录？

北泉易名的遗憾

由于北泉夏季水量大，已被整修成东西为长方形的泉池。泉池北侧石壁上镶嵌着一块长方形的石板，石板上的刻文是：“珍珠泉新建于大清康熙五十一年”，另有二三十个“主办人”具名。因为笔画刻写较浅又受到池水长久侵蚀的原因，主办人姓名字迹已经模糊了，但看出以祖姓人名为多。如今，泉池南侧已建起了一个供人休闲的四角凉亭，凉亭正楣上悬挂着书法家王士新书写的“浮矶亭”匾。

“浮矶亭”是唐代诗人孟郊创作的一首五言诗的题目。《浮矶亭》诗全文是：

浮矶亭

曾是风雨力，崔巍漂来时。
落星夜皎洁，近榜朝逶迤。
翠潋递明灭，清潀泻欹危。
况逢蓬岛仙，会合良在兹。

潀，亦作“漎”，读作cóng，意为水流汇合的地方，或水边高地。泉城济南有珍珠泉，1983年在泉边建一亭，时任山东省人大常委会副主任李予昂为此亭题写了“浮矶”二字，因之亭名为浮矶亭。双泉村“仍泉”（北泉），冬季枯水季节，泉水出水较小，泉眼有细小气泡冒出，犹如串串珍珠，不知何人因此取名为珍珠泉。此珍珠泉虽然难与泉城珍珠泉媲美，但碧泉红亭相互映衬，亭名泉名语义相连，也显示出了新时代山乡泉村的魅力。

济南珍珠泉之名早已名满天下，将“仍泉”（北泉）易名为“珍珠泉”，总觉得有些东施效颦。而且，天下以“珍珠”命名的清泉屡见不鲜，而以“云”“仍”为双泉之名的，却是世上唯一。两者孰更有文化意蕴？不言自明。况且，祖姓繁盛之村，弃绝绵长之“云仍”，而爱庸俗之“珍珠”，岂不令人遗憾！

第二章 古事新论

阳都城的前世今生

阳都县始于秦朝，是秦朝实施郡县制时以阳都邑之名命名的县。阳都县历经两汉、三国、两晋，存续时间长达577年。阳都县境域范围与今沂南县大体相当。这块宝地，孕育出了一代贤相诸葛亮。从此，阳都就不仅是一个古老的县名，而且是一个有着非凡历史意义和象征意义的地理坐标点了。

阳都故城遗址的文化遗存

1986年7月，临沂地区文化局、文管会联合对阳都故城进行了初次考古调查。调查认定：阳都故城位于东汶河与沂河交汇处南2公里的任家庄与孙家黄疃村之间，其地理坐标为北纬35° 23′，东经118° 28′。[①]

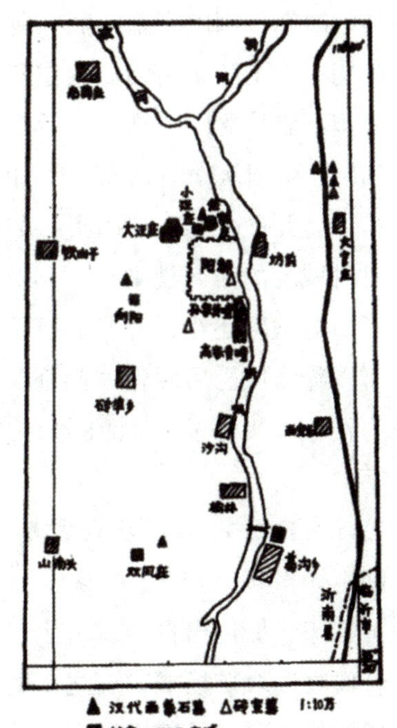

阳都城遗址位置

故城遗址坐落在沂河西岸的第一阶地上，北、西、南面是开阔的冲积次生平原。由于千余年来沂河的洪水泛滥，故城遗址上覆有一层厚厚的粉砂，文化遗存就埋在其下的砂质土内。

在孙家黄疃村东北角沂河西岸粉砂质土断崖底部，可见到有西周至汉代的文化遗迹。西周的遗迹主要是灰坑、成片的烧土块等。灰坑内出土有残陶鬲、陶罐、陶豆、蚌刀等，估计这些遗迹所在的是西周时期村落遗址的生活区。

① 以上数据及示意图引自徐淑彬《山东沂南阳都故城考古调查》。

除龙山文化和西周遗存外，阳都故城所见的古文化遗存以汉代为主，其中以墓葬遗迹、建筑遗迹和文化遗物为多见。两晋时期的遗物发现较少，几乎空白。故城内有一座南北朝时期的墓葬，曾出土过一个碗。故城范围内的墓葬说明，这座故城早已是遗址了。

在孙家黄疃村东北靠河的堤坝外侧，有一段石砌的护坡，或为阳都城的东城墙基。墙基的北段，任家庄村东有一地名叫“城东楼”，孙家黄疃村西北有一农田名叫“城南头”，大汪家庄村南有一地名叫“城西头”。从地面散见的汉代文化遗物的分布范围和当地流传的古地名看，汉代阳都故城就在这一范围内。这些考古发现与文献所记阳都城的兴盛和消失时间是相吻合的。

阳都县的源头

阳都城的远古脉络，仅见于考古调查资料，没有文献记载。近些年来，比较一致的说法是阳都县的源头是阳国。

有学者考证，上古时期南方有个小国叫“阳”，其首领被称为“阳帝”。商朝时期，阳国亲附于商，首领被封为“阳侯”，国人称为阳氏。周武王灭商建周，为了防止商朝遗族作乱，将阳侯族裔迁到了今阳都城遗址一带。起初，阳国不服从鲁国的辖制，后来被鲁国以武力制服了，从此阳国就成了鲁国的附属国。阳国从立国到成为鲁国的附庸国，存在了70年左右。

公元前660年，阳国又被齐国吞并了，从此阳国降为一般的城邑。按照当时对城邑的命名规则，“阳”作为“国”不存在了，但城邑还在，并且城邑曾经是阳国的国都，所以降为城邑后叫作“阳都”。故宫博物院《古玺汇编》[①]著录的0198号印中有“阳都邑”三字。

阳都邑印文

对这方古印，北京大学刘洪涛在所作《战国古印考释两篇》中[②]认定：“是一枚典型的齐国官印，据传出自山东沂水”，“是阳都邑中主管候察选取矿场或矿石之事的职官之印”。山东省博物馆研究员王恩田则释读为：“阳都邑寻浵

① 故宫博物院：《古玺汇编》，文物出版社，1981 年版。
② 复旦大学出土文献与古文字研究中心网站论文。

盟之鉢”，意为：阳都邑续盟、莅盟所用的玺。尽管专家释读不尽一致，但对“阳都”二字是公认的。

这方古印，为“阳都”曾经作为城邑存在提供了实物证据。到被齐国吞并，阳以附庸国的形式存在了大约330年。

秦朝设立了阳都县

秦始皇统一中国后实行郡县制，阳都县就是这个时期设置的，隶属于琅邪郡。从此，阳都由城邑之名升格为县名，阳都邑由一般城邑升格为县城。到秦朝设立阳都县，阳都以城邑的形式存在了439年。

两汉时期，阳都都是以县的级别存在着的。从东汉开始，不断有功臣贵戚分封在这里，以阳都为食邑之地。[①]先后有八人被分封在这里，享受赋税，所以有时阳都县又称作阳都侯国。

汉代阳都县的四至和现在沂南县的边界基本相同。

南部边境是蒙河。《水经注·沂水》记载：“（蒙）水出蒙山之阴，东流迳阳都县南，东注沂水。”阳都县与临沂县并存，南部与临沂县接壤。当时，临沂县治所在今临沂市兰山区白沙埠镇诸葛城村，东临沂河，北距蒙河约12公里。阳都县与临沂县以蒙河为界，应当是没有异议的。

东部与同郡并存的莒县接壤。两县之间横亘着一条南北走向的大山，以山为基本边界是可能的。也就是说，阳都县与莒县的分界线大致是如今名为浮来山的山系。

北部与同郡并存的东安县（县城遗址在今沂水县许家湖镇后城子、前城子、黄崖头三村之间）接壤。

西北部与同郡并存的虑县（县城遗址在今蒙阴县坦埠镇故县村）接壤。

西部与太山郡蒙阴县（县城遗址在今蒙阴县蒙阴镇城子村）接壤。

西南部与太山郡华县（县城遗址在今费县方城镇古城村）接壤。

东南部边界在沭河平原上。唐代孔颖达在《春秋左传·经》“秋，取根牟”下注曰：“根牟，东夷国也。今琅邪阳都县东有牟乡。”关于牟乡的位置，清初顾祖禹《读史方舆纪要》“牟乡”条说：“在县东南……根牟即牟乡

---

① 中国古代诸侯封赐所属卿、大夫作为世禄的田邑（包括土地上的劳动者在内），又称采邑、采地、封地。食邑制度盛行于周朝。秦汉推行郡县制，承受封爵者在其封邑内渐无统治权力，食禄已改为以征敛封邑内民户赋税拨充，其数量按民产计算，与周代按田邑大小区分者不同。食邑随爵位黜升而损益，亦得世袭。

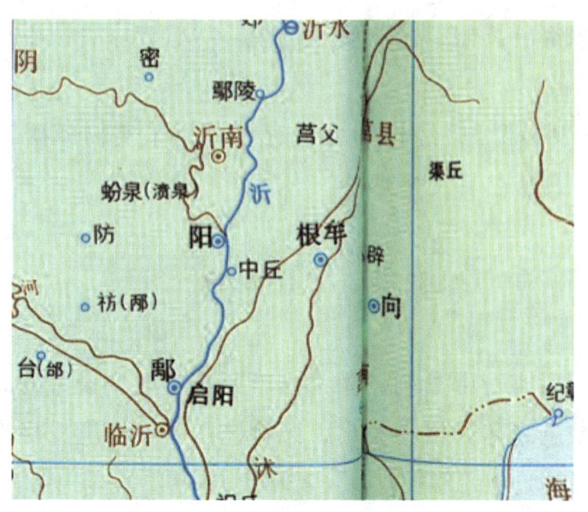

春秋时期根牟位置图

也。”现代学者谭其骧《中国历史地图集》标记，根牟在今莒南县大店镇附近。

这一连串的历史线索表明，汉代阳都县的东南部边境在今莒南县大店镇一带。

郦道元《水经注》记载：沭水“又东南，过莒县东……又南，过阳都县东”。“过阳都县东”是说“经过阳都县的东边境”，不是说“经过阳都县城”。现在有人根据《水经注》文中的“过阳都县东”这句话，认定阳都县城在今沭河西岸，即认定阳都县城在莒南县境内。这不仅是没有分清“阳都县”和“阳都城”两个概念的缘故，也是拉名地以荣今域思想作祟的结果。

阳都县具体边界虽然难以确考，但南、东、北、西北、西、西南这六个方向的边界，都和今沂南县与兰山区、莒县、沂水县、蒙阴县、费县的边界大体相当，只是东南部的面积比现在更大，还包括了今莒县和莒南县的一些地方。由以上资料可知，汉代阳都县的疆域范围和今沂南县的地域范围大体相当。

吴国侨置阳都县

三国鼎立时期，魏国和吴国各自置有阳都县。

吴国嘉禾五年（236），在魏国境内阳都县还存在的情况下，将雩都县东北的陂阳析分出来，新置阳都县，隶属于扬州庐陵郡。这段历史，明万历年间《宁都县志》记载：

嘉禾五年，析雩都东北陂阳乡白鹿营置阳都县，隶庐陵郡。

清朝道光年间《宁都直隶州志卷二·沿革志》也记载：

孙权嘉禾五年，分庐陵立南部都尉，析雩都东北陂阳乡白鹿营，置阳都县。

西晋太康元年（280），阳都县改名为宁都县，宁都县（今属江西省）之名沿用至今。吴国嘉禾年间，诸葛瑾被任命为大将军、左都护，领豫州牧，成为深受孙权信赖、吴国屈指可数的重要将领。诸葛瑾是琅邪阳都人，孙权将新置县定名为阳都，应该说与诸葛瑾在东吴有关。因为吴国设置了阳都县，诸葛瑾的长子诸葛恪封为阳都侯时，就是实封而不是虚封，因为他可以实实在在地享受封地的赋税了。西晋统一后，对一些重复的县名进行了整顿，吴地阳都县被取消。至此，庐陵郡阳都县已存在了45年。

东晋侨置阳都县

西晋末年，司马氏分封的诸王为争夺中央政权，爆发了长达十六年的同姓王混战，北方匈奴和鲜卑贵族乘机入侵中原。黄河流域的汉民世家大族和平民百姓，为了逃避战乱和民族冲突，纷纷以宗族为单位，移徙到长江中下游两岸地区，南下人数超过百万。琅邪王司马睿在建康（今江苏南京）建立东晋后，江南比较稳定，因此琅邪国人过江投奔司马睿的多达千余户，琅邪望族大户几乎全部迁往江南。司马睿的东晋王朝是在琅邪王氏家族为首的世家大族拥立下建立起来的，为了维持琅邪世家大族的地望，安定臣心和民心，以达到巩固统治的目的，司马睿便在京都周边设置侨置州郡及县来安置南迁世家大族。

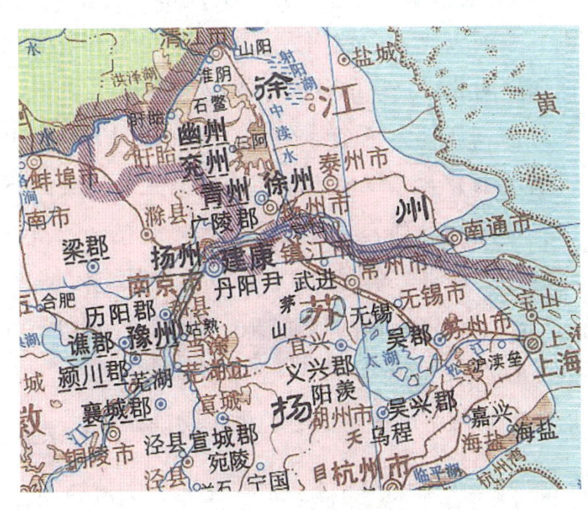

东晋侨置州郡图

太兴三年（320），东晋在丹杨郡设置怀德县安置侨民，设置了琅邪相管理怀德县。这时，琅邪郡并没有实际土地。到了成帝咸康元年（335），东晋王朝才析分丹杨郡江乘县部分领地设置了南琅邪郡（隶属于侨置徐州），又析分江乘县西域土地设置了临沂县。咸康六年（340），再割江乘县西部分土地设置了阳都、费、即丘三县，与临沂县并列，都隶属于南琅邪郡。南朝宋元嘉八年（431），即丘县并入阳都县。大明五年（461），阳都县并入临沂县。设立阳都县，诸葛氏家族南迁是决定性因素。

东晋时期，北方的阳都县已处于异族的统治区，南方的阳都县安置的又是阳都人，而且还在南琅邪郡的管辖下，所以说侨置阳都县是西晋琅邪阳都县的继续。从咸康六年（340）起至大明五年（461）止，以侨县形式设置的阳都县存在了122年。

阳都城遗址

琅邪郡阳都县废置后，阳都之名便湮没在历史的尘埃之中了，很少有人提及。唐朝以前，比较明确记载阳都故城方位的学者仅有二人。

最早记述阳都故城方位的人是北魏地理学家郦道元，他在《水经注》中记载："沂水南，迳东安县故城东……又南……桑泉水流入沂……沂水又南，迳阳都县故城东……沂水又南，与蒙山水合。水出蒙山之阴，东流迳阳都县南，东注沂水。"东安是汉代县名，故城遗址在今沂水县城以南沂河西岸。桑泉水即自西北流入今沂南境域的东汶河，蒙山水即流经今沂南县南部的蒙河。这几个参照点把阳都故城的方位交代得十分清楚了，这就是沂河西岸、东汶河以南、蒙河以北。东汶河入沂处和蒙河入沂处南北相距12公里，阳都故城就在沂河西岸南北12公里的狭长小平原上。

唐朝章怀太子李贤在《后汉书》"注"中也涉及了阳都故城的方位。他在《后汉书》卷二《显宗孝明帝纪第二》记载的明帝"征东平王苍会阳都"下注曰："阳都，县名，属琅邪郡，故城在今沂州沂水县南。"唐代，今沂南县地盘属于沂水县。李贤的"注"明确地认定阳都故城在沂水县境南部。

最早认定阳都故城确切位置的是清朝初年沂水籍进士刘绍武，他认为阳都故城在沂水"城南一百一十里沂河之西岸"。乾隆二十五年（1760）版《沂州府志》对阳都城遗址的方位做了明确认定：

> 阳都城，县南一百一十里，沂河西岸。

道光七年（1827）版《沂水县志》，对阳都故城的方位做了精确的表述：

> 邑南河阳村南十余里，沂河西岸半里许，桑泉水南五里黄疃庄，阳都城故址犹在。

在记述山系时，也旁及阳都城，明确记载为：

> 铁山，县南百二十五里，东抵沂岸，南为古阳都城。

铁山，即今沂南县砖埠镇铁山子村后的山系，今名仍为“铁山”。

阳都城以遗址的形式存在了近1700年。20世纪七八十年代，古城墙遗存还高出地面，呈斜坡形，厚石砌成。现在，沂河西岸仍存有一小段古城墙的基础。在古墙以西的田地及村庄内，先后发现了许多汉代遗迹、遗物，有汉画像刻石、铜镜、剑、戈、盔甲、汉币和砖瓦、陶器等，特别是20世纪90年代，在阳都城遗址范围内出土了一方刻有汉隶“阳”字的古砖，更确凿地证明了此地就是“阳”的所在地。

“阳”字古砖

精确地说，阳都故城的位置在今沂南县砖埠镇孙家黄疃村以北，任家庄、汪家庄村以南，故城遗址东西和南北各长约800米，面积约64万平方米。

南北两个阳都村

三国时期，吴国庐陵郡的阳都县仅存在了45年便改为宁都县了。从此，阳都县之名就逐渐湮没在历史的尘埃之中，阳都县的治所更成为历史之谜。

吴国阳都古县遗址位于今江西省赣州市宁都县黄石镇。

明万历壬辰《宁都县志》记载：“嘉禾五年，析雩都东北陂阳乡白鹿营置阳都县，隶庐陵郡。”清道光四年（1824）《宁都直隶州志》卷二《沿革志》也记载：“主孙权嘉禾五年，分庐陵立南部都尉，析雩都东北陂阳乡白鹿营，置阳都县。建县始此，石城在阳都封内，瑞金仍雩都县地。均隶南部都尉。”说明三国吴时，现在宁都县境内，只设置了阳都县。

20世纪50年代，考古人员根据这一线索开始了对阳都古县遗址的考察工作。他们在营底村《张氏家谱》中，又发现了两篇涉及阳都古县及阳都县治所的记文。一篇是《故城述记》，其文载曰："三国吴析雩都东北地陂阳乡白鹿营置阳都县，隶庐陵郡。宝鼎三年（268）改白鹿营为宁都县，复还阳都。西晋太康元年（280）徙县治太平乡阳田营，改阳都曰揭阳，故名白鹿营为故城云。"另一篇是纪年为明万历的《白鹿营事实记》，其文载曰："白鹿区于唐为白鹿镇，三国为白鹿营，其时筑城为邑，三江所汇，以为金汤固也。宋时城废区存，后为我祖古居焉。"后来，在营底村又征集到汉代青铜三足熏香炉、唐青瓷碗、南朝花纹砖以及厚重的砖瓦碎片等文物。

根据这一系列线索和实地考察，文物工作者认定：营底村就是三国时期吴国阳都县的县城所在地。为了纪念这一段历史，1981年，宁都县将"营底村"改名"阳都村"。现在，宁都县不仅有"阳都村""阳都希望小学"，而且环绕阳都村的梅江上有"阳都大桥"，宁都县城还有"阳都大道"等。

1982年，宁都县将阳都村之名载入新编纂的《宁都县地名志》。从此，吴地昙花一现的阳都县巧借营底村而获得新生。

2005年，沂南县砖埠镇殷家庄和任家庄两村也借合并之机，而将新名定为阳都村，古县阳都也从此转世再生。也许有一天，阳都村又成长为阳都镇乃至阳都县。

三国时期，南北两个阳都县并存的根源是战乱。今天，南北两个阳都村呼应的机遇是社会安定、文化繁荣。但愿两地阳都成长壮大，各创辉煌。

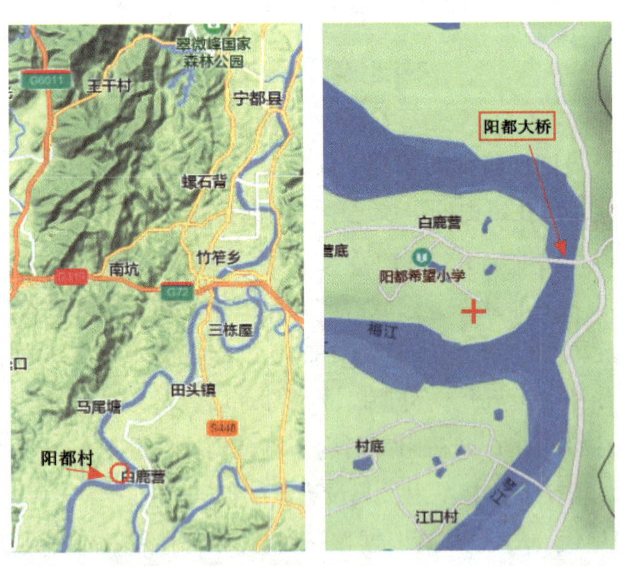

宁都县地图

第一古镇——苏村

今沂南县境内，元代以前的建制镇有苏村、静疆和青驼。苏村镇今仍名苏村镇，青驼镇仍名青驼镇，而静疆的名字远在明代就已被河阳之名取代，而且不是镇级行政单位了。今天的苏村镇是宋朝初年设置的，是名副其实的沂南第一古镇。

北宋的镇

在中国历史上，“镇”最初是小型军事据点的名称，出现于北魏时期。到了宋代，商品经济空前发达，出现了许多新型的商业聚点，如城市、草市、集市和镇市等。草市是城市官方市场之外的商品交易场所，一般位于城郭大门外；集市是村落间商贩定期聚集进行物资交流的场地，一般位于交通方便之地或较大的村落；而镇市则是中央政府公布的县以下以商业交流为主要功能的建制单位，简称镇。对此，宋代人高承《事物纪原》描述说：“民聚不成县而有税者，则为镇。”

镇的主官由中央政府委任，称为镇监。宋元之际历史学家马端临《文献通考·职官考》记载：“宋制，诸镇监官掌巡逻盗窃及火禁事；兼征收榷酤，则掌其出纳会计。镇寨凡杖罪以上并解本县，余听决遣。”榷酤亦称“榷酒酤”“榷酒”“酒榷”，是自汉代开始的酒专卖制度。宋代在城市实行酒水政府专卖，在乡镇则听任商民自产自销，政府征收酒税。根据马端临的记载可知，镇监的首要职责是社会治安、防火，也就是保证商业交流有一个安全的环境。镇内凡应判杖刑以上（含杖刑）的案件，必须交到属地县衙处理，其他案件则由镇监自行处理。有酿酒业且规模较大的镇，另置出纳会计。规模小的镇，由镇监自行兼任。概言之，镇监的职责是治安与管理税收。

北宋时期，农业及手工业的发展带动了商业的繁荣。在此基础上，山东各水陆交通要道和沿海口岸形成了大批工商业镇市。苏村不仅地处青徐古道上，而且西临沂河，位于平原，水陆交通发达，农商繁荣，设为国家级镇市是历史的必然。

苏村镇设置时间

《宋会要辑稿·方域》记载："沂水县苏村镇，大中祥符元年置，天圣二年废。"大中祥符元年即公元1008年，天圣二年即公元1024年。但是《宋会要辑稿·商税杂录》又载录，熙宁十年（1077）苏村镇商税收入4157.381贯，这税收时间与《宋会要辑稿·方域》记载的苏村镇废置时间相抵牾。《宋会要辑稿》是清代人徐松根据明代《永乐大典》中收录的宋代官修《宋会要》加以辑录而成的资料集，其中《商税杂录》辑录了熙宁十年全国各州、县、镇的商税收入数据。既然熙宁十年有苏村镇商税收入数据的记录，就说明当年苏村镇是存在着的，由此也可证《宋会要辑稿·方域》所记苏村镇"天圣二年废"有误。苏村镇是大中祥符元年（1008）建置的，至今建镇历史已超过1000年了。

熙宁八年（1075），神宗皇帝诏命重修大中祥符年间（1008—1016）编著的《九域图》。元丰三年（1080）书成，因为"旧名图而无绘事"，改称《九域志》。书成之后，又经多次修订，最终所反映的政区基本为元丰八年（1085）之制。《元丰九域志》记载，北宋全域设镇1875个，其中山东境内122个。该书佚缺齐州和密州，若参照《金史》等史籍将两州的镇市补上，则山东镇市可达到142个，约占北宋全境镇市的8%。

山东的镇主要集中在水运发达的黄河和济水流域及运河两岸，而胶东半岛则很稀疏。沂州下辖五县，其中临沂县3乡4镇（力邵、利城、石门、王相），承县4乡1镇（兰陵），沂水2乡2镇（苏村、静疆），费县3乡1镇（ 阳），新泰2乡无镇。沂州的北邻青州，治所益都县5乡无镇，南部的临朐县3乡1镇（穆陵镇）。密州（治所诸城）下辖的莒县3乡无镇。青州至沂州这条长约500里的古道上，建制镇有穆陵、苏村、静疆、王相四镇，其中苏村、静疆两镇相距不到50里，距离最近。

《宋会要辑稿·方域》还载录，沂州承县（今兰陵县）兰陵镇是景祐三年（1036）建置的，比苏村镇晚28年；莒州日照镇是《元丰九域志》成书之后的元祐三年（1088）建置的，比苏村镇晚79年。

苏村镇税收

按照宋代镇设置的标准，大致有人口和税收两项。据一些学者研究，宋代镇的标准人口为200户，但税额标准则因各地区经济发展水平不同而有些差异。

宋代的镇可分为三种类型：商业型、地方市场型和产业型。[①]地方市场型镇，其前身主要是那些因地方商品经济发展而设置的农村或城郊草市。王相镇和苏村镇即属于这一类型的镇。地方市场型镇，为远离城市的乡村人口提供了一个商业和服务中心，从而保证了城乡市场布局的相对平衡。

建置镇并委任镇监的主要目的是征收商税。据《宋会要辑稿·商税杂录》记载，熙宁十年（1077）沂州建制镇商税征收情况是：

王相镇7537.72贯；
苏村镇4157.381贯；
静疆镇1600.94贯；
毛阳镇983.56贯；
兰陵镇898.423贯；
力邵镇466.802贯。

同时期，莒县商税5887.39贯，临朐县商税4401.12贯。从地理位置和商税数据看，当时沂水县南乡沂河两岸是沂州农商最发达的富庶之地，苏村镇在地方市场型镇市中是名列前茅的。

宋代流行"省陌制"，即官方规定77钱当100钱用。1钱即1文。如此算来，苏村镇年商税额4157.381贯，实际是3201183.37文。北宋时期，小麦是北方的主要农作物。根据《宋代经济史》载录的资料分析，熙宁十年（1077）小麦价每斗约35文，即每石350文。按照每石麦350文计算，4157.381贯可以折合9146.24石小麦。按一石小麦重48公斤计算，约合今439019公斤。宋淳化年间（990—994），朝廷诏令江北各州在水源充足的地方广种水稻，并免其租。山东开始在鲁西北试种，获得成功后又在京东路推广。京东路37县除山区以外，大部分州县都开辟了稻田。

① 于云翰：《宋代山东"镇"的区域分布及经济类型》，《昌潍师专学报》，1999年12月。

苏村镇经济

苏村和静疆两镇，位处京东路水源丰富、土地肥沃的沂河流域，在原来以小麦为主要农作物的基础上，开辟稻田、扩种水稻应是必然的。蒙阴县籍进士公鼐在万历丙申年《沂水县志》序中说：

> 沂水之源出于县北鄗大弁诸山泉……近县则溢为洪流，可负舟楫。汶水自蒙阴西来入之，历新兴至河阳百里间，两岸皆为上腴，土宜粳麦，传所谓：琅邪之稻，十专其五。

北宋时期，大米的价格约是小麦的2倍，按此计算4157.381贯也可折合大米219509公斤。宋代商税率一般为2%至3%，以每千文货物征收20文计算，苏村镇商品交易额可达20.787万贯。这些交易额显然不是农产交流物资能达到的价值，商税数额也显然不是农产交流物资所能贡献出来的。

《宋史·食货》记载："宋承前代之制，调绢、䌷、布、丝、绵以供军须……青、齐、郓、濮、淄、潍、沂、密、登、莱、衡、永、全州市平绝。东京榷货务岁入……以供服用及岁时赐与。"又载："登、莱端布为钱千三百六十，沂布千一百，仁宗以取直过厚，命差减其数。"①民国《山东通志》认定，北宋时期山东麻织业已很发达，沂州的"沂布"是全国著名的麻织产品，山东地区的麻布大部分用于缴纳赋税，少量剩余产品供生产者自己穿用。由此可知，原料麻和麻织品一定是苏村镇商税的很大来源。

山东是中国古代酿酒业极为发达的地区之一。早在新石器时代，东夷部落就已经掌握了酿酒技术。据目前所发现的考古材料证明，我国最早的酿酒遗迹就出现在莒县境内。1979年，在莒县陵阳河大汶口文化晚期墓葬的发掘中，出土了一组成套的酿酒用具。这一发现表明，远在5000年前，山东的东夷民族已经开始进行谷物酿酒。宋代酿酒"用秔、糯、粟、黍、麦等，及曲法、酒式皆从水土所宜"。宋代是山东酿酒业的高涨时期，酒的产量和品质都达到了当时一流的水准，而且名酒辈出，比州皆是。张能臣《酒名记》列北宋酒200余种，其中山东名酒就达27品。②

苏村镇的酿酒业如何，虽然没有文献资料直接予以标明，但也有线索可

---

①《宋史·食货·布帛 和籴 漕运》。

② 王赛时：《古代山东酿酒述略》，《中国烹饪研究》，1997年第2期。

循。北宋时期，县一级负责管理酒与曲买卖和征收酒税的机关叫酒务。据《宋会要辑稿》和《文献通考》载录，熙宁十年（1077）有酒务1681处，其中沂州五县设有6处，沂水县酒务设在县治。由此可知，熙宁十年（1077）沂水县酿酒业就已经很发达了。苏村既是沂水县第一重镇，又是粮食生产大镇，有着兴盛的酿酒业是十分自然的。由酒务在沂州设置的密度，也可推定酿酒业也是苏村镇农产品交流之外的重要税源。

宋代以后的苏村

经过北宋末年的宋金战争，山东经济发展大受影响，甚至出现倒退现象。反映在镇市设置上，直接的表现就是数量减少了。金代，行政县的归属和建制镇都在原有基础上做了取舍调整。沂水县归属于山东东路莒州，莒州日照县设置涛雒镇，沂水县设置扶沟镇、沂安镇、洛镇，沂州设置长任镇、利城镇、向城镇。这时，已无苏村镇之名了。

现在，沂水县对历史地名的考证和定位，没有沂安镇的信息。沂安镇的位置在哪里？没有确切的资料证实。但从“沂安”二字含义分析，应该在沂河岸畔。从交通条件分析，一定在沂河东岸。从原有商业基础分析，苏村镇改名沂安镇的可能性极大。

元代有镇的称谓，这时镇的性质已是大型商贸集镇，而不是建制镇了。苏村的称谓，尚不清楚。

明朝的镇，仍然是对大型商贸集镇的称谓，而非行政区划的名称。沂水县（包括苏村）隶属于青州府，置有十字路镇（今莒南县城）、台头镇（位置未详）、屋楼镇（今莒县东部），镇的设置明显向靠近沿海的地区发展。

明朝沿袭元制设置具有行政管理职能的乡和社。嘉靖《青州府志》记载，沂水县设5乡，苏村社是会川乡下辖29社之一。

明代，苏村是青州沂水县六大要隘之一。嘉靖《青州府志》记载：

> 苏村集，在正县南五十里。通郯城、沂州、宿迁，响马出没之途。委区长率枪手二百名守之。

明代交通要道上的集市多开设可住宿的店，苏村既是大集市，还是县境交通要道上的18店之一，因此，地方志书又称之为苏村集或苏村店。

明代，在驿道上设铺。青州经沂水县沿青徐古道南行，是山东驿道之一。

驿道沿途县城设总铺，两总铺之间设置分铺，各分铺设铺兵若干，负责官方上下级的文件传递。沂水驿道南线每10里设1铺。嘉靖《青州府志》记载：

> 总铺在城南门外……岜山铺，城南十里；王儿庄铺，城南铺二十里；李百户铺，城南三十里；小河铺，城南四十里；苏村铺，城南五十里；朱郭铺，城南六十里；榆林铺，城南七十里；苗家曲铺，城南八十里；东流铺，城南九十里；河阳铺，城南一百里；房前铺，城南一百一十里；葛沟铺，城南一百二十里。

递铺劳役的主要承担者是步行铺兵。每位铺兵备夹板铃铛各一副，长矛一，软绢包袱一，油绢三尺，蓑衣一领，回历一本。其中软绢包袱、油绢、夹板都是为了保护文书的。铺兵递送公文时，腰系铃铛，手持长矛，夜间尚须携带火把，遇道路狭窄之处，即用力振铃，通知路上车马行人让路，在快到下一铺时也须振铃，以使下一铺预先做好准备。

清代官方的通信联系，是通过以驿递为主体的驿路网和以铺递为主体的步递网互相衔接，把中央与地方、内地和边疆紧密联系起来，形成统一的整体。“驿”是驿递的主体，设在各省腹地和盛京等地，是马递系统。“铺”是驿递干线的补充，是步递系统。

清代延续明制设乡社和铺。苏村社，属会川乡26社之一。苏村铺，是沂水县南境铺递之一。

康熙《沂水县志·铺舍》记载：

> 沂水虽非冲剧，然南接琅邪，北通穆陵，当齐诸郡之中，邮传所不免也。遭灾之后，屋舍已倾而送迎如故，为志其联续焉。
>
> 总铺（在南门外，由总铺而东南至）……由总铺而南至岜山铺，十里；又南至王庄铺，二十里；又南至李百户铺，三十里；又南至小河铺，四十里；又南至苏村铺，五十里；又南至朱郭铺，六十里；又南榆林铺，七十里；又南至苗家曲铺，七十五里；又南至东流铺，八十里；又南至河阳铺，一百里；又南至房前铺，一百一十里；又南至葛沟铺，一百二十五里。

清道光《沂水县志》所记铺递，与康熙志相同。

附文：

杨家道口与桥船碑

在没有修建界湖至苏村的沂河大桥之前，界湖到苏村需要从周家独墅向东涉过沂河才行。清末至民国初年，这个地方的河口是莒县城西通蒙阴城的必经道口，因此沂河东岸村庄就叫作杨家道口村。

杨家道口虽然是沂河干流上众多的道口之一，但因为北宋时苏村就是一个国家级的经贸“镇”，所以不仅经过苏村镇的青沂古道（青州至沂州）货流量巨大，而且经过苏村的莒蒙通道（莒县到蒙阴）也繁忙起来。因此，苏村西边的沂河渡口——杨家道口，客流量就比其他渡口大多了。

古代，沂河干流和支流上没有水库及塘坝蓄水，四季流水不断，夏秋之际，“水势平槽，数百石粮食船可以直入运河”。[①]杨家道口地处沂河中上游，冬春时节，水流浅，难以行船，可架木桥以利通行；夏季洪水来得快，水量大，水流急，需要赶在洪水前拆除木桥，以防被洪水冲走，秋季过后再重新架设。拆除木桥后，便以船代桥。自古以来，船桥相继，往复不已。

在1987年建成第一座界湖通往苏村的沂河大桥前，杨家道口一直是冬春靠木桥夏秋靠木船摆渡的。那时候，不论是木桥还是木船，都是社会集资完成的。木桥和木船不仅方便了河道两岸的往来，更方便了远道而来的过客，募筹资金的范围也就扩大到了几十里外，甚至近百里的地方。中国自古就有“修桥铺路积阴德”的信念，每逢修桥造船，都是社会贤达挑头任事，名流商贾踊跃捐款。

杨家道口渡船几时始有已无从考证，唯木桥建设及木船维修情况，因为有两位有心人曾分别抄录了《桥船碑记》和“施财姓名”，才可通过已知的一次桥船募捐之举，窥见历史之一斑。

抄录《桥船碑记》的有心人是高新民。高新民是苏村镇坊岭村人，曾在部队从事通讯报道工作，转业后分配到苏村镇卫生院工作。他在干好本职工作之余，热心收集地方史料，几十年如一日，乐此不疲。他听说杨家道口曾有一通记载募集桥船修理基金及经过的石碑，便多次前往寻找，一直未果。1906年2月26日，他又到与杨家道口村相邻的葛家庄寻找线索，有人告诉他村边一条沟上的简易石桥上铺着几块石板，其中一块就是桥船记事碑。记事碑高135厘米，宽

① 吴树声：《沂水桑麻话》，《沂水县志》道光七年版。

65厘米，厚16厘米，字面朝下。高新民请了几个好友合力将碑翻过来，又费了几个小时，按照原有的格式抄录下来。因为当时个别字已经漫漶不清，他抄录的碑文如下（难以辨认的字用□代替）：

桥船碑记

凡事欲垂永久必图万全，未有计划不周而可令后起者有所踵承也。即如吾邑，海岱通衢，夏须舟楫，冬用桥梁，其创造者虽有历年，而岁岁增修，耗费钱几及百千，苦不得不出于劝募。迨光绪七年，董理无人，共推西桥尤公以为事首。夫尤公，家不中资，不获命，因集诸父老为善后，即将桥梁改为坚厚竖板，并修房舍几间为收藏桥料，几百千生息之，以为修补资，庶可一劳永逸乎。众事共议，尤公遂先行捐输，为后俱踊跃输。将渐有成绩，乃胥动浮言，前功几坠。迨癸未冬，有青郡德明徐公，素以好此事，亦谓不宜中止，因力劝。治久王公，克卿傅公及汝德刘公，元和孙公，襄成义举。父台捐廉资助，足成四百千之数。于是，修桥房，换竖板，除清理旧欠外，下剩二百千。修补止许抽取余利，而二百千之本永不许借端支消，兼以苏村盐店，每年津贴钱粮时，既有成规可循，而后起诸君子亦可无劝募之苦。余故乐为之记，以序其事之。□劝而捐资姓名亦即胪列于左，并垂不朽焉。

丙子举人傅政源[1]撰

光绪十一年岁次乙酉季秋之月上浣谷旦

贡生刘汝平书

经过研究碑文得知，当年还同时立起了一通镌刻“施财姓名”的石碑。高新民又多次到葛家庄寻访，但无人知道下落。后来打听到葛家庄一个名为尤士贤的人有抄录的“施财姓名”，他又登门拜访。这位从苏村中学退休的老师尤士贤说，当年修桥的“首事”尤西桥是他的老爷爷，他出于对老爷爷的崇敬，就抄录了施财碑碑文。尤士贤抄录的碑文如下：

施财姓名

正堂马大爷官即应午捐钱十五千

---

① 傅正源，今界湖街道傅家庄人，清光绪二年（1876）年举人。

竹园庄三千

悦来坊四十千

尤西桥五千

门家庵子四十七千

沧浪沟三千

来顺号四十千

崔家峪七千

薛家独墅四千

瞿家庄六千

界湖镇二十五千

徐家独墅六千八百

王家独墅四千四百

陈家庄三千

刘沄二十千

夏家庄六千六百

铜井镇四千谦计坊

苏村盐十五千

南张庄六千

青州恒丰四千

刘元和六千

沂水城十二千

刘敬修六千

青州益丰四千

刘兆霖三千

贺有美十千

刘汝霖六千

临淄徐德明坡子四千

东里店十千

刘祥霖五千

刘澍四千

新王沟三千

坦埠镇十千

阑振声五千

莒州同顺四千

光绪十一年岁次乙酉季秋上浣谷旦

时隔110年，原本记载同一事件两块石碑的碑文，经过两个有心人的抄录收藏，终于聚到一起了。

《桥船碑记》和“施财姓名”，不仅记录了当时募集杨家道口桥船基金的背景和过程，为捐资输财者留下了芳名，而且留下了重要的史料。

一是留下了“镇”的信息。

自宋代开始，县以下较大的集市称为“镇”。20世纪50年代，民间尚有“界湖镇”“铜井镇”的称谓。虽然这两地称为“镇”不知始于何时，但从“施财姓名”可知，最迟在光绪年间就有“界湖镇”“铜井镇”的称谓了。

二是留下了光绪年间沂水县知县的信息。

“父台”是旧时对县官的尊称。“捐廉”是捐献除正俸之外的养廉银。养廉银是清朝特有的官员俸禄制度。这项制度始于雍正元年（1723），本意是想借高薪来培养鼓励官员的廉洁习性，避免贪污发生，因此取名为“养廉”。“正堂”即“听政大堂”，是明清时期对府县等地方正职官的称呼。《桥船碑记》有“父台捐廉资助”句，“施财姓名”首位是“正堂马大爷官即应午”。根据《桥船碑记》和“施财姓名”提供的信息可以认定：这位“捐廉”的“父台”就是“正堂马大爷”马应午。

现存《沂水县志》最晚版是道光七年（1827）编修的。民国二十三年（1934），县长张里元曾续修《沂水县志》，后因战乱志稿遗失。因此，道光七年以后的历任知县，就没有系统的记载了。《桥船碑记》记载沂水县“父台捐廉”资助一事，无意中留下了重要史料：光绪十一年（1885）在职的沂水知县是马应午。

马应午是陕西大荔县回族人，字丽中，号柳南，曾连续三次参加会试未中。同治七年（1868），时年42岁的马应午第四次应会试，终获第三甲赐同进士出身第137名（共140名）。[①]对于马应午，光绪十一年（1885）《大荔县续志》仅记载：“山东知县。”马应午是光绪九年任沂水知县的。《光绪朝实录》记载，光绪十一年十二月庚寅日，皇帝谕旨：“根据山东巡抚陈士杰奏议，查明山东郓城县知县邢联庆，卑鄙庸劣，有玷官箴，著即行革职。寿光县

---

①《引得》特刊第十九号《增校清朝进士题名碑录》，哈佛燕京学社，1941 年 6 月。

知县郑锡鸿，性情乖僻，捕务废弛；临淄县知县蓝沂华，公事疏懒，不知振作，均著以原品休致。沂水县知县马应午，才具平常，难膺民社，著以教职铨选……”也就是说，马应午在沂水县任上因为才能平常，难以承担知县之职，被降为教谕，至于到哪里任职就不清楚了。由此看来，作为一县之长，办点好事固然重要，但更需要的是胜任本职工作的才能和潜力。虽如此，马应午毕竟在沂水县留下了一点光彩。

三是留下了“西桥尤公”的信息。

“西桥尤公”，姓尤名汉东，字西桥，清道光至光绪年间葛家庄人。尤汉东家业殷实，有文化，豁达幽默。传说，某日他过沂河桥到西岸沂河朋友家，临行写了个纸条贴大门口：西桥转过西桥去。意思很明白：尤西桥到桥西头去了。他走了没一会儿，真的有位好友来访。一看纸条，便拿出随身携带的笔墨，对了一句：汉东还向汉东来。文句中的第一个“汉东”是宅院主人尤汉东，第二个“汉东”指河东边。因为“汉”有天汉、银河的意思，这里指沂河。“汉东还向汉东来”的意思是：“尤汉东啊，你还得回到沂河东岸来。”两个雅致诙谐之人，遇到一起，便产生了高雅的幽默。

尤汉东为人急公好义，有善人名声，因此大家推举他来促成渡口修桥事宜。修桥需要材料和工费，但渡桥只有枯水期能用，到了丰水期就要拆除，每次安装和拆除都需要费用，而且渡船也需要维修费用。尤汉东联合王治久、傅克卿、刘汝公、孙元和等人，搞了个确保一劳永逸的规划，即尽力多地筹集资金，待修完桥和维修完渡船后，把剩下的钱存入钱庄，用利息维持运营。经过三四年的募捐，尤汉东完成了规划。从这以后，桥与船的运行无缝衔接，杨家道口两岸交通畅通无阻，也解除了后人的募捐之苦。为了记录这一壮举，众人请傅家庄举人傅政源撰写了碑文，请埠前庄刘汝屏书丹上石，在沂河渡口东侧码头边上，竖立起了一块高135厘米、宽65厘米、厚16厘米的桥船记事碑。

促成桥船之事，是为壮举，亦为义举，功未隐没，有赖碑刻。碑刻已毁，其文尚存，赖有高公新民、尤公士贤。高尤二公，功莫大焉！

信量桥史实辩正

信量桥

苗家曲村潮沟河古石桥，又名信量桥，是由石灰岩块石为砌体的拱桥。这座古石桥，按砌筑材料分类属于圬工桥，按多跨总长分级属于多拱石桥。古桥呈东西走向，桥体长60米，宽4.6米，高6米；拱宽4.2米，高4.6米，总计11拱。桥体全部用优质青石砌拱而成，桥墩石尖端迎着来水。

沂南县境内沂河左岸原有三座古石桥。鬼沟桥因修筑东红公路拆除了，代之以新的公路大桥。潮沟桥和玉交沟桥（又名白龙桥）因公路东移桥梁闲置而得以保存。

潮沟桥是沂南县境内现存最大的古石桥，也是列入省级重点文物保护单位名录的古石桥中最古老的一座，还是明代以前石拱桥之中最长的一座。

古石桥历经沧桑，历事者留下的资料也随着风云变幻或化作尘埃，或没于史海。古桥留下了许多不确定说法，有待后人析疑究真。

青徐古道还是青沂古道

这条古道是从青州往南延伸的，现今有人称它青徐古道，也有人叫它青沂古道。哪种名称更确切呢？这需要从古道的开辟过程去考察。

齐桓公二十九年（前657），齐国为了抗击楚国的北侵，派先锋部队逢山开路，遇水架桥，开出一条自临淄经临朐直至齐鲁两国边界大岘山的军事战道。齐桓公三十年（前656），齐国联合赵、燕、魏、卫等国共同出兵，沿着这条军事战道伐莒抗楚，楚国被迫退兵。战后，齐桓公成为春秋霸主，这条大道也成了齐国南通莒国、俯视吴楚的重要通道。后来，这条自北而南的古道，避开了莒国都城，在莒国西境沿着沂河东岸向南延伸，直至江淮。对这条古道，白寿彝主编的《中国通史》记述说：春秋时期，我国东部有一条南北交通要道，这条道路北至齐国都城临淄，南至徐国（现江苏省泗洪县附近），中间经穆陵关、莒国、郯国。由于这条道路“僻在东方”，其重要性略逊于中原地区的主要道路。

北魏永安二年（529），在即丘县（故治在今临沂市河东区汤河镇故县村）置北徐州，因此这条古道的青州至北徐州段叫青徐古道。北周宣政元年（578），北徐州改名沂州，随之这段古道又叫作青沂古道。隋代，沂州治所移到了沂河西岸的临沂县治，这段古道沿用旧称还叫青徐古道或青沂古道。

由古沂州治所往南延伸的古道也称之为青徐古道或青沂古道。明朝万历年间进士周京《重修石河广济桥记》就有“青徐古道”的表述：

> 距琅琊东南三十里，有石河店，因河得名也。地为青徐古道。

明朝诗人黄哲《寓治谷城寄京华亲友》诗中也有涉及“青徐古道”的诗句：

> 折腰从政真可怜，貂裘欲敝寒无毡。
> 青徐古道暗荆棘，二月黄河水塞川。

从周京碑记和黄哲诗文可以看出，明代这条古道已是十分繁忙了。

世人把这条古道叫作青徐古道或青沂古道，各有所本，细则各异，粗则同一，实无疑义。

哪条水是潮沟河

1993年版《沂南县水利志》将经辛集镇榆林子村汇入沂河的河流记作“潮沟河（又称曹沟河）”，将经苗家曲村入沂之水记作“苗家曲河”。

1997年版《沂南县志》记载，现在沂河东岸苏村镇和辛集镇境内，入沂河流有三条。最北边一条是苏村西河，发源于沂水县东郊大山南麓，在苏村镇房家庄子村西北流入沂河，干流长度35.5公里。中间一条发源于湖头镇东北部，四源汇集后向西南流去，在榆林子村西流入沂河，干流长度21.3公里。南边的一条有二源，一源出自白石泉子村东部，一源出自黄山沟东岭，两源汇集后向东南流，在苗家曲村西流入沂河，干流长度13.5公里。现在，沂南县交通局也将榆林子村西跨越河道的桥梁命名为“潮沟桥”，但先前的《沂南县交通志》却在“苗家曲河”后括弧内注明“原名潮沟河”。

道光七年（1827）《沂水县志》对经苗家曲入沂之水表述为“潮沟水”。在记述沂河流向时写道：沂水“经苗家区（曲）集西，左合潮沟水”。在记载沂水左岸支流时，又专题记载了潮沟水：“潮沟水，水自莒境西南流四十余里，至苗家区（曲）汇为大渊，北入于沂。”

为什么有不同的认定呢？原因是清末潮沟水下游改道造成了名称的混乱。

道光七年（1827）纂修《沂水县志》时，潮沟河的最远源头在“莒境西”即今湖头镇东北部，流经今辛集镇城子庄村东时，因城子庄村南地势稍高，而且是比较坚硬的页岩土，因此折而向南流去，途中汇集了白石泉子和黄山沟子的两股水流，最终在苗家曲村西汇入沂河。道光朝之后，城子庄西南方向的房家庄子谢姓大户，从城子庄村东潮沟河折弯处挖沟引水。潮沟水通过城子庄村南页岩土高地后，一路下坡流向房家庄子一带。对这段引水沟，当地老百姓叫谢家沟。后来，谢家沟越冲越深，径直流向了沂河，原来折而向南的河道反而逐渐淤积最终消失了。至今城子庄的老百姓还把向南流的这段古河道叫“二河崖”。发源于辛集镇白石泉子一带的潮沟河支流，反而成了潮沟河的主流。因此，才有了混乱的称谓和表述。

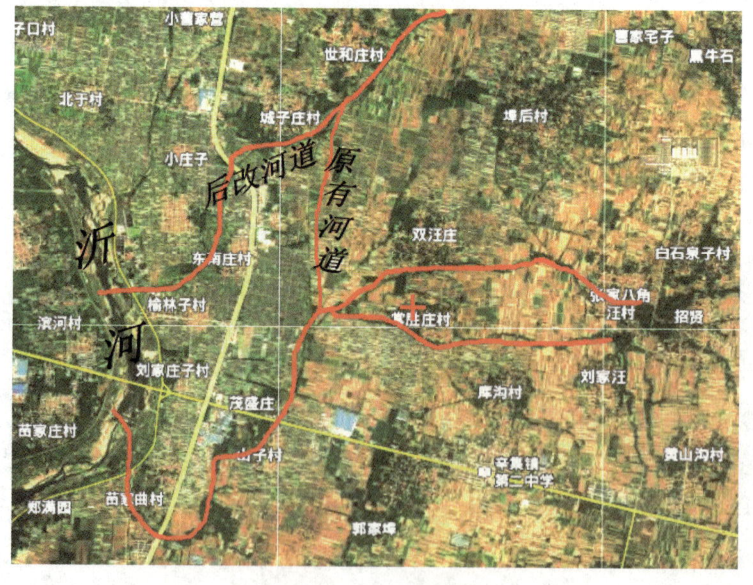

潮沟河新旧河道示意图

值得一提的是，现在东红公路（S227）经过的潮沟河已经不是清末民初的河道了。日本侵占华东后，开始修建羊红公路（羊角沟至红花埠）。因为潮沟河下游的“老湾”处地势低洼，不仅水面宽而且水特别深，建桥难度大，日本人就从“老湾”上游一处叫“葫芦头”的地方，开挖了一条新河道，绕开“老湾”拐弯流向沂河。日本人把附近“韩王林”的墓碑和坟土全部填到了“老湾”里，在上面修了路面，在新开挖的河道上建了一座石板桥，使公路跨过了潮沟河。

古石桥何时名之为信量桥

这座石桥现在叫信量桥，这一称谓与地方古志记载有异。

明嘉靖四十四年（1565）《青州府志》记载了沂水县的四座石桥：“望仙桥，在县南五十里。高桥，在县北五十里。曲石桥，在县南七十五里。河阳石桥，在县南一百里。”

清康熙十一年（1672）《沂水县志》记载了这四座石桥：“望仙石桥，城西南三十五里。高桥，城北五十里。苗家曲桥，城南七十五里。河阳白龙桥，城南一百里。”

清康熙十七年（1678）《山东通志》记载了沂水县四座石桥，其中有：“曲石桥，在沂水南七十五里。河阳石桥，在沂水县南一百里。”

清乾隆元年（1736）《山东通志》记载了沂水县七座石桥，其中有：“曲石桥，在城南七十五里。河阳白龙桥在城南一百里。”

清乾隆二十九年（1764）《大清一统志》之《沂州府·津梁》记载了十三座石桥，其中有：“曲桥，在沂水县南七十里。”

清嘉庆《大清一统志》记载了沂水县四座石桥，其中有：“曲桥，在沂水县南七十五里。河阳白龙桥，在沂水县南一百里。”

道光七年（1827）《沂水县志》记载，沂水南石桥有“十里铺桥，曲石桥，苗区渊桥，鬼沟桥，白龙桥（河阳集北）”。还纠正说：“望仙桥，望仙山下，县西南，距城七十里，旧志三十五里，误。”

道光七年《沂水县志》记载的“苗区渊桥”在前朝地方志书中没有表述，是嘉庆朝以后在潮沟河上游新建的。由乾隆、道光两朝《沂水县志》记载的石桥名称可知，《青州府志》所载“曲石桥”和《大清一统志》所载“曲桥”，显然就是“苗家曲桥”。今辛集镇张家汪村有遗存清同治五年（1866）“张林墓志碑”，碑文记述张林化缘修桥事迹时也称之为“苗家曲桥”。

如果说地方志书记载古石桥是以地名命名而不以雅名入志的话，带有文学色彩的“张林墓志碑”应该称之为“信量桥”，而犹如志书也称之为“苗家曲桥”，这就不得不引人深思了。

“信量”二字的含义是什么

“信量”二字含义颇难理解。前些年，有人从文字含义角度解释信量桥的名称，认为：潮沟河逆向入沂，受沂河水的顶撞，形成潮汛。潮汛每年定时而来，可谓“信”。村子南面沿河有十几个紧密相连深达丈余的水渊，而“量”字又有“坑、受水之处”之意，疑为“信而有量”即“信量桥”之名的由来。此说似乎有道理，但总觉得有些太过于“文雅”，有牵强附会的感觉。

近年，沂南县乡村历史文化淘宝人高自宝，通过实地采访得出的结论应该更有可信度。他认为，称呼信量桥似乎是从民间习惯上称呼的“顺粮桥”或者“汛量桥”演化而来的。

古时候，潮沟河四季水深，货船能从沂河顺着潮沟河河口进来，停靠在古石桥北侧河岸边。这个地方终年有货船停靠，当地老百姓就把这个地方叫“卧船地”。逆着沂河南来的货船，运载来了稻米、瓷器等南方物产，在这里停靠卸货。沂南两岸生产的粮食，从这里交流贩运到更远的地方。当地商贩来此转运货物，各取所需顺走粮食、瓷器等。“顺”字是顺利的意思，也有顺便的含义。老百姓把古石桥称之为“顺粮桥”是有可能的。

还有老人说叫“汛量桥”。他们说，每到夏天汛期，由于潮沟河水受到沂河逆沟而上的洪水的顶撞，潮沟河水久久不能下泄。中等雨量时洪水淹没了桥墩，大雨时洪水会淹没桥洞甚至桥面，特大暴雨时洪水会淹没桥栏望柱，非常罕见的特大暴雨时，洪水会淹没望柱上的猴子脸甚至猴子头。洪水淹没了猴子头、“猴子头上挂淤柴”的时候，整个苗家曲村都会被淹。因为桥梁成了衡量汛情的标准物，因而有文化的人又把古石桥称之为“汛量桥”。“汛”字，当地方言读音若“信”。“量”字读作“liàng”，在这里是名词，有估计、衡量的意思。“汛量桥”的意思是“标志水量的桥”。久而久之，口语中“顺粮桥”或“汛量桥”，变成了文字记载的“信量桥”。

由“顺粮”“汛量”演变成“信量”，寄托了苗家曲人的美好愿望，这就是：顺利、诚信、和谐、繁荣。

石桥浮雕名称如何表述

古石桥有着精美的石雕造型。东西桥头各有一对石狮子，头微内侧，并列迎宾。

桥中间南北望柱柱首各立一猴，南雌北雄，相向而立，夹道迎客。11个拱顶南面有12个石雕龙头，北面有11条龙尾。有龙头没有尾巴的，传说是“秃尾巴老李”。桥面两侧栏板间有36个起固定作用的望柱，柱首有莲蓬、宝石、石鼓、棱锥、圆盂、葫芦、宝瓶、仙桃等形状，无一重样。

石桥两侧栏板以浮雕的形式雕刻了丰富的传统故事。两侧栏板数量对等，但栏板长度不一，长的达 290 厘米，短的在 150 厘米至 200 厘米之间，北侧西端第一块栏板长度则仅有 73 厘米。两侧同位置栏板长度也不对称，这可能与当时受石材限制有关。除去桥头四块云纹引石，两侧栏板计有 54 块。根据现存浮雕位置分析，原来每块栏板上都是有浮雕图画的。有的是一石一幅画，有的是一石二幅画。现在，浮雕画仅存 16 石 22 幅。

浮雕画没有题名，新中国成立前的地方志书也没有浮雕画名称的记载。1997年版《沂南县志》根据故事内容和民间的传统叫法，第一次对浮雕的名称有了明确的表述。这些表述尽管有尚可斟酌之处，但对其内容的识读却基本是公认的，只是有三幅浮雕画的内容识读及命名，明显不确或者错误。

北侧现有浮雕画，本文按自东而西的顺序识读与命名如下。

龙腾虎跃

龙虎相斗（石面横95厘米，高54厘米）

画面右侧是下山猛虎，左侧是出水蛟龙。虎首伸张，龙头昂扬，龙虎相视，盘曲的龙尾和高竖的虎尾在画面上部相交。《沂南县志》识读为“龙虎争斗”，本文认为值得商榷。“龙争虎斗”是汉语成语，出自汉朝班固《答宾戏》，后来比喻当权者之间的争斗或强者之间的争斗；有时也比喻双方势均力敌，斗争或竞赛激烈。若将此图识读为“龙虎争斗”，似乎不符合信量桥浮雕设计者“寓教化于图形”的本意。若识读和命名为“龙虎相斗”，则更不符合原作者的意图，因为传统文化中认为，龙虎相斗必有一伤。本文认为，识读和命名为“龙腾虎跃”更为恰当。因为汉语成语“龙腾虎跃”，出自唐朝人严从《拟三国名臣赞序》，意思是像龙在飞腾，虎在跳跃，形容跑跳时动作矫健有力，也比喻奋起行动，有所作为。

麒麟送子

麒麟送子（石面横95厘米，高54厘米）

画面右侧是一骑麒麟，上有一人双手持如意。左侧一妇人端坐在莲花上。莲花下有水，三条大鱼共用一个头。民间认为麒麟为仁义瑞兽，是吉祥的象征。早在周朝，人们即以麒麟比喻美好的人，如《诗经·周南·麟之趾》：“麟之趾，振振公子，于嗟麟兮！麟之定，振振公姓，于嗟麟兮！麟之角，振振公族，于嗟麟兮！”译成现代汉语是：麒麟脚蹄不踢人，仁厚有为公子们，你们个个像麒麟！麒麟额头不撞人，仁厚有为公姓们，你们个个像麒麟！麒麟尖角不伤人，仁厚有为公族们，你们个个像麒麟！晋朝王嘉《拾遗记》中描述，孔子诞生之前有麒麟吐玉书于其家院，这个典故成为“麒麟送子”故事的发端。端坐在莲花上的人物是待子夫人，骑麒麟者是送子仙人。三鱼共首图在汉代画像石中就已出现，有“三世有余”的含义。明代，三鱼共头共生图还有和睦共处的含义。把送子仙人、待子夫人和三鱼共头设计在一个画面上，寓意家庭吉祥如意、和睦美满。浮雕以“麒麟送子”四字命名，更为简洁明了。

白猿偷桃

白猿偷桃（石面横108.5厘米，高53厘米）

画面主体是一株硕果累累的大桃树，左下方一只猿猴呈半立状欲摘桃子，右下方一只猿猴呈转身回顾状似在望风，树上一只猿猴正在专心摘桃。传说，云蒙山中白猿之母患病，想吃桃子。白猿性孝，偷往仙桃园里去摘大桃，被看园的孙真人（孙膑）捉住了。白猿哀述为母治病冒死而来，孙真人怜其一片孝心，不仅放走白猿，而且送与仙桃。白猿之母病愈，令白猿将一部兵书送往孙真人处。“白猿偷桃”既表示一种孝行，又喻示好人必有好报。

多子岁安

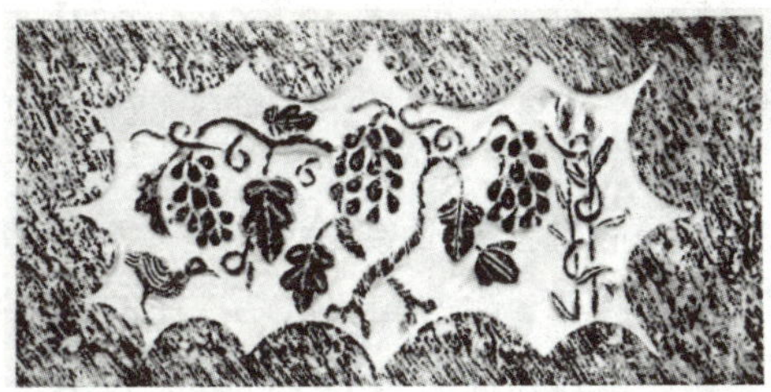

葡萄丰架（石面横108.5厘米，高53厘米）

画面中间是两株果实丰满的葡萄树，左下方一只鹌鹑，右侧两株带穗的草。《沂南县志》表述为“葡萄丰架”。本文认为，满架葡萄寓意“多子多福”；两株草穗，一只鹌鹑，寓意“岁岁安”。综合起来，名之为“多子岁安”更为准确和简练。

耄耋富贵

画面主体是两株丰满的牡丹花树，右侧上方有一只飞舞的蝴蝶，右下方有一只两眼盯着蝴蝶的家猫。牡丹象征富贵，猫与蝶是“耄耋”的谐音。《礼

耄耋牡丹（石面横115厘米，高58厘米）

记》云："七十曰耄，八十曰耋。"将"耄"与"耋"合称"耄耋"，曹操诗《对酒》有"人耄耋，皆得以寿终"。"耄耋"泛指年纪很大的人。"耄耋富贵"是中国民间广为流传的吉祥图案，寓意长寿富贵。

路路连科

喜得连科（石面横115厘米，高58厘米）

画面中主要形象是莲，有莲叶、莲花、莲蓬。右侧有一棵芦草，下面有两只鸬鹚鸟。鸬谐音"路"，莲谐音"连"，"棵"谐音"科"，寓意"路路连科"。封建社会科考连连及第叫作"连科"，"路路连科"表示科举仕途顺利。传统吉祥语中，既有"一路连科"，也有"路路连科"，表现"连科"的吉祥图中，既有一"鸬"图，也有二"鸬"图。因此，本图命名为"路路连科"更为确切。

猞狼望日

画面正中有一怪兽，身形及头蹄似麒麟，尾巴粗大而翘竖又似狼。怪兽卧伏回首，张嘴上望。周围有环绕的云朵，云上有半边太阳。对这幅浮雕《沂南县志》表述为"坍狼望日"。"坍狼"，无讲。有人表述为"贪狼望日"，认为"贪狼"即贪狼星，解释也牵强附会。本文认为，识读和命名为

贪狼望日（石面横115厘米，高58厘米）

“狻狼望日”更为准确。明代衙门影壁朝北的墙面一般有砖雕，中心是一个怪兽图像，这个怪兽形状有一点像麒麟，贪婪无比，任何东西都要吞食，后来在海边看到旭日，妄想吞吃，结果淹死海中。在照壁上绘画“狻”的形象，是明太祖朱元璋的首创。为了使吏治清明，他多次颁布严刑重典，后来还发明了骇人听闻的“剥皮揎草”之刑，就是将贪官在衙门里的土地庙前以酷刑处死后，剥下整张人皮，在里面填上草，挂在官衙大堂官座之旁。后来，朱元璋觉得重典治吏只是权宜之计，“剥皮揎草”也未免过于野蛮，对后任的官员也会形成一种莫名的恐惧且有失人道，并非什么好办法，而要保证官员清廉，借助文化的力量触及灵魂也许效果会更好些。他遂颁旨废除“剥皮揎草”的酷刑，改为各级衙署在照壁上刻绘“狻吃太阳”的图案，时刻警示官员切莫贪得无厌。

曲阜衍圣公府内宅门里有一幅彩色《戒狻图》。

这幅图正面朝内，正对府中前上房，是衍圣公每天出入必经的屏门。“犾”四周的彩云中，全是被其占有的宝物，其中有八仙赖以漂洋过海的宝贝。但它并不满足，仍目不转睛地对着太阳张开血盆大口，妄图将太阳吞入腹中，占为己有。因野心极大，欲壑难填，它最后落了个葬身大海的可悲下场。《戒犾图》大致初绘于明代，其用意非常明显，就是借助犾的丑陋行径，告诫子孙：财富如同浮云，追求不慎将会身败名裂。

上海松江府城隍庙照壁建于明代，上刻“犾吃太阳”图。传说古代到松江府就职的官员，到任后都去城隍庙照壁前参拜，以示为官不贪之意。

今山西平遥旧县衙门前影壁上，也有一幅新砖雕图，雕刻的就是“犾吃太阳”图。

信量桥修建主持者将“犾吃太阳”图雕刻在石桥栏板上，有警世意义。

夕牛望月

犀牛望月（石面横112.5厘米，高52厘米）

夕牛望月

明朝夕牛望月铜镜

画面正中一头牛昂首而立，左上侧一弯月亮，周围云气缭绕。中国有成语“犀牛望月”，出自《关尹子·五鉴》，大意是：犀牛的角是弯曲的，且长在眼睛前部，视线受到角的影响，看到的月亮也是弯的；比喻见到的不全面，寓有告诫之意。《沂南县志》识读并命名为“犀牛望月”。本文认为：犀牛是奇蹄目，蹄有三趾。黄牛或水牛是偶蹄目，蹄有两趾。浮雕清晰地表现出牛的蹄是两趾。犀牛有独角犀和双角犀两种。独角犀的角长在鼻子上方，双角犀大角的位置与独角犀相同，小角则长在两眼之间，两角在牛首垂直线上。而浮雕清楚地表现出牛有两只角，两角平行位于眼睛的后方。只不过其角不是常见的一对弯角，而是一对斜直向上的直角而已。犀牛的尾巴短而细，而且末端没有细长的毛。黄牛或水牛尾巴粗而长，而且末端有细长的毛，俗称“牛尾（yǐ）”。浮雕中的牛与犀牛的特征不符，而符合黄牛或水牛的特征。中国有名为“夕牛望月”的传统画，意寓人生虽步入晚年，但人老心不老，壮志不减，正是夕阳无限好、晚霞更金辉之时；还含有科考虽不如愿，盼望晚年仍可月宫折桂之意。明朝还有“夕牛望月铜镜”。

犀牛

本文认为，识读和命名为“夕牛望月”更为准确，而且更具有激励意义。

海马朝云

海马朝云（石面横105厘米，高52厘米）

画面四匹马呈奔腾状，前二马身体肥壮，后二马略小。前二马对首似言，后二马回头他顾。四马下边是海水，上边是云朵。海马是传说中的瑞兽，象征威德通天入海，畅达四方。海马朝云是一个从汉代就有的绘画题材，表示万事亨通、飞黄腾达。

梅鹿同春

梅鹿同春（石面横105厘米，高50厘米）

画面左侧一株体曲枝疏的梅花树，树下有二头鹿，一鹿西向回顾，一鹿口衔灵芝。右侧石头上站着一只鸡。鹿谐音“禄”，寓意财富。“鸡”谐音“吉”，寓意吉祥。传说鹿受伤后，同伴就会衔来灵芝草给它医治，能起死回生。鹿衔灵芝，表示逢凶化吉、福禄吉祥，寓意吉庆临门。

钟离权、吕洞宾

钟离权 吕洞宾（石面横104.5厘米，高28厘米）

右侧钟离权身背宝扇露出扇柄，左侧吕洞宾身背宝剑（拓片没有拓出宝剑柄）。钟离权姓钟离，名权，受铁拐李点化入山修道，道成，头梳双髻，赤面长须，袒胸露肚，手摇一支芭蕉扇，自称“天下都散汉钟离权”，意为“天下第一闲散汉子”，因此又名汉钟离。传说吕洞宾本为文士，虽淹博百家但屡试不第，中年受钟离权点化入山修道，最终成为八仙之一。

铁拐李、蓝采和

右侧铁拐李脚踩铁拐，左侧蓝采和手提花篮。铁拐李又称李铁拐，八仙之首。传说他原名李玄，遇太上老君而得道。他神游华山时，肉身被徒弟误认为

铁拐李 蓝采和（石面横104.5厘米，高28厘米）

死亡而火化，遂借一瘸腿饿死者的尸体还魂，还魂后蓬头垢面，袒腹跛足，脚踏铁拐。蓝采和，八仙之一，传说本唐代隐士，蓝采和是他的艺名。他常穿破蓝衫，一脚穿靴，一脚跣露，手持大拍板，行乞闹市，乘醉而歌，周游天下。后他在酒楼饮酒时，闻空中有笙箫之音，忽然飞腾而去。成仙后的蓝采和形象年轻潇洒，常提一花篮。

南极仙翁

南极仙翁（石面横202厘米，高51厘米）

通栏浮雕。画面正中一大脑门仙人乘鹤而来，左边一仙人手捧瓶状物件，右边一仙人手捧桃子，再两侧各有一头仙鹿口衔灵芝。

二龙戏珠

通栏浮雕。画面两侧有两条龙相向舞动，中间有一个带火圆珠。古代人们在建筑彩画、雕刻、服饰绣品等载体上常见“龙戏珠”，有“单龙戏珠”“二龙戏珠”“群龙戏珠”等，都是表示吉祥安泰和祝颂平安与长寿之意。

二龙戏珠（石面横290厘米，高52厘米）

南侧现有八石八幅浮雕画，其中一石中有三个故事处于一个画面之内。本文按同上顺序识读与命名如下。

仙人指路

仙人指路（石面横207厘米，高54厘米）

画面中间一人左手指向前方，一只仙鹤立在主人跟前做回头听命状。右侧一头鹿口衔仙草，上方祥云中有一轮半遮半露的太阳。左侧有一个打着伞盖的仆从，仆从身后有一棵根扎岩石的大树。鹿谐音“路”和“禄”，云遮日比喻前程不明。综合起来，寓意仙人指明富贵之路。

功名富贵

文武学堂（石面横95厘米，高55厘米）

画面正中是一张屈腿方桌，桌面左侧放置一方砚台，砚台上横置一锭墨。桌面左前角置放一个瓶子，瓶中冒出一朵彩云。桌面右侧放置一个山形笔架，笔架上放着一支毛笔。画面右侧是一只三脚鼎，里面插着毛笔拂尘等物。画面左侧是云带缠绕的扇子和笏板。此图有人命名为“文武学堂”。只有文房之宝，未见练武之器，何来“文武”之说？本文认为：砚台和笔墨象征科举；瓶子冒出彩云，谐音“平步青云”，寓意金榜题名；笏板象征朝臣命官，扇子象征富贵闲适。综合寓意，命名为“功名富贵”更为恰切。“功名富贵”指升官发财。

颐养天年

彭祖养生 八仙庆寿（石面横95厘米，高55厘米）

画面左侧是一张方桌和一个戴冠人物，桌上有两个火炉，一炉上放置着正在加热的食器皿，一炉上放置着正冒热气的茶壶。右侧云带缠绕着芭蕉扇、葫芦和宝剑。上部有二圆镜系于枝上。戴冠人物是彭祖。传说彭祖姓钱名铿，因“制羹献尧”而受封于彭（今徐州），八百岁时不知去向，故后人称“彭祖”，誉为“养生始祖”。对此图，有人命名为“彭祖养生 八仙庆寿”。本文认为，芭蕉扇、葫芦、宝剑虽是八仙法器，但喻为八仙有些牵强，可认为暗喻长寿若仙。两个圆镜分别代表太阳和月亮，比喻与日月同寿。成语有“颐养天年”，指保养年寿。综合寓意，命名为“颐养天年”更为恰当。

狮子绣球

通栏浮雕。中间是一个飘带缠绕的绣球，左右对称各有一头狮子，左边狮做半立状，右边狮呈腾空状。汉代民间开始流行“狮舞”，两人合扮一狮，一人持彩球逗之，上下翻腾跳跃，活泼有趣。狮子为古代中国人民心目中的瑞兽。绣球是用纺织品仿绣球花制作的圆球，被视为吉祥喜庆之物。狮子绣球是中国传统吉祥图案。

狮子绣球（石面横210厘米，高51厘米）

翠竹孔雀

竹影孔雀（石面横98.5厘米，高56厘米）

画面右侧是三棵直立两棵斜立的翠竹和一棵竹笋，左侧是一只站立在山石上的长尾孔雀。孔雀古称孔爵、孔鸟，是珍禽之一，也是一种吉祥鸟。竹子有节，四时常青。竹笋出地，节节增高。寓意平安吉祥、节节增高、长盛不衰。

福寿双全

一棵古松下，两只仙鹤合鸣，左上还有一只蝙蝠张翅飞来。《沂南县志》命名“松鹤延年”。仙鹤与青松象征长寿，蝙蝠喻“福”，命名“福寿双全”更为准确。

松鹤延年（石面横98.5厘米，高56厘米）

凤凰牡丹

凤凰牡丹（石面横95厘米，高54厘米）

画面呈对称形，两侧上部各有一株高大的牡丹树，花满枝头。右侧牡丹树下站着一只凤，左侧牡丹树下站着一只凰。凤凰牡丹是中国民间艺术中最为源远流长的艺术母体之一，其图像大约出现在隋唐时期，在宋代形成稳定组合并成为吉祥图案，明清时期在民间艺术中成熟。若按凤凰为主体的话，实际是凤在左、凰在右，体现了面南而立东为上的观念。图案象征高贵、华丽、祥瑞、喜庆。

早期浮雕缺失几何

《沂南县志》记载“五十四块栏板中有四十六块浮雕”，并列举了二十幅浮雕的名称，其中有“八仙过海”。“八仙过海”是一个概称，按现在所见“八仙”图三幅六个人物的雕刻形式，应是缺失了一幅二人。根据《沂南县志》的表述、文物部门提供的浮雕拓片和有心人存留的图片，对照现有浮雕，不仅可知早期浮雕缺失情况，也可看出新旧浮雕艺术方面的差距。

韩湘子、张果老

通栏浮雕。右侧正在吹笛的青年男子是韩湘子，左侧蓄着胡须手持拂尘的老者是张果老。韩湘子是八仙之一，原型是唐代文学家韩愈的侄子韩湘，他

韩湘子 张果老（石面横104.5厘米，高28厘米）

曾经考取了进士并担任过唐朝中央政府的官职。在另一些著作中有记载说，韩愈有一位修行道术的侄子，他不听从叔叔的劝告，不喜欢读书，使得韩愈非常气愤。但是，经过修炼后，他能施展一些神奇的法术。后来，人们就把这两个故事糅合在一起，逐渐形成了韩湘子成仙的传说故事。张果老是八仙中年龄最大的一位。据记载，张果老本名张果，他久隐山西中条山修炼，常倒骑毛驴往来汾晋间。他曾被唐玄宗召至京师演出法术，授以银青光禄大夫，赐号通玄先生。由于他年纪很大，所以人们在他的名字前加一个“老”字，表示对他的尊敬。以后他以年老多病为由，又回到中条山去了。

卧冰求鲤

王祥卧鱼（石面横101厘米，高55厘米）

画面中间一块巨石，将画面一分为二。左侧一夫人盘腿而坐，右侧柳树上搭着上衣，树下一男子赤裸上身侧卧冰上，身体下有一条鱼在游动。画面表现的是二十四孝人物王祥“卧冰求鲤”的故事。王祥，字休征，晋朝人。《晋书》记载：“祥性至孝。早丧亲，继母朱氏不慈，数谮之，由是失爱于父。每使扫除牛下，祥愈恭谨。父母有疾，衣不解带，汤药必亲尝。母常欲生鱼，时天寒冰冻，祥解衣将剖冰求之，冰忽解，双鲤跃出，持之而归。”王祥至孝，侍奉继母如亲母，直至继母去世才出仕为官。对此浮雕图，一般叫“王祥卧鱼”。本文认为，以郭居敬《二十四孝图》所标记“卧冰求鲤”命名为最好。

为母埋儿、扼虎救父

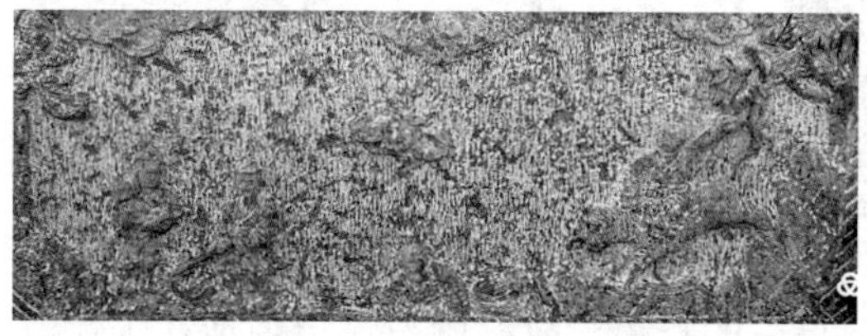

郭巨埋儿 李存孝打虎（石面横101厘米，高55厘米）

画面左侧有一夫人怀抱小孩，一戴笠男子持锨触土。画面右侧一少年男子右手扼住老虎脖子，左手举拳作打虎状，虎前一中年人仆倒在地。左侧男子是郭巨，二十四孝人物之一。这一故事出自晋代干宝《搜神记》，大意是：郭巨，早年丧父，兄弟三人，郭巨为长。分家时，郭巨将资财平分给两个弟弟，郭巨与母亲客居他处，夫妇靠做用人养活母亲。生一男儿后，郭巨的母亲疼爱孙子，自己总舍不得吃饭，把仅有的食物留给孙子吃。郭巨深感不安，担心养这个孩子必然影响供养母亲，遂与妻子舍弃孩子以供养母亲。当他们挖坑欲埋掉孩子时，忽见掘出一坛黄金，坛内有丹书曰："孝子郭巨，黄金一釜，以用赐汝。"夫妻得到黄金，回家孝敬母亲，并得以兼养孩子，于是名震天下。对这一故事，沂地民间多叫"郭巨埋儿"，以此形容穷。此图，《沂南县志》记作"郭巨埋子"。本人认为，按照郭居敬《二十四孝图》所标记的"为母埋儿"命名为佳。

对右侧的"扼虎图"，《沂南县志》释为"李存孝打虎"。本文认为识读错误。李存孝是唐末至五代人，著名的猛将，传说他小时候曾赤手空拳打死老虎。李存孝不是二十四孝人物，而且浮雕表现的也不是单纯勇猛打虎的场面，而是打虎救人的故事。这个故事是郭居敬《二十四孝图》中的杨香"扼虎救父"。杨香，晋朝人，14岁时随父亲杨丰到田间收稻谷。父亲被忽然跑来的一只老虎扑倒。当时杨香手无寸铁，只想救父亲而全然不顾自己的安危，猛扑到老虎跟前，扼住老虎的脖子不放，老虎终于放下杨香的父亲跑掉了。

何仙姑、曹国舅

传说何仙姑是唐代人，俗姓何，名秀姑，受吕洞宾点化修道成仙。何仙姑是八仙中唯一的女性，因经常手持荷花，故雅称何仙姑。曹国舅是八仙之一，

何仙姑 曹国舅（石面横104.5厘米，高28厘米）

原型俗姓曹，名佾，因其为宋仁宗曹皇后的长弟，故称国舅。传说他在宋代就被吕洞宾收为弟子，但是关于他的故事却迟至元明时期才出现于记载之中。

麟吐玉书

画面中心有一只麒麟，回首吐出一块彩云，云中有彩带捆扎的书。传说麒麟为仁兽，足不踏青草和昆虫。古代《圣迹图》中说：孔子出生时，有麟吐玉书。故后世有“麒麟送子”之说，而麒麟送来之子，日后必是至诚至仁之人，能位极人臣，治理国家。

麟吐玉书（石面横105厘米，高50厘米）

马上封侯

画面中有一棵大树，果实累累。树下一只猴子骑在马背上，手里举着杆子转身捅树枝上的马蜂窝。树枝上还挂着一件包裹着的方形物。猴子骑在马上，取音“马上”，“蜂”谐音“封”，“猴”谐音“侯”。树枝上挂着的方形挂物是“印”，“挂印”亦称拜印。武职官员被授予军权时，皇帝亲自授印，这种仪式俗称“登台挂印”或“登台拜印”。侯为中国古代分五等贵族爵位的第二等级，这里泛指达官权贵。此图寓意功名指日可待。

马上封侯（石面横105厘米，高50厘米）

鹿献灵芝（浮雕缺失）

左边一头梅花鹿，口内衔着一株灵芝。右边一老妪安详端坐。画面衬托祥云。鹿衔灵芝是常见的民俗吉庆图案，主要寓意身体健康，青春永驻。

栏板浮雕的年代

从浮雕造型及雕刻技法来看，栏板浮雕应是多次重修所存。现存“寿星赴会”“钟离权　吕洞宾”“何仙姑　曹国舅”等浮雕，造型拙朴，刻工圆润，而且石材风化严重，应是最原始的浮雕。“颐养天年”“功名富贵”“夕牛望月”“猿狼望日”等浮雕，为平底浅雕，画面平顶，而且石材风化较前为轻，应是后来维修所补。“翠竹孔雀”“福寿双全”“梅鹿迎春”等雕画，具有很强的装饰意味，当为民国年间重修时所添。

浮雕反映的故事都有一个由初始传说到故事定型的过程。通过浮雕内容定型过程的分析，可以推知原始浮雕是明代所为。

首先看“孝行图”。

二十四孝故事是逐渐定型成为系统的。栏板雕刻的孝行图仅有“卧冰求鲤”“扼虎救父”和“为母埋儿”三幅。“卧冰求鲤”故事出自东晋孙盛《晋阳秋》：“母欲生鱼，祥解衣将剖冰求之，会有处冰小解，鱼出。”东晋干宝《搜神记》记述基本相同：“母尝欲生鱼，时天寒冰冻，祥解衣，将剖冰求之。冰忽自解，双鲤跃出，持之而归。”南宋时期，王祥“剖冰求鱼”才演化为“卧冰求鲤”。杨香“扼虎救父”的故事出自南朝宋刘敬叔《异苑》，郭巨“为母埋子”的故事出自东晋干宝所著《搜神记》。由王祥“剖冰求鱼”演变成“卧冰求鲤”的时间可知，栏板原始雕刻时间的上限不会早于南宋时期。

现在所见最早的二十四孝故事，是南宋末年著名书画家赵孟坚所著《赵子固二十四孝书画合璧》。该书所收二十四位孝子，依次是：虞舜、杨香、孟宗、王祥、郭巨、王裒、董永、丁兰、朱寿昌、郯子、仲由、老莱子、汉文帝、江革、陆绩、闵损、吴猛、蔡顺、庾黔、曾参、黄香、唐夫人、姜诗、黄庭坚。由于赵孟坚生活在南宋时期，他所作《赵子固二十四孝书画合璧》主要影响在江南，而对同期金朝所占据的北方影响力几乎为零。因此可以说，南宋时期，地处北方的石拱桥上不会选择“二十四孝”图做雕刻。由此可以断定“王祥卧鱼”等孝行故事的始雕时间必定在南宋之后。

元朝一统，南北文化交流。元代人郭居敬以《赵子固二十四孝书画合璧》作底本，为每一位孝子配了一首五言绝句，其书名叫《全相二十四孝诗选》。从此，《全相二十四孝诗选》在全国流行，并成为明清时期《二十四孝》各种版本的底本。因此，可进一步断定：桥栏板浮雕始刻时间的上限必定在郭居敬《全相二十四孝诗选》流行之后。

再看浮雕八仙图。

八仙传说故事由来已久，但八仙名称历代不一。至明代中期才定型为由钟离权、吕洞宾、铁拐李、张果老、蓝采和、韩湘子、曹国舅、何仙姑组成的神仙群体，其标志就是吴元泰《八仙东游记》。后世又将八仙分别所持的檀板、扇、拐、笛、剑、葫芦、拂尘、花篮等法器称为“八宝”，名之为“暗八仙”，并以某个仙人所持法器象征某个仙人。吴元泰，生卒年月不详，约明朝嘉靖末前后在世。如果浮雕《八仙》图是原始物件的话，那就说明雕刻年代不会超过明嘉靖年间。

综合考量，石拱桥栏板浮雕的始刻时间最早是明嘉靖年间。

石桥始建与重修

善风可行碑

信量桥历经沧桑，多次修葺或重修，桥头上曾留下了许多记事石碑。到底有多少记事石碑？没有一个确切的数目。据说有人数过石碑，桥东头有24通，桥西头有3通，总共是27通。可惜现在仅存一通“仲久张先生善风可行碑”了。

因为没有了文字记载，古石拱桥的始建年代就众说纷纭了。1997年版《沂南县志》认为“始建年代已失考”，2006年山东省《第三批省级文物保护单位名单》认定是“宋元”时期，“中国桥梁网”2010年则介绍说“建于明代”，还有论述者言称是“唐代遗存”。但论者都没有提及明确证据，推论也有简单之嫌。这座现存的石桥始建于何时，在没有发现文献和修桥记事碑明确记载之前，只能综合浮雕内容、雕刻技法和记事碑文来分析了。

《沂南县志》记载：“现桥西南有一残碑，上有‘正统□□年修之’的文字。”“正统”是明朝第六个皇帝朱祁镇登基后的年号，时在1436—1449年。“修之”，即对原有桥梁“维修”。宋朝是1279年结束的，元朝是1368

年被朱元璋大军赶出京城的。如果石桥始建于宋末或元初，维修时间距始建时间约170年。因此，认定正统年间维修的是宋末或元初始建的石桥是可成立的。

正统年间维修前的石桥是什么规模，维修后有多大变化，因为没有可靠的文字记录，故无法考证，也不敢妄推。据有心人记忆，桥西南还有一石碑，记载明朝嘉靖三年（1524）重修古石桥，首事人高达，从备料到竣工用了32年时间。高达是沂水县会川乡东流店（今沂南县大庄镇高家店子村）人，东流店高氏第一个进士高大化的二伯父。从记事碑记载的漫长重修过程来分析，尽管正统年间的维修才过了五十年左右，可能因那次维修规模不大，原有古桥早已不堪重任了，虽曰重修实际上不亚于一次重建。正是这次重修，才在栏板上雕刻了嘉靖年间定型的“八仙”人物故事和元代定型的“二十四孝”之中的三幅故事。因此，嘉靖三年的所谓“重修”可以理解为在原石桥基址上的“重新修建”。这次“重修”的石桥，历经明清延至今日，虽经中间又经过多次重修，但桥体规模和基本形态没有变化。由此可以说，正统年间的“修之”使宋元古桥寿龄延长了80年左右，嘉靖三年的“重修”又使宋元古桥获得了新生。

嘉靖三年重建石桥后，又历经多次维修。据有心人记忆，有一石碑记载明朝万历二十年（1592）进行了一次重修。据辛集镇张家八角汪西村《张氏族谱》和《张林墓碑铭》记载，清朝雍正十三年（1735），张林又重修古石桥，历时4年才竣工。

另外，笔者实地考察时，在石桥东头路南发现了一块墓碑残块。

墓碑主人有“显考晋疆府”字样，碑铭有“荣敞世居潮”“不求仕进”“望重族人”“善行”“鸠工勒石”“历叙其生平以垂不朽云”等语句，最后一竖行有“拔贡生任万载县知县愚姪婿刘恒泰顿”等文字。由此可以认定，此碑碑铭是刘恒泰为其岳父的哥哥或弟弟撰写的，墓碑主人曾主持重修过古石桥。刘恒泰是东流店（今大庄镇刘家店子村）人，道光二十六年（1846）六月任江西袁州府万载县知县。由此可知，此碑立于道光二十六年（1846）以后，也就是道光二十六年（1846）以后有一次重修石桥的事。刘恒泰夫人高氏，残碑又有“荣敞世居潮”“不求仕进”“望重族人”等文句，由此还可推知，主持重修古石桥者是世居潮沟河畔的乡绅高荣敞。

民国十一年至十三年（1922—1924），沂水县岳庄村（今沂水县黄山铺镇岳庄村）人张熙恒（字仲久）为首事人再次重修古石桥。民国十一年（1922），一场特大洪水冲塌了信量桥的三个桥洞，石桥被迫停止运行。张熙

刘恒泰撰文残碑

恒得知后，立即出面筹资修复石桥。虽然仅仅是三个桥洞，但建桥的条子石需要从西部山区采购运回，这在当时是一个巨大的工程。他倾囊尽力，但缺口太大，于是他四处化缘，多方求助，远到苏北一带募捐，历时三年，终于完成了修复工程。为纪念张熙恒的善举，重修竣工后，人们在桥东头南侧立起了一通“仲久张先生善风可行碑”。（张熙恒事迹，见附文“善人张熙恒”）

2010年，山东省政府拨付专项资金维修古石桥。这次修葺以加固桥墩为主，并修补了桥体饰件。这次维修，更换及补缺栏板十三块，黏合栏板三块；更换龙头两个，修理龙尾六个；更换桥头云纹引石三个；更换望柱十九个。

古石桥始建于宋末或元初有理由可认定，明代三次大修有记事碑记载，清代两次维修有墓碑铭文可据，民国年间一次维修有“仲久张先生善风可行碑”可证。石桥始建、维修和现状衔接连续，认定古石桥始建于宋元，大修于明代，延续于今日，是有理有据的。

石桥重修逸事

清雍正十三年（1735）张林募捐重修信量桥。这次重修，距明嘉靖三年（1524）已有200多年了，其间有多少次维修，已无法考证。而张林的这次维修艰难却不亚于一次重建，而且颇有传奇意味。

张林重修信量桥的事迹，主要散存于沂南县辛集镇张家八角汪村《林公墓志碑》《张氏支谱》的《七世林公小传》和张树福、张清源等先生辑录的《林公轶闻》等资料中。

张家八角汪村《张氏家谱》记载："（张氏）世居山东沂州府沂水县会川乡辛庄社西八角汪，先青州府后改沂州所管。"张家八角汪村北张氏墓地有张林墓和墓碑，墓碑是清朝同治六年（1867）所刻立。墓碑上的《张翁碑铭》文字，因风化严重，字迹已经漫漶不可识读。民国年间，张家八角汪村张氏续修家谱时，莒邑庠生秦邦彦又重新撰写了《林公墓志》，这是今人认识张林事迹的主要史料。

张林生于清康熙十九年（1680），卒于乾隆三年（1738）。他很年轻就博爱为怀，向善乐施，而对人世间的喜怒哀乐、荣华富贵失去兴趣。21岁时，已娶妻生子的张林就弃家归隐了。他没有留下任何线索，没人知道他的去向。张林的儿子张朝佐16岁时，思父心切，随舅父扈东侯一起循迹寻找父亲，三次寻找，历经波折，终于在蒙山深处找到了一位长甲蓬发的隐居老者。起初问其家乡姓氏皆不回答，甥舅二人也感茫然。后来，扈东侯记起张林颈后有颗朱痣，遂鼓动外甥去查验。张朝佐发现了朱痣后，跪拜认父，哀痛相劝，张林才回故园。张林归家后，仍不忘出家修行，以求得道升仙，因劝而无效，被家人强制削发。张林因此愤而不食，后经家人多方劝解，才答应不再离家修行，但发誓倾其余生化缘建寺修桥，以践夙愿。从此，张林出游化缘，足迹近遍山东，远达河北、河南、安徽等地。他于康熙末年重修了界湖的鸿沟桥，四年后又修葺了刘家八角汪村中的广福寺、普惠庵。

修建广福寺时，张林曾经到淮南麋家村大户麋家化缘，在麋家大门口不吃不喝坐了七天，终于化得了四架荆木大梁。大梁是顺着沂河水路运输来的，在苗家曲码头卸下运回村里的。

雍正八年（1730），一场百年一遇的大洪水把苗家曲古石桥几乎全部冲毁了。张林又开启了重修古石桥的艰难历程。从雍正十一年（1733）到乾隆元年（1736），历时四年，修复工程才终遂意愿。现存十一拱的苗家曲古石桥主体结构，就是这次重修所形成的。这次重修几乎等同于一次重建。苗家曲村地处平原，周边没有采石场。传说，石料出自沂河西岸白石埠村西、东桃花村前（今属大庄镇）的一片裸露岩石。小一点的石块，人们肩背人抬运回来。几百斤重的大石块，春、秋、夏三季，使用滚木拖运；冬季，在路上泼水结冰后，人畜结合拽拉。采石场与苗家曲村直线距离约15里路，为了通过沂河，人们还在苗家曲与对岸苗家庄之间铺上了石板路，运料艰辛，可想而知。“一大片岩石起完用完，正好修成了信量桥”，苗家曲的老人们很多人还记得这个神奇的传说。

由于工程浩繁，资材不济，在重修期间，张林还多次外出化缘。每化缘到一笔善款，就记在随身携带的“缘簿”上。他的“缘簿”装箱存放在自家院里的厢房内，人们叫其“缘房”。张林化缘重修信量桥，感动了当地一些乡绅耆老及善男信女，他们踊跃捐输、出工出钱出力，成为重修信量桥的鼎力支持者。

传说，修桥即将完工时，桥体拱顶有一缺口，需半个砖块大小的有角之石。石匠选了许多石块，结果一打即碎，数日不成。张林甚是惊诧，忧郁成疾，一病不起。不久，一童颜鹤发道长，在修桥工地捡起一石块，稍修后压在了村后一户卖粽人家的纺线车上，说：“我今日吃粽不付钱，来取石者付。”饭后道长不知去向。这块石头被来吃粽子的石匠发现后，花钱买回去，试着安放在桥的缺口处，竟然天衣无缝，在场工匠无不惊呆。张林闻听此事后，坐于椅上大笑而终。当时桥体基本竣工，只待安装已补雕好的栏板。

苗家曲古石桥重修百年之后的同治六年（1867），有一“毛子”（太平天国不剃额发，不扎辫散着头发，被清政府称为“长毛”，老百姓叫他们“毛子”）队伍路过张家八角汪村，因为抢掠村庄，被村“武学”的“十虎八兄弟”杀死了一个军官。“毛子”气恼不过，烧毁了全村房屋，唯独留下了缘房未烧，因为他们发现其中一个缘簿上写着这伙“毛子”头目祖先的名字。“毛子”队伍虽然没有烧毁缘房，但是把写着头目祖先名字的那箱缘簿拿走了。1933年农历五月初九，国民党部队开炮轰击黄山沟子村圩子，部分大刀会员跑到了张家八角汪村圩子短暂停留。随后赶来的国民党队伍烧毁了全村的房屋，把缘房也烧毁了，所有的缘簿毁于一旦。

在北方活动的“毛子”主要是江淮一带的人，缘簿上有“毛子”头目祖先的名字，可见张林化缘足迹之远。缘簿装满了一间廊房，也可见张林化缘户数、人数之多。他建寺修桥从不勒碑立碣以彰其事，以表其功。他常说：“功不用表，终会成名。”据说民国年间的《沂水县志（草稿）》记载了张林的善行懿德，遗憾的是此版县志因战乱未能出版，志稿也不知去向，表彰文字已无从考证。

附文1：

张翁碑铭

先祖讳林，字翰。公生而隽异，长实素心。既冠而后，往隐于蒙山之麓，固将追志惠之风、蹈鸿涯之迹者矣。时曾祖尚幼，偕至亲往寻，苦劝出山，始返故园。自是以来，近修广福寺金碧重辉，远造鸿沟桥往来飞渡。而工程浩繁苗家曲桥尤甚。我高祖北历燕都，南极汴省，既募布施于人，尤罄囊橐于己，斯固昭昭在耳目间者也。维春秋五十有七，无疾而终，乡人时闻乐声，嘹亮如在九霄云。凡我云礽，同怀霜露，杯棬犹存，墓木斯拱，乃刊石图徽，谨叙行状，俾遗烈光乎无穷，庶先泽久而弥新。

（大清同治五年立）

附文2：

七世林公小传

公讳林，运祯公之次子也，生于康熙十九年九月初九日。性慈好善，平素好施与。凡族邻之亲而贫、疏而贤者，咸施之。康熙四十一年春，公年二十二岁，弃家往隐于蒙之麓。时，一子朝佐方二岁。至康熙五十六年，子成立，始偕其母舅扈公东侯往寻，苦劝始返。康熙末年重修鸿沟桥。越四年，又修广福寺，施地二十八亩，以为香火之资。至雍正十三年，募修苗家曲信量桥。工未竣而逝，年五十，时乾隆元年六月二十二日也。载在县志。

（载于《张氏支谱》）

附文3：

善人张熙恒

张熙恒，字仲久，沂水县岳庄村（今属沂水县黄山铺镇）人，生于清光绪元年（1875），卒于1947年。上有一兄名张熙平（字仲长），下有一妹（名字不详），早年远嫁他乡。张熙恒出身于岳庄村大户人家，其父张汶桂，是远近闻名的郎中，在乡间颇具威望。其叔张汶丰，是清咸丰年间的廪生。张汶桂有堂叔兄弟五人，家境个个殷实，当时在当地影响较大，人称岳庄“五大门”。

张汶桂重视对孩子的教育，很早就将两个儿子送入私塾学习。受家庭及传统教育的影响，张熙恒从小习孔孟之道，重礼节品行，长大后晴耕雨读，独处修身，后借助家庭条件的优势，学习经商之道。成家立业后，他来到距岳庄村4公里的黄山铺集店上，开办了“双祥”号油坊。因他诚信经营，为人和善大方，油坊生意越来越好，使原来不错的家底更加丰厚，鼎盛时期，在岳庄村周边有200多亩土地。

张熙恒有三子一女，长子张昌基，次子张泰基，三子张洪基，女儿名字不详。张泰基接受父亲张熙恒的教诲，传承了爷爷的医术，并跟随胡家庄村的名中医刘惠民（山东中医大学创始人）学习多年，长大后行医济民，受到乡邻尊崇。

张熙恒具有悲天悯人的情怀，见不得别人受苦受难，有个关于他“一天穿两条棉裤还差点冻死”的故事流传甚广。隆冬，张熙恒出门时，在路上看到一乞丐穿着单裤冻得瑟瑟发抖，他就走上前说乞丐的裤子很好，想拿自己的棉裤换了穿。乞丐一听喜出望外，待换过单裤后，张熙恒冻得一溜小跑回到家里，赶紧找条棉裤换上出门，谁知没走多远，又遇上一个同样衣着单薄的乞丐，张熙恒不忍心擦肩而过，又将棉裤换成单裤跑回家中，结果被冻得生了一场病。这样，一个冬天，张熙恒如此这般“穿”了十七条棉裤。连家人都抱怨整天忙着给他缝棉裤缝累了。

张熙恒雇了几个长工在他家种地。岳庄一带山岭地较多，种植的作物大多是地瓜。秋收时，张熙恒不让长工用镢头刨地瓜，而是套上牛用犁耕。这样就会有大量的地瓜遗落在了土里，他这样做是故意留地瓜在地里让穷苦人家吃。往往张家耕地收地瓜时，地头上会有很多穷苦人等在那里，耕地一结束，大家一拥而上，能拾到很多地瓜用以果腹糊口。冬天，老百姓要靠储存白菜吃菜过冬，张熙恒家的菜窖从来不上锁，也不让人看护，左邻右舍没得吃了就去拿，还未过春节，窖内白菜早早就没有了。张熙恒不恼，他说，不就是白菜，总比饿死人强。

黄山铺街东侧（现邮政局对过）系大路口，来赶集的、走路的行人络绎不绝，为了让路过的行人喝上开水，张熙恒雇用石匠凿了一个石瓮放在路边，并在石瓮周围安上两排石凳子。每逢赶集时，他专门安排店里伙计烧水，将石瓮盛满，供过往行人饮水。夏天天气炎热，他让烧水时放上绿豆，烧出绿豆汤供人解渴解暑，一个夏天，张家仅绿豆就得用上几百斤。遇到灾年，饥民遍地，张熙恒就在油坊附近设粥棚，为饥饿的穷人免费提供米粥。周边的百姓多受其惠，自发地为他立起了一块“善人碑”。大家都称张熙恒为“张善人”，他的名字反而没人记得了。

张熙恒古道热肠，爱管闲事，左邻右舍、乡里乡亲有了矛盾，他就出面帮忙调停，往往大家一听张善人出面了，就立马和好了。

中朱冬村的武桂文和前上坪的王全是姐夫、小舅关系，两人因为争地打得不可开交，发誓断了亲戚。张熙恒知道后巧妙地出面做工作，他自费置办上好的酒席，找到武桂文说王全办好了酒席托他上门邀请，找到王全后则说是武桂文办了酒席托他邀请的，并苦口婆心向二人讲道理，就这样成功地使姐夫小舅冰释前嫌，和好如初。由于张善人具有极高的威信，周围一带谁家有事都去找他，也使这一带形成了良好的民风。一段时间里，县城沂河以西极少有打架斗殴的诉讼事件，惹得这一带的讼师、讼棍一齐咒骂张善人打了他们的饭碗。

20世纪二三十年代，沂水境内土匪横行，以石增福、李朋军为首的几股土匪常流窜全县各地，抢劫，绑票，祸害百姓，黄山铺周边的村庄常有人被土匪绑票，敲诈钱财。每逢有人被绑，都是张熙恒冒着危险前去交涉救人。有一次，他的二儿子张泰基也一并被土匪绑到山上，张去谈判救人时，土匪碍于张熙恒的威望，表示可以先放他的儿子回家，张熙恒不答应，他直到将全部人质救回来后才领回儿子张泰基。

1933年7月2日（农历闰五月十日），岳庄村南2公里处的黄石山上发生了轰动全省的“黄石山惨案”，国民党陆军八十一师二四三旅血洗了黄石山寨，在山寨聚集的大刀会众及周边村庄的普通百姓4000余人断送了性命。惨案发生前，张熙恒一直奔走于政府与“大刀会”中间，做调停工作，以避免国民党部队杀戮无辜的百姓。但由于“大刀会”首领对时局缺乏清醒的判断，最后导致了惨案的发生。看着黄石山血流成河，无辜百姓横尸山坡，张善人伤心欲绝，他带人上山收尸掩埋百姓，但尚未撤离的军队不让他上山，他跪在地上苦苦哀求，让人为之动容，终于在最短时间内登上黄石山寨，连续几天为这些冤魂处理后事。

就是靠这种舍生取义的精神，张熙恒积聚了极好的人脉，名声传得很远。他的“双祥”油坊曾印制过“双祥”票子在市面流通，大家一听是张善人的堂号发行的票子，都放心使用，流通范围不断扩大，不仅在沂水区域，最后连兖州、日照一带的一些地方都流通使用“双祥”票子。

虽然家境殷实，但张熙恒生活简单，十分节俭，平时就爱吃煎饼、豆腐、青菜，很少吃大鱼大肉。但对待自己的父母，他却极尽孝道，父母想吃什么新鲜的东西，他都要想方设法弄来孝敬父母。父母去世后，张熙恒去马家河子村东的张氏墓地搭了个简易棚子，支上锅灶，自己一个人在那里吃住守孝，一直守满三年才回到家里。

张熙恒到黄山铺开油坊后，仍住在岳庄村老家，他每天来往于岳庄和黄山铺之间，要经过一条小河沟。夏季山洪暴发，小河涨水，他看到乡亲们过河困难，就自掏腰包在河上修了一座石拱桥，供来往行人方便。这座桥建筑精美，至今保存完整，被称作“善人桥”，列为县级文物保护单位。

看到本村街道凸凹不平，晴天尘土飞，雨天尽泥泞，张熙恒又慷慨解囊，将南北大街和东西大街全部铺上了条子石，使乡邻们走上了平坦干净的大道。这在当时十分先进，据说差不多用去了自家“双祥”油坊一年的利润。

手里一旦有了积蓄，张熙恒就去修桥筑路，他每年都要在沂河上修一座简易的“板凳桥”，还在县城南的湖埠西村附近修了一座永久的石桥。他还在往日照方向的四十里外附近路上修了几座小桥。

沂南县辛集镇苗家曲村西潮沟河上的信量桥，据传是唐代的石拱桥。大桥共有十一个桥洞，规模宏大，建筑精美，是青徐古道的必经之桥。信量桥经过数次重修，成为这一带历史最久、文化底蕴丰厚的名桥。1922年，一场特大暴雨冲毁了信量桥的三个桥洞，大桥被迫停止运行，交通受阻。张熙恒得知后，决定出面筹资修复这座大桥。虽然仅仅是三孔桥洞，但建桥的石料都是上千斤重的条子石，需要从深山里运来，在当时是一项庞大的工程，需要大量的资金支撑。张熙恒估算了一下，即便是倾囊而为也远远不够。为了筹资，他四处化缘，多方求助，并远赴江苏一带募捐。历经三年时间，张熙恒终于修复了这座上嵌十二个石龙头、下有十一条石龙尾的大桥（缺少一龙尾据传是因为秃尾巴老李）。为了使张熙恒的义举垂传千古，当地名流率众在大桥东头立起了一座“仲久张先生善风可行碑”，注明张仲久是“重修信量桥首事公”。随着南来北往的过客走过此桥，张善人的大名传遍了鲁南苏北。

主持信量桥的修复，耗尽了张熙恒的家财，从此他的家业逐渐败了下去。但即便这样，张善人也还是尽力去帮助别人，积德行善已成为他的一种本能、一项事业。手里没钱了，就出售名下的良田，他的土地从二百亩减少到百十亩，最后到了几十亩，县城以西的大户人家都称张熙恒为“张疯子”。

1938年，沂水遭遇天灾，庄稼歉收严重，百姓流离失所，靠外出乞讨生活，有些灾民慕名来到张善人家寻求帮助。此时张家已濒临破产，土地所剩不多，“双祥”号油坊惨淡经营，已难以为继，但张善人还是把上门乞讨的人请进屋里，吃一顿饭，临走送上可以食用的花生饼，让其在路上填饱肚子。油坊实在没了周转资金，他就卖上几亩地。这个时候，连一向善良老实的老伴黄氏也忍不住劝他，不要把地全卖完了，要留下些留给子孙吃饭。但张熙恒不为所动，自己节衣缩食，继续卖地帮助穷苦人。

另外，张善人家败落还有一个原因，就是他误用了个心术不正的账房先生。由于张善人宽怀大度，对用人十分友善，他很信任的账房先生便欺主人善良，暗中在账务上做手脚，侵吞张家的财产。其实，张善人对此也心知肚明，但鉴于此人在自己门下多年，他不忍心动手惩戒，而至日积月累，终至“双祥”号彻底倒闭。但善有善终，恶有恶报，张家的这个账房先生土改时因家境殷实被定为地主，挨了一顿批斗，财产也让穷苦人分掉了。

到抗日战争结束时，张熙恒已年过古稀，为了自己的慈善事业，他已将万贯家财散得一干二净，“双祥”号油坊倒闭，家里仅剩下在马家河子村南的十多亩薄田，成为彻头彻尾的穷人。但过着贫困日子的他依然善良从容，利用一切可以利用的机会帮助别人。

虽然生于晚清，接受了封建旧式教育，但张熙恒思想先进，乐于接受新生事物，对社会有着清醒的认识。还在抗日战争时期，他就积极地支持中共抗日队伍，利用自己的威信和便利帮助共产党做了大量有益的工作。抗战结束后，他干脆舍家撇业，跟随“华野”部队，从事后勤工作。1946年，在国民党重点进攻山东时，他随着部队转移到黄河以北的惠民地区。此时，他已70多岁，仍在部队干炊事工作，洗菜烧水，勤快热情，一丝不苟。周围的人们都不知道，这位个头不高面容和善的老人，就是当年沂水那个大名鼎鼎的张善人。1947年春，张熙恒在随部队撤回沂水时，途中染病不治，在临朐南面的蒋峪去世，终年73岁。去世时，张熙恒除了身上穿的一身破旧衣服以外，分文皆无，连个包裹也没有。他的长子张昌基接到通知后赶到蒋峪，看到父亲落魄而逝的样子恸哭不已。此时张家已是赤贫，为了帮助安葬这个一生善良的大好人，部队拨给两小推车小米以示抚恤。张昌基将父亲的尸体运回家乡，在马家河子村前择地安葬。下葬时，周围村庄的数百名百姓自发赶来为张善人送行。

（录自沂水县政协《沂水碑刻》。本文略有删节。）

白龙桥石碑窥古

白龙桥位于今沂南县大庄镇河阳北村，是一座明代重修的三孔石拱桥。桥长18米，宽5米。桥洞宽3.6米，高6.5米。东引桥长15米，西引桥长10米。桥面系青石板铺成，桥中间略高。桥两侧各有13根望柱，望柱之间镶着长约2米的石栏板。石桥两侧拱顶各有一石雕龙头，各孔的拱石外侧面刻着精美的浅浮雕画，有奇花异草和祥禽瑞兽等图形。

白龙桥现为临沂市重点文物保护单位。

白龙桥

白龙桥文物保护碑

竣工之时，高大化作《重修河阳白龙桥记》以记其事。建桥100年之春，后人将《重修河阳白龙桥记》镌刻于碑，以记先贤之功。

高大化记事碑文作于明朝隆庆五年（1571），距今已450多年了。当时人阅读记事文肯定是字顺意明，对所涉历史也能基本知晓。但当时那些人尽皆知的历史，今日读来却已感到很生疏。文中蕴藏着许多前所未闻的古事，民间也有许多有趣的传说，考古发掘更有丰富的文物，慢慢品味似有穿越时光之感，细细钩沉亦有收获奇珍之悦。

河阳遗址

在距离河阳村不远处，考古人员发现了一处大汶口文化、龙山文化、商周文化一直延续到唐宋时期的文化遗址。该处遗址被定名为“河阳遗址”。该遗址已被定为市级文物保护单位。

河阳遗址位于河阳北村村北，玉交沟经过遗址东、北、西入沂河。遗址为临河岛状台地，文化堆积丰富，面积约4万平方米。2014年6月，村里取土修路，在此发现并采集到大量的大汶口、龙山、商周、隋唐时期的陶盉、背水壶、陶鬶、镂空高柄杯、鼎足、瓷罐底等标本。

大汶口文化和龙山文化是新石器时代文化，时处原始社会末期。从这个遗址可以看出，早在四五千年前，我们的先人就在这里聚居生活。如同“里宏遗址”和“西司马遗址”（另文叙述）一样，这里土肥水丰，也许是先人们选为聚居点的重要原因吧。

先民们几千年的积聚生活，渐渐形成了一个大集镇。

古镇静疆

碑文记载：“旧号其地为静疆镇”。

河阳村在沂河东岸支流玉交沟北岸，现在隶属于大庄镇，是个普通的自然村。但远在唐宋时期，这里却是闻名遐迩的静疆镇，而今天所谓大庄村则仅是沂河西岸的小小西流村而已。

“静疆”之名始于何时，传说很多，但没见文献记载。

《白龙桥记》说：“唐宋以此地为静疆镇，建守设备，乃其要冲。”作者高大化是西流村（今沂南县大庄镇大庄村）人，明嘉靖三十八年（1559）进士，他说此地唐代就有了静疆镇必定是有所据的。

唐代，称较次的军事要地为镇，设镇将及镇副，为六七品武官，统有500名以下的镇兵驻守。疆即国界边疆，静即安定。静疆，顾名思义就是安定的边疆，有祈望国界边疆安定之意。静疆南边的葛沟历史上有“齐鲁分疆”阁，或许齐国与鲁国某个历史时期的边界曾在这里，因此留下了这个带有祈求安定意味的地名。唐初，镇的数量不多，主要设于边远地区及交通枢纽，内地州府很少有镇。唐末五代，内地设镇稍多，大多已具有地方政权的性质。静疆不仅处于南北走向的青徐古道上，而且向东可经十字路（今莒南县城）通往海州（今连云港），在此置镇设备，据守要冲，是历史需求与区位重要使然。综合分析，静疆之名虽然由来已久、远不可考，但基本可以认定始于唐末五代时期。

宋代，在边远地区小型“军镇”继续存在的同时，社会经济发达的内地“军镇”逐渐转型为兼有商贸功能的“市镇”。反映在制度上，镇官也由“镇将”改称为“镇监”。静疆镇就是“军镇”转型的“市镇”。

宋代在此设镇是有明确记载的。成书于宋朝元丰年间（1078—1085）的《元丰九域志》记载：沂州下辖的沂水县有二镇，即“静疆镇、苏村镇”。宋代，镇的首官“镇监”由朝廷委派。较小或边远地区的镇不设专职税收官员，一般由镇监兼任。较大的镇，镇监只负责治安，而另设税官收税。静疆镇是一个商税大镇。《宋会要辑稿》载录，熙宁十年（1077）静疆镇商税1600.94贯，仅次于苏村镇，位列沂州八镇第三位。据《宋史·食货志》记载，北宋商税率一般为2%—3%，即按照货物价格，每千钱收税20钱。若按2%计算，静疆镇的商品交易额就达到15.79万贯。

重地河阳

元代，静疆已改名河阳了。

金沿宋制设镇，但数量已比宋代减少了许多。金朝时期，沂水县只设置了一个沂安镇（位置未详），没有静疆镇了，但这个地方是否还叫作静疆，没见有历史记载。元朝于钦撰写的地方志《齐乘》记载：“沂水……南至沂水县城西，又南至河阳村桑泉水西来入。”这清楚地表明，元朝时，具有历史意义的静疆之名已被具有地理意义的河阳取代了。

河阳之名是如何来的呢？这与河阳寺有关。

河阳村里及周边有多处寺观庙宇，如北棋盘前的兴教寺、大街东段的尼姑庵、大街转折处的堂子庙，还有南阁子的三清殿。另外，村南岭上有一个天齐庙，村西沂河岸上有一座河阳寺。明朝嘉靖年间，河阳寺还存在着并有僧人居住，后来寺院被大水冲垮了。古代河阳寺所在的地方，现在早已经是沂河河道了。犹如青驼村名源于古老的青驼寺，明代还存在的河阳寺就是河阳村得名的由来。

明清两朝，河阳村是青沂古道上的重地。

明朝：河阳为社，是沂水县会川乡下辖25社之一；河阳设关，是沂水县六大关隘之一，因地近沂州边界，是匪人往来之路，委派专职官员领兵在此防守；河阳为集，是沂水县境内大集市之一；河阳设铺，是青沂古道沂水境内驿铺之一；河阳称店，是沂水县交通要道上的18店之一。

清朝康熙年间：沂水县正南是会川乡，领社26，河阳社是其一；沂水县境内21个大集，河阳是其中之一；道光年间：河阳不仅仍是青沂驿道上的驿铺，而且是与沭水、马站并列的三处官铺之一，占地二亩有余。

清代，民间还习惯把河阳叫作河阳镇。河阳村《陈氏族谱》载录乾隆二十七年《序言》即说："始祖来沂卜居于县南河阳镇。"民国时期，河阳仍称河阳镇。新中国成立之初还沿称河阳镇。1985年版《沂南县地名志》仍记为"河阳镇"。但是，这时所谓的河阳镇，仅是宋代国家命名的河阳镇的一种延续称呼，而不在建制序列了。

值得一提的是，清末民初的河阳镇还建有南阁子、北阁子。河阳处于沂水城和临沂城的中间，各相距一百里左右，又因为有着白龙桥扼守着关口，其位置的重要是不言而喻的，在通过河阳镇南北大道两端，各修建一座具有登高瞭望和把守功能的阁子门也是必然的。阁子是券门建筑，下部用大石条子垒砌，上部是砖砌拱形门楣，二层用木檩陶瓦构成顶楼。南阁子上有横匾，阳面匾额文曰"静疆古镇"，阴面匾文是"南北通衢"。阁子中间门洞通行车马人流，两侧有石阶可登阁楼。南北阁子毁坏的时间并不长，民国初年，阁子门还是好好的。现在，南北两个阁子门已不存在了，但河阳村的南北两端分别叫"南阁子""北阁子"的地名，还留下了这两个古建筑的印记。

玉交图社

《白龙桥记》记载："沟之北八里余有玉交图社。沟之得名，亦必以是。""沟"即玉交沟，"玉交图社"即地方志书记载的"玉交社"。

元代设乡社，在地理范围上多以一村为一社，在人户稀少地区可以三五村为一社。元代这个地方的乡社设置情况尚不清楚。

明代嘉靖四十四年（1565）版《青州府志》记载："青州乡社率多美名，若仁若义，盖国初教民意也。"沂水县下辖五乡，城周边乡名为"通顺"，城北乡名为"遵化"，城西南乡名为"乐城"，城南乡则名为"会川"，乡名美意不言而喻。会川乡领社29，其中有河阳社和玉交社。

古石桥横跨玉交沟。玉交沟发源于今大庄镇河村、查旧庄一带，向南流经赵家庄子、清泉庄、朱家庄子、刘家店子等村，至河阳村东折而西流，几番曲折汇入沂河。玉，形容洁白。交，古通“蛟”。蛟是古代传说中的一种龙。流水由来已久，社名见之于明朝，可见社名源自水名。以水名玉交为社名，不仅顺理成章，而且文化韵味很浓。玉交社在石拱桥址北八里，社址具体在何处，已难考证清楚了。

古桥由来

民谣传唱：“白龙桥鲁班修，铁底铜帮滚龙沟，海马朝云在上头。”

民谣不是信史，但它唱出了古白龙桥久远的历史，也唱出了白龙桥地势的险要和建筑的精美。

明嘉靖四十四年（1565）《青州府志·关梁》载录了沂水县四大石桥，白龙桥以地名命名为“河阳石桥”，记为“在县南一百里”。

据村内老人说，白龙桥的东头曾经竖立着七八通老石碑，这些老石碑毁于历次的修路活动和动乱。现存明代隆庆四年（1570）高大化撰文的《白龙桥记》石碑，也曾被推到路边的水汪里。近些年，人们挖出了这通石碑，立在了桥东头路边。

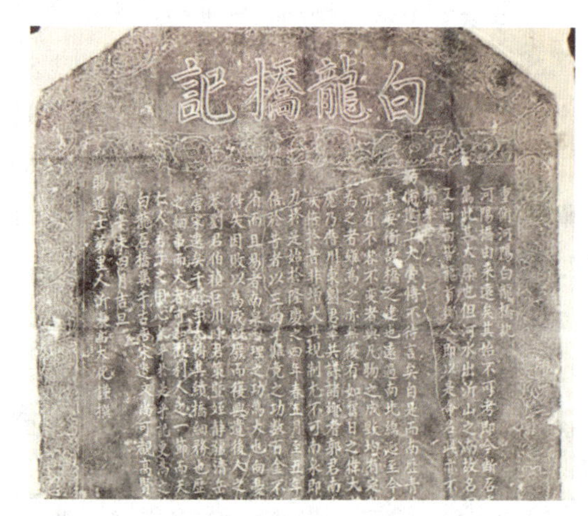

《白龙桥记》碑局部

高大化重修白龙桥记事碑文说：“河阳桥由来远矣。其始不可考。即今断石，尚有唐宋遗文。”并说原有石桥是“奉敕修建”的。

白龙桥是唐宋年间建造或重修的，这还为河阳地域广泛存在的唐宋文化遗址所旁证。

河阳南岭上有着规模庞大的汉墓群，现在还存在着俗名椿树墩、窟窿墩、耍墩子、马头墩等多座汉墓，这些汉墓许多是画像石墓。大型汉墓群的存在，说明了汉代的时候，河阳一地人类的活动已经非常活跃了。由此说来，白龙桥的最早修建，追溯到汉代也是有可能的。

青徐古道经由沂水县城而南后，就沿着沂河东岸往前延伸了。明嘉靖版《青州府志》记载，自青州往南古道上每十里设置一个邮铺，苏村铺往南的邮铺依次是：朱郭铺（现苏村镇大曹家营一带）、榆林铺、苗家曲铺、河阳铺、房前铺（今坊前村）和葛沟铺。这几个依次相连的邮铺形成的路线，就是青徐古道的路线。古道经由河阳必须跨越玉交沟，今天看来是很简单的事，但在唐宋时期就不是简单的事了。

由碑记可知，这个地方原来的石桥是奉皇帝的命令由地方政府建设的。虽然隆庆年间已经不知古桥的起始年代了，但碑文中有关唐宋修建或维修的文字，就足以证明唐代就有跨越玉交沟的石桥了。碑文还说，北自京城而南，经济南历青州抵达淮泗（今苏北），绵亘千余里，“皆未有如此桥之伟大者”。文字虽有描写或夸张的成分，但可肯定静疆石桥在唐宋时期是一个宏大的工程。当地老人传说：“白龙桥上的石条子都是带卯有榫的。”这种把木工的卯榫结构使用到石材上的巧妙做法，使白龙桥桥体非常坚固牢靠。现存的白龙桥桥体，基本上是明代重修建筑的遗留。因为从明代的那次大规模的重修以后，还没有大的重修记载。民间的记忆中，也没有再次大修的说法。

唐宋遗存古桥名叫白龙桥。至于为什么叫白龙桥，没有记载。河阳村所在的地理物貌，最典型的就是沟多。白龙桥所在的地方，就是两条河沟的交汇处。从南面来的沟叫“石阳沟”，从东边来的沟叫“玉交沟”。这两条沟沟深岸陡，河床底部是洪水冲刷出来的铁黑色砂岩，两岸是夹砂黄土，所以民谣形容说“铁底铜帮”。两条“巨龙”在这里相交后，直冲北去，前行不足一里，又转折向南再向西，然后汇入沂河。

“而桥独以白龙名，独不闻其说。意者桥之形似像龙，又两面皆龙首，乡人即以是命名。此亦不必深究，而仍依旧名名之。”这是高大化撰文碑记的话语。看来，连四百多年前的高大化也不知道白龙桥是因何得名的。

白龙桥位置

高大化其人

高大化，号沂东，明朝沂水县会川乡东流社东流店（今大庄镇高家店子村）人，嘉靖三十八年（1559）己未科第三甲赐同进士出身，嘉靖四十年（1561）授任江阴知县。《明世宗实录》记载，嘉靖四十二年（1563）十二月，“六科都给事中等官赵灼等十三道御史刘存义等奉旨劾奏”，浙江左布政使熊逵等十六地方官“贪肆不职，宜罢”。

给事中，官名。明代，给事中分吏、户、礼、兵、刑、工六科，辅助皇帝处理政务，并对应监察吏、户、礼、兵、刑、工六部，举发弹劾官吏。高大化与浙江左布政使熊逵等人，是被赵灼等六科给事中与十三道御史刘存义等人弹劾的，高大化是弹劾奏章中的最后一名。此案还涉及了“各省抚按官赵炳然、张科等”，这些官员因“失于论劾，亦宜量究章”。经吏部议定皇帝旨准，“熊逵等革职闲住”，汝州知州黄宬、鄢陵知管嘉福削职“为民”，各省巡抚巡按罚扣俸禄一个月。高大化在“革职闲住”之列。而据康熙年间《沂水县志》记载：高大化“才俊江东，循声西汉。任三年，忤权贵季连江给事，冠带闲住，卒于家”。季连江，名季科，字舆登，号连江，嘉靖三十二年（1553）进士，授官行人司奉使，历任礼科给事中，官至江西布政使右参政。高大化任江阴知县之时，正值季连江官任礼科给事中期间。“冠带闲住”是革职闲住的文雅说法，是明代对官员的一种处分，即免去现任职务，保留官籍、品秩及冠带，居家闲住自省，在闲住故园时，还可以穿着相应级别的衣冠参加社会活动。《嘉靖实录》与《沂水县志》记载遭劾事由不同，但结果是相同的。到底是籍贯江阴的给事中季连江发现了高大化的违法问题，还是初出茅庐的高大化冒犯了季连江，孰是孰非，是非曲直，不是本文考证的内容。但从高大化位列被弹劾官员最后一位看，因忤逆季连江而遭弹劾也是有可能的。

修桥同仁

高大化回归故里闲住的第七年（1569），与弟弟高大训、高大道和胞兄高大同等参与了乡内北登山（位于今大庄镇百碇庄村西北）庙宇重修善举，并以“赐进士第里人沂东高大化”之名撰写了记事碑文。这时，白龙桥虽还存在，但已严重毁坏，商旅及乡里父老交通不便。重修北登山庙宇后，他又与同村长者刘秸共同请乡中耆老郭府（字南泉）主持重修白龙桥。

郭南泉名郭府，是邻近的左泉村人，元朝大科学家郭守敬的后人。左泉村郭氏祖林里，有一通郭氏四世祖的墓碑。碑文记载“郭氏明初自北京椿树胡同迁居于此”。左泉村郭氏祖林的北边，还有一通中间刻着“始祖守敬”的始祖碑，只是文字已经漫漶不清了。

对高大化等人诚邀主持重修白龙桥一事，郭南泉当仁不让，“毅然任之不辞”。几位首事人一致认为，大水为灾时“沟渠几倍于昔”，重建石桥必须“增大其规制”，最终决定，原址重建，将原来二孔桥改成三孔桥。隆庆四年（1570）正月开工，隆庆五年（1571）四月竣工，重建石拱桥不仅桥孔由二增益为三，而且原来“两岸皆疏土，今则附之以巨石”，加大了泄洪能力，增强了抗洪能力。

《重修河阳白龙桥记》记载：“是举也，主之者：南泉郭君府、川东刘君秸暨予。”郭南泉即郭府。刘秸，字仕进，号川东，河阳社毗邻的东流社东流店（今大庄镇刘家店子）人。刘秸生于正德元年（1506），卒于万历九年（1581）。少聪慧，从塾师，前程看好。因父亲年事已高，遵父命放弃科举之路，谋得蓟州（今属天津）驿宰之职。后来毅然放弃仕途，挂冠归里，专心课子，为后世隆兴奠定了基础。刘秸协助郭府重修白龙桥时，已经70岁了。“暨予”，译成现代汉语就是“和我”，即高大化本人。对重修白龙桥全力支持的人还有“阳川李君三畏、吉庵刘君伯祯、巨川陈君策”等。李三畏，号阳川，曾于隆庆三年（1569）参与北登山庙宇重修，万历二十五年（1597）撰写《重修清泉寺记》时自称“沂邑儒官阳川李三畏”。沂邑即当时的沂水县，儒官即官学老师，可知李三畏也是乡里人。刘伯祯，字应时，号吉庵，刘秸长子，生于嘉靖四年（1525），卒于万历八年（1580），参与重修白龙桥时45岁。陈策，号巨川，河阳村人，陈氏第二代，有善人之誉。

为了重修白龙桥，除了高大化与郭府个人捐资和出面募捐以外，河阳寺僧人聚禄还化缘以支持重修白龙桥。

方志载记

重修后的白龙桥，明清时期一直是沂水县境内的四大石桥之一，历代方志都有记载。

清乾隆十一年（1746）《沂水县志·桥梁》载录了当时的四大石桥，白龙桥以地名加桥名记为“河阳白龙桥，县南一百里”。

清道光七年（1827）《沂水县志》载录：“白龙桥，河阳集北。”

清代《一统志》也收录了白龙桥。乾隆二十九年（1764）《大清一统志》之《沂州府·津梁》记载了13座石桥，其中有“河阳白龙桥，在沂水县南一百里”。清嘉庆年间《嘉庆重修一统志·沂州府》载录了沂水县四座石桥，其一为“河阳白龙桥，在沂水县南一百里”。

除志书记载了白龙桥外，在白龙桥南边不远处的石板桥（俗称小桥）《重修小桥记》石碑上，也记着白龙桥的名称。石碑刻立于清道光六年（1826），碑文开篇即说：“河阳镇东北隅，沟名玉交，桥名白龙，上讫唐宋。”石板桥早已不复存在，仅在河边散落着很多的石条子和一通《重修小桥记》石碑了。

1954年，益新公路贯通，河阳段公路东移，白龙桥完成了承担交通要道津梁的重任，退出了历史舞台。

附文：

重修河阳白龙桥记

河阳桥由来远矣，其始不可考，即今断石尚有唐宋遗文，旧号其地为静疆镇，其桥为白龙桥，其沟为玉交沟，大河环流西面而南，为沂河，于是沟相联属，此其大概也。但，河水出沂山之南故名曰沂河，沟之北八里余有玉交图社，沟之得名亦必以是，而桥独以白龙名，独不闻其说。意者桥之形似像龙，又两面皆龙首，乡人即以是命名。此亦不必深究，而仍以旧名名之，使后人知所源流，亦考古之一端也。

其桥旧亦伟大，北自畿辅，若芦沟、若琉璃河。其桥奉敕修建，工大费博，不待言矣。自是而南，历青济，抵淮泗，绵亘千余里，乃士民素所经历之地，皆未有如此桥之伟大者。唐宋以此地为静疆镇，建守设备，乃其要冲。故桥之建也，远过南北，绵延至今千余年而后毁者，亦不得不谓之坚且久也。历年久远，不无崩败，兼以淫雨大水，近年尤甚，岂亦既穷之数？物亦有不容不变者与？凡物之成毁，均有定数。人，其大者；乾坤，又其大者。往古来今，每每若是。兹又何说与？

方桥之始毁也，居民若失所生，且以为无有能为之者，虽为之，亦无复有如旧日之伟大者。此固乡人之见未达。所谓“成毁之数，亦深惜之”之辞，不无望于能为者之出于其间也。时，予方家居，亦为此虑，乃偕川东刘君秸，共谋诸乡耆郭君南泉云：“此桥之建，工力匪轻，亦必经久。而成，非君不可。”南泉即毅然任之不辞，又相与议曰：“近日，大水为灾，沟区几倍于昔，非增大其规制，尤不可。”南泉即深然之不疑。予辈同南泉君乃敛贿纠才，卜日经始。而四方诸君子亦皆乐为此举者，莫不大施才贿，并心协力。于是，始于隆庆之四年春正月，至五年夏四月而桥成。

桥旧止二空，今则益之以三，昔则两岸皆疏土，今则附之以巨石，高二尺，长丈余，其工力有五倍于昔者。以三四年难竟之功，数百金不计之费，一岁成之不遗，是何其神速简易若此！在他人，用力不专，用财不约，纠工不力，宜乎？其成之之难！今则省而且易者，南泉督理之功为大也。

向忧其难，今处其易，暂毁于今，即倍于昔。亦其数之当新，毁不终毁者，物理盛衰之机有定也。物理有盛衰，人事有得失。因败以为成，既废而复兴，遗后人之美，迈前人之迹，南泉之功不其伟与？

是举也，主之者：南泉郭君府、川东刘君秸暨予；共之者：阳川李君三畏、吉庵刘君伯祯、巨川陈君策暨侄静疆清、岳君石溪岑；广为化敛者：河阳之寺僧聚禄也；协力助财者：四方诸君子。均之列名于后者也。

故予又为之说曰：唐宋远矣，千余年犹传其绩。桥，细务也，历世伐不没其利。然则今之视古，亦犹后之视今。一凡有功于名教，有补于民，若物者尚得而掩其美乎？即桥梁之细事，而大者可知。观利，人之一节。而天下、国家可慨而叹者，不知凡几也。仁人君子，穷则存其心，达则行其志，其趋同，其功一也。然则南泉诸君，其亦仁人君子之用心矣乎！于是乎记，更为之诗，曰：

白龙石桥几千古？唐宋遗文尚可睹。
高贤去后杳无踪，流水东来如有情。
宏规再造忆前人，万事伤心转眼新。
等闲聚散若浮云，赖有斯文无古今。

隆庆辛未四月吉旦赐进士第里人沂东高大化谨撰

康熙九年三月初一日孟夏吉旦立石匠李志[①]

① 康熙九年石匠李志立碑一事，《沂南县交通志》第470页有记载。

枯骨冢前因后果

沂南县砖埠镇山南头村村西有一座小山，从南面看，山体孤立而形似一个硕大的土堆。小山南面山脚下有一座古墓，官方称为“枯骨冢”，民间叫“万骨坟”。枯骨冢后面的小山，是一条南北延伸的山脉的南端。古墓的堆土现存约1.5米高，直径约4米。墓前的石碑尽管有点倾斜，但还顽强地站立着。远远看去，石碑后的小山恰似一座高大的坟墓。

枯骨冢

墓碑碑眉横刻着“钦命”二字，碑面右侧是记述立碑缘由的文字，垂直中线左侧竖刻着“枯骨冢”三个字，“枯骨冢”三字左侧竖刻着立碑时间及撰书者姓名。记事碑文字如下：

> 钦命
>
> 京观之设，所以志武功也。我皇上大一统之规，宏无敌之威。小丑跳梁，自归殄灭。纵有武功何所用志？惟是咸丰十一年秋，捻匪窜扰。九月初十日，僧邸帅歼诸大山寨东。其间，骸骨暴露。皇上触念动情，谕令县尊王，饬练长王振德王昇德收拾遗骸合聚义冢。非为京观，亦泽及枯骨之意尔。
>
> 郡增生张砚田撰并书
>
> 同治八年小春之吉

碑文译成现代汉语意思是：

把敌人的尸体堆积起来加上封土筑成京观，是为了显示战功。我朝皇上的大一统江山，彰显着无敌之威。跳梁小丑们不自量力，造反起事，最终必然自取灭亡。纵然消灭了他们，还需要用京观来彰显吗？咸丰十一年（1861年）秋，捻匪窜扰社会，九月初十日，僧格林沁大帅将他们歼灭在了大山寨以东。以后很长时间里，骸骨暴露于田野山坡。皇上听说后，动了怜悯之心，诏令属地县的王县长妥善处理此事。王县长遂命令练长王振德和王昇德收拾遗骨，合聚一坑，筑成义冢。这不是筑京观以炫耀武功，实是皇天厚恩泽及枯骨啊。

碑文虽简短而轻描淡写，但墓冢内却埋藏着一段悲壮而且见仁见智的历史。

羊阑湖之战的捻军

对于僧格林沁追击捻军并取得羊阑湖大捷这段历史，《临沂县志》仅记载："同治元年……九月，僧王追捻匪于城北羊阑湖（注：今记作阳岚湖。下同），破之。"

《同治朝实录》则有详细记载："咸丰十一年，辛酉，九月……乙巳……僧格林沁奏：江南捻匪，先后分扑山东，抢渡运河，自泰安径扑济南，势甚猖獗。八月十五日，僧格林沁亲统诸军，督同德楞额兵勇前进。该逆闻风东窜，复盘踞湖山泊迤南孙家镇十余村。经德楞额等抄击，贼由靳家桥改窜青州。九月初一日，马步各队赶到，追至河滩，毙贼二千余名。初四日，德楞额等于临朐县南、东西河岸，设伏抄袭，两路各毙贼数百名。初七日，追至诸城县属五湖山口，顺河追杀，毙贼百余名。复追至莒州蒋家岭柳家店等处，共毙贼二千余名，生擒一百余名。初十日，追至沂水县沂河东岸。黑旗捻首跨河抗拒，我军分队奋压，贼纷纷败退。追杀十余里，该逆合服扼拒。复经德楞额等冲击追杀四十余里，毙贼一万余人，救出难民数千名。黑旗股匪，剿杀殆尽，并毙贼目数十名。十三日，追至兰陵镇，将步贼千余全行剿灭，余匪向徐州败窜回巢。"

德楞额率军追杀四十余里所达到的地点，正是《临沂县志》记载的沂州"城北羊阑湖"，即现在砖埠镇幞头山东侧的小平原。

对此次剿捻之战，1994年《沂南文史资料》第八辑记载："当时目击者

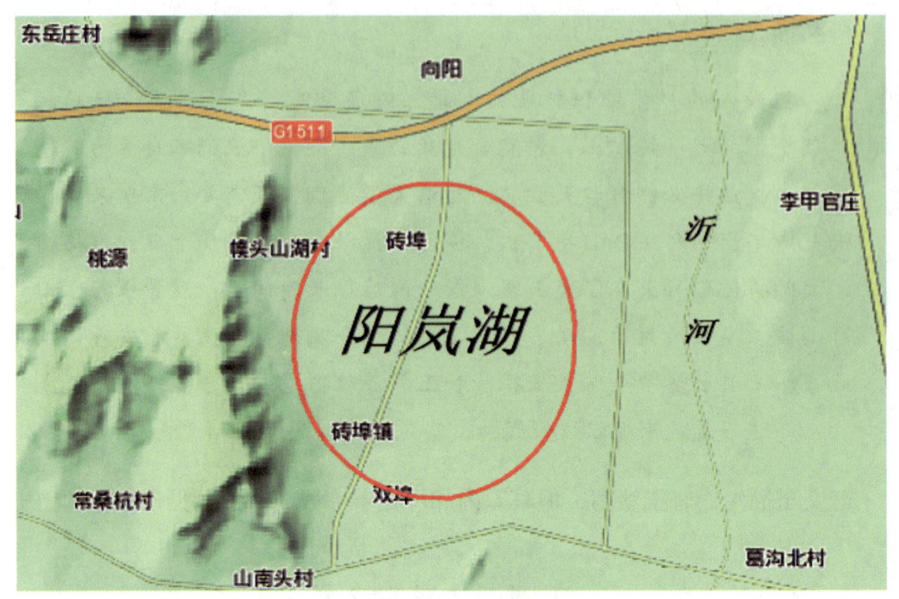

阳岚湖位置

孙廷起常跟人们讲：‘清兵和长毛在阳岚湖打仗这天，是九月初十，河阳炸了集，俺都在大山寨避难。’”“清兵马队分两路：北路从南河阳、南路从陈家庄子西过沂河，直奔阳岚湖。清兵一阵杀声震天，毛子像秫秸个子一样倒向西南，其余的都向西南方向跑了。”自古以来，河阳集是逢五排十。当地老百姓记忆的九月初十河阳集，与《同治朝实录》记载的时间是吻合的。

《同治朝实录》记载的羊阑湖之战情况，是根据僧格林沁奏章所记。战况中虽有“黑旗捻首跨河抗拒”和“黑旗股匪，剿杀殆尽”两段话，但没有交代清楚僧格林沁追杀的是哪股捻军。相鑫《捻军与晚晴山东社会》（山东大学硕士学位论文）研究认为，1861年9月，张敏行部捻军由鲁西曹州一路进至肥城并趋泰安、莱芜，刘天福部捻军也于9月3日从鲁南过运河一路北上，经邹县、泰安达莱芜。这两支捻军随即会合欲图博山；遇到地方团练强烈阻截后，掉头向西，经泰安、肥城围长青，旋即趋泺口，省城再次戒严；随即一路东行，于9月26日围攻青州，被清军阻击，然后南走，继而发生了僧格林沁穷追猛打、一路追杀的过程。这说明，僧格林沁追击的捻军是张敏行部和刘天福部。张敏行是黄旗捻军首领，刘天福是黑旗旗主刘玉渊的部下、黑边蓝旗旗主。《同治朝实录》记载的“跨河抗拒”的“黑旗捻首”，疑为“黑边蓝旗”之误。所谓“黑旗股匪，剿杀殆尽”是根据僧格林沁的奏折记载的，不排除有夸大战果的成分。

羊阑湖之战的时间

僧格林沁在羊阑湖剿灭捻军的时间，《同治朝实录》和枯骨冢碑记载都是咸丰十一年，而民国《临沂县志》记载却是同治元年，为何记载时间有异？原因在于如何认定同治元年的起始时间。

咸丰十一年七月（1861年8月），皇帝爱新觉罗·奕詝在热河行宫（今河北承德避暑山庄）去世。临终前遗诏唯一的皇子即六岁的爱新觉罗·载淳即位，诏令以肃顺为首的八位顾命大臣作为辅佐。八位顾命大臣拟定“祺祥”为新皇帝年号。当年九月，慈禧太后联合恭亲王奕䜣发动了宫廷政变，一举击垮了顾命八大臣势力，由慈禧和慈安两位太后垂帘听政，同时废“祺祥”年号，改元“同治”。同年十月初九日颁诏“以明年为同治元年”，布告天下。所以，爱新觉罗·载淳即位后的九月至十二月期间，还是沿用了先皇的年号，即“咸丰十一年”。

羊阑湖之战发生在新皇帝即位当年的九月，因此《同治朝实录》将此次剿捻的时间表述为“咸丰十一年”，枯骨冢碑也记载为“咸丰十一年”。由以上两则资料可证，《临沂县志》将此件大事发生的时间记载为“同治元年”是不妥的，原因在于将爱新觉罗·载淳即位的当年认定为“同治”年的缘故。

羊阑湖之战的影响

捻军是清朝末年活动在安徽北部和河南一带的一支农民起义队伍，主要领袖有张洛行、赖文光等，其鼎盛时期的兵力达到了20多万人，曾在太平天国领导下与太平军配合作战。

捻军五旗中黄旗实力最大。张敏行的哥哥张洛行是五旗联盟盟主，也是总黄旗旗主。张敏行是总黄旗下的尖子黄旗旗主。《涡阳县志》记载：“军旗分黄、白、红、蓝、黑五色，以正黄旗及尖子黄旗为最尊。”羊阑湖之战剿灭的是张敏行的主力，所以影响极大。

对沂州府来说，羊阑湖剿捻大捷是一股强劲的东风。在沂州西南乡众“匪”纵横，地方政府疲于应付的背景下，僧格林沁追击捻军取得了羊阑湖大捷，这一辉煌战果，不仅给沂州西南乡众“匪”以巨大的震慑，而且也给焦头烂额的沂州府文武官员注入了一支强心剂，进一步加大了剿“匪”力度。《临沂县志》

记载，至同治二年（1863），境内“捻匪”无踪，“幅匪”以次削平。

对于僧格林沁和德楞额来说，此时是其政治生命转折点。咸丰十年（1860），英法联军攻入天津，僧格林沁兵败退驻通州。咸丰帝下令拔去僧格林沁三眼花翎，削去正黄旗领侍卫内大臣、镶蓝旗满洲都统职。继而再战，清军又败于张家湾、八里桥，英法联军攻入北京，圆明园被毁。主和派大臣埋怨僧格林沁触怒了洋人，咸丰帝革去僧格林沁郡王爵，仍留钦差大臣职。由于英法联军攻打天津、北京，山东部分清军由巡抚文煜率领北上“勤王”，山东南路空虚。1860 年 9 月下旬，淮北捻军蓝、黑、白三旗 8 万余人，浩浩荡荡进入山东，“绵亘六十里，兵声火色，数百里皆惊”（《中国近代史资料丛刊·捻军》）。1860 年 11 月 5 日，清廷发布上谕，恢复了僧格林沁的科尔沁郡王爵位，命他率清军精锐 10000 人（包括蒙古马队 2000 余人，步队 2000 余人，绿营兵 5000 余人；一说 12000 人）开赴山东剿捻前线。羊阑湖剿捻大捷后，清廷认为“捻匪自入东境以来，虽叠经剿击，总未大受惩创。此次僧格林沁亲督大军，痛加剿洗，洵足以寒贼胆而快人心。僧格林沁躬冒矢石，调度有方，著加恩赏还御前大臣，并赏还黄缰，以示优奖”。“副都统德楞额前因防剿不力，降旨交部议处。此次剿匪，极为出力，功过尚足相抵，著免其议处。仍留僧格林沁军营，带兵剿贼。俟续有劳绩，再行请奖。”（《同治朝实录》）主帅恩赏，副都统将功补过，既激励了主帅副统的斗志，也为后来主帅、副统因求胜过切而导致惨败埋下了种子。

对清廷来说，羊阑湖剿捻大捷是值得载入史册的辉煌战役。

中法战争（1883 年 12 月至 1885 年 4 月）刚刚结束之际，清宫便着手组织大型绘画工程以纪念清军在 19 世纪中叶的 3 次军事胜利，即镇压太平天国起义、捻军起义和西南、西北回民起义的三次胜利。由于工程规模庞大，光绪皇帝的父亲醇亲王奕谖被任命为总监。1885 年（光绪十一年）11 月，军机处授命为 3 次战争选择具体题材，分工为每组 3 人，分别负责研究 3 次战争的文件，最后整理出一份关于绘画题材的清单。同时在神机营（专门掌管火器的特殊部队）设立一画作坊，专门从事绘画工作。1886 年 3 月 1 日，军机处负责太平天国战争题材的职员完成任务，他们从中筛选出 20 个战役作为绘画题材上报当时独揽大权的慈禧太后。慈禧于同月 21 日批准，并随即传旨神机营画作坊。捻军题材的准备工作于同年 9 月完成。

《故宫博物院院刊》2001 年第 2 期，刊登了张弘星的文章《流散在海内外的两组晚清宫廷战图考略》。这两组由宫廷组织绘制的战争图，其中一组是流落到西方国家的 4 幅战争图。4 幅战争图之一是捷克布拉格国家画廊的藏品，作者认定藏品绘制的是1861年10月《清军大战捻军张敏行之役》。

清军大战捻军张敏行之役

既然是1861年10月清军大战捻军张敏行，毫无疑义就是发生在羊阑湖的那场惨烈的战斗。从画面看，整个战斗场面近处是平原，平原后面有山岭，这个画面与羊阑湖及西边群山的地理形貌是很吻合的。也许为了创作这幅画，画家曾到这个地方实地考察过。绘画完成后，宫廷摄影师又对这些画作进行了拍摄。慈禧太后把这些图片赏赐给大臣，既是为了炫耀朝廷的武功，也是对大臣进行奖赏，因为那个时期照相图片是十分珍贵的。

文章作者通过进一步考察认定，此工程一共创作了67幅战事图，其中描绘太平天国战事的20幅，描写捻军战事的18幅，描绘西南地区回民战事的12幅，描写西北地区回民战事的17幅。每幅画作上都没有画家署名，今天要想得知每一位画家的姓名也许不现实，但根据档案资料可知，这些画家是在一位名叫庆宽的旗籍画家的指导之下从事这项工程的。根据有关资料还知道，战事图于1890年竣工，画图悬挂在中南海紫光阁。1900年夏，八国联军入侵北京，进驻三海，这组战事图始遭浩劫，流散海外。

僧王庙与枯骨冢

僧格林沁是蒙古族人，承袭科尔沁郡王爵，所以地方官员尊称其为“僧王”。僧格林沁剿捻，前期是主动地追击，捻军被动地逃跑，羊阑湖剿捻大捷即是主动追击的战果。后期，捻军悟透了僧格林沁的战术，便改变战略，主动牵着清军的鼻子跑，而僧格林沁仍然蒙在鼓里被动地追。结果，同治四年（1865年）四月，僧格林沁落入捻军设下的圈套，在山东曹州（今山东菏泽）高楼寨遭到伏击。清兵大败，僧格林沁在突围逃跑中被捻军杀死。虽然羊阑湖剿捻之战直接统军者是德楞额，但总指挥是僧格林沁，因此枯骨冢碑文称之为“僧邸帅”，意思是僧格林沁官邸的“帅”，而非僧格林沁本人。

僧格林沁在曹州剿捻阵亡的败报传到北京后，朝野震惊，皆以失去“国之柱石”而惋惜。清廷以亲王规格为僧格林沁隆重举行了葬礼，同治帝和慈禧亲临祭奠，赐其谥号“忠”，配享太庙，并晓谕各省凡其军队经过之处都要建祠堂。同治六年（1867），僧格林沁的故友——已晋升为沂州知府的长庚，与当时在任的兰山知县王其慎，以“琅琊郡绅民”的名义，在“广生宫”的后楼西侧（今洗砚池小学院内）建起了纪念僧格林沁的祠庙，门额文为“显忠祠”，以旌扬“僧王忠义”。1897年，沂州官府以政府名义，将“显忠祠”扩建成了“僧忠亲王祠”，镇压“乱匪”有功的总兵陈国瑞，也一并立祠奉祀，名为“陈将军祠”。[①]

广生宫本来是一座供奉周朝奠基者姬昌及其后妃的大殿，正面塑有姬昌及其后妃的神像，东西台子上塑着一百个小泥娃娃。相传文王百子，因此名为“广生宫”。僧王庙建成后，年年有庙会。庙会的日期在每年的正月初九到十一，连唱三天大戏（京剧），热闹非凡。其间，地方上的文武官吏也来庙中致祭。广生宫香火本来就很旺，僧王庙建成后，这个地方的人气更旺了。本来广生宫名声大于僧王庙，但僧王庙名声越来越大，竟然后来居上盖过了广生宫。虽然庙门楣额仍为“广生宫”，但临沂人却都叫它“僧王庙”。

辛亥革命后，临沂教育界知名人士夏侯先被选为“山东省议会议员”。1913年，他首倡以城内庙宇作为学校校舍，兴办教育，发动了一批青年学生和部分教育界人士“抬神”，首先抬了僧王庙和陈将军祠里的神像。夏侯先利用陈将军祠创办了临沂乙种警察教练所。僧王庙还未及改造利用，民国七年（1918），夏侯先病逝，临沂城内的清朝遗老乘机发起重修僧王庙的倡议。一年后，僧王庙修缮竣工，把陈国瑞与僧格林沁一并塑像同庙供奉，香火庙会又重新恢复起来。民国十七年（1928），西北军杨虎城将军率部来临沂驻防，地方民众团体发起了第二次“抬神”运动，僧王庙的泥像被全部扔进附近的大水

① 以“显忠祠”为基础建成“僧忠亲王祠”之说，见于王玉陆《僧格林沁与临沂僧王庙浅探》，《希望月报》2008年第1期。

汪里了。

同治八年（1869）春，沂州所辖的沂水县在羊阑湖附近的大山寨也修建了一座纪念僧格林沁的祠庙。

捻军人员组成复杂，纪律涣散，有时也骚扰祸害所到之处的老百姓。老百姓一直对他们又怕又恨，把躲避他们叫“躲毛子”，吓唬小孩常说“来毛子了”。至今，沂蒙山区的老人还习惯地把那段时间叫“毛子时”。对捻军的这种认识虽与当时官方的舆论宣传有关，但更重要的则是来自老百姓的亲身经历和感受。咸丰末年，为躲避“捻匪”“幅匪”和其他土匪的骚扰和抢掠，羊阑湖附近的老百姓在名曰“大山”的山坳里，联合修建了一座山寨，老百姓称其为“大山寨”。“大山”古名“大柱山”。明万历元年（1573）《兖州府志》（明洪武十八年，沂州始属兖州府）卷十八《山川》记载：“大柱山，在（沂州）九十里，状如□笋，超然□立。东有粪山，西有映旗山。”清康熙《大清一统志·沂州府》记载：“大柱山，在兰山县北九十里……左为映旗山，前为荆山，右为银锡岭。”民国六年（1917）《临沂县志》也记载：“映旗山蜿蜒而东……大柱山，三峰并立，耸然特出，上有古寨，土人避捻匪时所建也。”大山寨东西南三面依山为屏，东面修建石头围墙，山寨里面有残破的龙兴寺和三教堂作为暂时栖身处所。山寨易守难攻，躲进山寨的老百姓多次成功地避过了各种“匪”的抢掠。因为羊阑湖在沂水县境，大山寨也在沂水县境，而且有旧庙宇残存，所以，沂水县遵照朝廷的谕令修建僧王庙时选择了这里。民国十三年（1924）春进行了重修。因为当时社会不安定，时常还有小股土匪骚扰，资金又不充足，庙屋修得很单薄，以后兵荒马乱，就失修坍塌了。这座纪念祠庙早已不复存在，祠庙的正式名称也没人知晓了，民间俗称这座庙为“僧王庙”，现仅存几块庙殿的石柱子。

捻军的枯骨冢与大山寨里的僧王庙比邻而立。羊阑湖一战，捻军受到重创，残余捻军退出了沂州境。战斗结束后，阵亡的清兵尸体被掩埋了，而捻军的尸体漫山遍野，惨不忍睹。老百姓把村庄里、村庄四周及田野里的捻军尸体拖到了山沟，有些简单地掩埋了，有些扔在了荒野。这些死在山沟里的和被扔到山沟里的捻军尸体，任凭兽啃鸟啄，自然腐烂，直至白骨暴野。八年后，在修建“僧王庙”的同时，清政府“谕令”沂水县集中埋葬散乱的尸骨，以显“仁德”。沂水县衙将散乱在山野荒沟的尸骨收集起来，择地集中埋在了一个大坑里，筑起了坟头，并在坟前立起了一块记事碑。

古代，战争胜利方往往把敌人的尸体堆积起来，封土筑成高高的土丘，叫作“京观”。筑京观，一方面是为了简单地掩埋，另一方面是为了炫耀武功。“枯骨冢”不属于“京观”，碑文也表明“非为京观”，是为了“泽及枯骨”。但“合聚义冢”的目的是不言而喻的，即不仅是炫耀清政府的“武功”与“仁德”，还有警示大清子民切莫“小丑跳梁，自归殄灭”的教化之意。

碑文中有几个半遮半掩的人名，细细琢磨起来，也有曲笔之情、隐晦之意。“县尊”是明清时期对知县的尊称。何县之尊？撰文者没有直接言明。羊阑湖之战的地点位于沂水县和兰山县交界处，但主战场在沂水县境，受命收拾捻军骨骸的一定是沂水县衙，选择的掩埋点必须在沂水县境内，此“尊”必定就是沂水知县了。这是一件晦气的差事，知县一定不会亲自到场捡殓骨骸的，具体操作者是“练长”。“练长”就是“团练”的长官。团练是一种军事组织，古已有之。清嘉庆时期，白莲教起义，当时八旗、绿营严重腐化，扰民有余，御敌无能。合州知州龚景瀚上《坚壁清野并招抚议》，建议设置团练乡勇，令地方绅士训练乡勇，清查保甲，坚壁清野，地方自保。团练制度在一定程度上起到了维护社会安定的作用。为“捻匪”收拾掩埋骨骸虽系朝廷“谕令”，但这毕竟不是值得炫耀的事，所以作者或许根据知县的意愿，只出现“县尊王”，而隐去了所履职的县名和本名。作者也不愿意表明自己是何方人氏，只说是个郡增生（政府不给廪食的县学生员）。民国二十三年（1934），县长张里元在道光七年（1827）《沂水县志》的基础上，组织纂修新版《沂水县志》，后因战乱志书未成，志稿也散佚了。道光七年（1827）《沂水县志》成了存留下来的最晚的县志了，所以此后历任知县便没有明确的记载，知县王某也就湮没于史海鲜有人知晓了。

捻军，这股清末淮北大地上的农民起义军，历时18年，战场波及皖、鲁、豫、苏、陕等10个省区，虽曾有牵着“僧军”的鼻子跑进陷阱而斩杀骁将“僧王”的辉煌，但终究被清军各个击破，直至赶尽杀绝了。一百多年过去了，沂州城里的“僧忠亲王祠”和大山山坳里的“僧王庙”都已荡然无存，羊阑湖之战也仅是老人口中的传说和文史工作者的简要文字记载，知道此事的年轻人已经寥寥无几。只有历经风雨还倔强站立的“枯骨冢”碑，还在默默诉说着这段悲壮的历史。

坟山还是粪山

“枯骨冢”后面的山，从南面看，像是一个巨大的坟包。

笔者实地考察时，曾问当地老者这座山头的名称，回答是“fen山”，至于“fen”是哪个字，有的说是“粪”，有的说是“坟”，莫衷一是。

后来，笔者在明万历元年（1573）《兖州府志》（明洪武十八年，沂州始属兖州府）中发现，其名还真是“粪山”。其卷十八《山川》清楚地记载：“大柱山，在（沂州）北九十里，状如□笋，超然□立。东有粪山，西有映旗山。”此处的“粪山”是否就是“枯骨冢”后面的山头呢？民国六年（1917）《临沂县志》记载：“映旗山蜿蜒而东……大柱山，三峰并立，耸然特出，上有古寨……又东南为莲花山，上有清泉观，又东为幞头山，东滨沂，下临平湖。僧格林沁曾平寇于此。”由此知“枯骨冢”后面的山头实名叫“粪山”。也许当年那位奉命为“捻匪”收敛骨骸的县尊，特意选了“粪山”作为葬骨之地，以泄愤懑之气。岂知“粪山”犹如一座巨大的坟包，“粪山”也就演化为“坟山”了。

不论是“粪山”还是“坟山”，石碑后面的那座由南观看形似孤立存在小山，也许就是苍天在冥冥之中，为上万名没留下姓名的“捻匪”筑就的一座永久的高陵。

第三章

青驼寻古

三朝古镇

今青驼镇驻地村历史悠久。战国时期，鲁穆公在此建立了城池。自元朝开始历经明清，青驼村因为集市规模大，商贸经济繁荣，而被称为“镇”。

战国鲁穆公城

青驼镇驻地是个很古老的地方，蒙河漫弯内侧小冲积平原上的古城遗址就是证明。

20世纪70年代，考古工作者曾在这里发现了绳纹瓦片、鬲腿和完整的铜镜、铜箭头、铁镣刑具等实物，有的地方还发现了灰层。城址东北角有一段黏土夯筑成的古城墙，现仍高出地面1米多。城址中心偏北有一土墩，村民叫其“点将台”，经发掘考察实为一座古墓。墓室为砖石结构，东南角一间有画像石，其中有“三鱼争头”图。在古墓南100多米处，有两个刻有双翅的石质四脚兽。这两个神兽，长1.7米左右，腿部已残，当地老百姓叫作石驼（现已移到村办公室院内保存）。

石驼

对这一古城，清康熙年间历史地理学家顾祖禹《读史方舆纪要》记载："穆公城，在州西北九十里，相传鲁穆公所筑，东有九女墩，南有青驼镇。"[①]对于这一结论，光绪《山东通志》也认可："穆公城在县西北九十里。鲁穆公筑。" 鲁穆公是鲁国第29任君主，公元前410—前377年在位。也就是说，青驼明确的古代历史，已有2400多年了。

20世纪70年代，在古城墙附近曾出土了一块扁长形条石，上面刻有"仲邱城"数字。据此，有关部门认定这座古城是"仲邱故城"，1980年公布为"县级重点文物保护单位"。

仲邱故城文物保护碑

虽然顾祖禹对青驼古城邑定性时用了个"相传鲁穆公所筑"的不定性说法，但他同时对"仲邱城"的位置给出了明确的答案，即"在兰山县东北三十里。春秋时鲁邑。隐公七年（前716）夏城仲邱"。这也说明，"仲邱城"的位置不在青驼。但为什么青驼西村有匾形"仲邱城"条石呢？这是一个未解之谜，值得研究。

元明清古镇

古村青驼具体什么时间开始被称为青驼镇，现在还没有文献资料可证明。但根据已有史料和已发现的碑刻资料，可以认定元朝时期就有了青驼镇这一称谓。

镇，作为建制单位始于北宋时期。成书于北宋元丰年间（1078—1085）的《元丰九域志》，详细记载了每个县设置的建制镇名称。当时，沂州所辖五县（临沂、费、沂水、新泰、承）有8个建制镇，其中没有青驼镇。虽然《元丰九域志》成书后又命名了一些新的建制镇，例如《宋会要辑稿·方域》记载，京东东路"密州日照镇，元祐二年（1087）置"，但是《元丰九域志》成书后，京东

①《山东通志》卷三十六《沂州府兰山县·古迹》，民国四年排印，商务印书馆影印。

东路新建镇唯此日照一镇，而无其他。

《创修洞阳观记》碑

与南宋并存的金朝时期，县以下仍然设置建制镇。《金史·志第六》详细记载了各州所辖县和镇的情况。沂州下辖临沂和费二县，临沂县境内有长任、利城和向城三镇，费县无镇。莒州下辖日照、沂水和莒三县，日照县境内有涛雒镇，沂水县境内有沂安镇，莒县无镇。长任镇在今临沂市南，利城镇在今临沂市东，向城在今兰陵县境。今青驼镇驻地村，金朝时在沂州临沂县境内。由此可知，金朝时青驼不在建制镇序列内。

元代，青驼称为镇是有确凿证据的。今青驼镇境内的元朝至元二十年（1283）《创修洞阳观记》碑上，就刻有“青驼镇都巡任□”字样，可证元代青驼就有“镇”的名分了。

元代州县下不设置中央政府统一命名的建制镇，所以元代的青驼镇已不是建制镇，仅是沿用了建制镇之“镇”这一名称的大型集镇之“镇”，是介于县城与村落之间的具有相对独立性的大型商业实体。

明朝时期，青驼是否称为镇，未见明确记载。但清朝时期青驼称为镇是见于史籍记载的。

乾隆二十五年（1760）《沂州府志》卷七《古迹·沂水》“蚡泉”条就明确记载了“青驼镇”之称：“昭公五年叔弓败莒处，县青驼镇西北二十里。”清道光七年（1827）《沂水县志》在记载“蚡泉”时，也以青驼镇为参照点，记作：“蚡泉，昭公五年叔弓败莒处。县西南有盆泉社，在青驼镇西北二十里。”这两条信息，不仅可证清代青驼称为青驼镇，也可由此推测承元启清的明代，青驼镇之名是存在的。

元朝忽必烈于1264年定都大都（今北京），开启了统治中原的历史。自元开始，历经明清两朝至今，青驼镇之称从未中断。如此说来，青驼镇已有连续750年的历史了，是名副其实的三朝古镇。

山茧贸易地

清初，江西商人吴中孚著《商贾便览》记载：兰山县青驼寺、新泰之敖阳店、泰安之崔家庄都是较重要的茧绸集散市场，商人入山采买，经此地贩鬻四方。《商贾便览》是明清时期汇聚经商基本常识的代表作，青驼寺作为重要的山茧和茧绸集散市场，被记入《商贾便览》，可见规模之盛。

山蚕，山东古亦有之，明末清初开始由野生发展为大规模人工放养。山东的山蚕业主要分布于鲁中山区的沂州、泰安二府和山东半岛青、莱、登三府的部分州县。《沂州府志》记载，康熙年间，沂州府已是“各属山中多种树畜蚕，名为蚕场”，“弥山遍谷，一望蚕丛”；又记载说，“山蚕，齐鲁诸山所在多有……而沂水所产为最”。

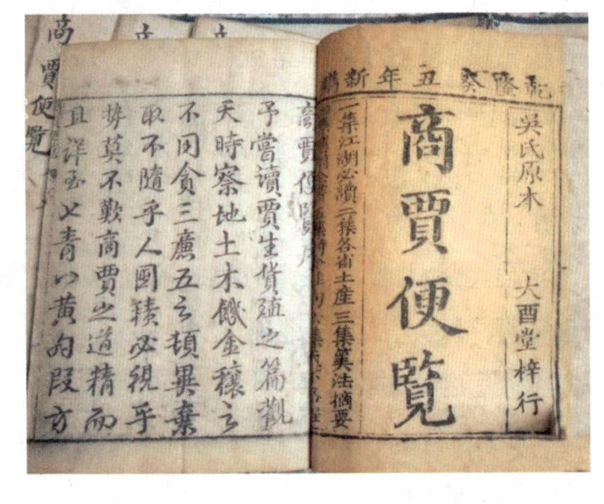

康熙年间，沂州府属各县集镇山茧、山绸交易均已设行征税。道光年间，淄博人王培荀《乡园忆旧录》说：兰山县多椿蚕，“作茧小而坚厚，织绸尤佳”。

明清时期，在路过青驼镇的文人所留下的诗篇中，有许多涉及了山茧加工和贸易，这也反映出那个时代青驼寺一带山茧业的兴旺和市场贸易的兴盛。

明末清初学者彭孙贻《茗斋集》收录了二首有关青驼寺的诗，其二写沿古道骑驴自北而南的见闻，其中涉及的桑茧丝帛事：

一入济阳境，邨邨打紫绵。
瘿妇日摘指，秃伧抱比肩。
野蛹之所成，为茧山桑巅。
采摘旋自缫，织帛厚于钱。
怀帛出远乡，皆聚青驼寺。
我来系短驴，解鞚卸行笥。
欲问寺何年，青驼何地至。
遍询无人识，野庙传讹异。
归坐投马挝，旁睨骡驮饲。
压丝五丈长，袴褶可成二。
空囊已垂橐，睹此莫顾视。
山峰弄晴云，川泽互相媚。
不知几峰雨，沐尽千林翠。
饭罢候前溪，水深将及辔。
驱骡出门行，午鸡已轩翅。

彭孙贻《茗斋集》说济阳境“邨邨打紫绵”，“怀帛出远乡，皆聚青驼寺”，佐证了明末清初青驼就是蚕茧丝帛集散地的历史。

康熙年间诗人吴雯《莲洋诗钞》之《沂州道中寒甚》涉及了青驼及山茧：

初识临沂路，冰痕啮草桥。
青驮荒旧寺，黄竹苦新谣。
晚税输山茧，村盘荐落椒。
频能异风土，终是惜飘摇。[①]

中国清代文学家、戏曲作家嵇永仁的《半城村》涉及山茧：

夏雾野防防，琅琊枕北屏。
迎眸沂水白，回首鲁山青。
老妇卖春茧，贫农仗雨灵。
半城村市罢，初地读碑铭。[②]

①《莲洋诗钞》卷三。
②《抱犊山房集》卷四。

驿道驿站

民国五年（1916）《临沂县志》记载："自天启末年，徐州驿路受黄河水决，清初始于涿州分东西两路。东道取道于沂，遂为东南数省通衢。"

取道于沂的通道是国家级京福驿道。京福驿道青驼以北的路线，在今205国道东边。自北而南大体线路是：艾于湖村—吉拉子村—冯家户村—青驼村，然后过蒙河。今青驼镇井泉村东偏北方向大约600米处，至今存立着清嘉庆十六年（1811）《重修喜幸桥碑记》碑。碑前，是当年的京福驿道。

泰沂路段

明代，经过青驼的就有自泰安至沂州的地方性通道。这条通道经新泰、蒙阴、青驼寺，到达沂州。康熙十一年（1672）《蒙阴县志》记载：蒙阴邑"居蒙山之阴，山径也，原无驿路，即明朝旧编内有里甲夫马十二匹，止以供上司巡历，亦非为驿设也"。也就是说，这条道路可供官员巡查地方使用，但没有设置驿站，不具备驿道的功能，不是国家级驿道。

山东是历代王朝沿海地区南北驿道的必经之地，其中一条由济南经兖州、徐州通向江南，称为山东中路驿道。这条驿道道路虽然比较平坦易行，但却屡遭黄河水患而中断。金朝明昌五年（1194），黄河从阳武（今河南原阳）决口，洪流顺势东下，在梁山、东平一带又分为南北两条河道，北流入渤海，南流途经嘉祥、鱼台过徐州入淮。明天启四年（1624）七月，南流河道又在徐州溃堤决口，原有的山东中路驿道受阻。民国五年《临沂县志》记载："自天启末年，徐州驿路受黄河水决，清初始于涿州分东西两路。东道取道于沂。"

顺治十年（1653），京福驿道这条新路段正式开通。由泰安开始转向东南，以原有"供上司巡历"的山区通道为基础进行拓展。经过清初顺治朝十几年的拓宽、取直、架桥，经新泰、蒙阴通向沂州，经郯城出山东境，全长五百余里。驿道走向和经由地点与现在205国道泰安至临沂段基本吻合。

京福驿道泰沂路段畅通后，这条北京—山东—江苏—浙江—福州的官路，人员和物资的往来就频繁起来。旧《新泰县志》记载：“顺治十年，以东南全闽、两浙、吴会、淮扬诸路至京，由泰沂为捷。”“凡辎轩之使，以及文檄饷课，轮蹄络绎，咸取道焉。”“轮蹄往来，刻无暇晷。”车辚辚，马萧萧，水村山郭酒旗风的豪华场面扑面而来。

清代驿传系统主要负责两项工作：一是官员的交通。清代官员上任、解任和执行公务，都可以利用这个系统。二是公文的传递。这是驿站工作中最为重要的事。清代规定了各省公文传递的时限，其中朝廷谕旨加急者为每天三百里，特急者为每天六百里。然“六百里加急”会累死驿卒、跑死驿马，若非紧急军情，很少使用。

无论是在驿道行进的官员和驿递人员，凡需要向驿站要车、马、人夫运送公文和物品，都要出示勘合或火票。勘合是政府部门为证实所差遣政府官员身份，及动用驿站马匹的凭证性公文。火票是由兵部（光绪三十二年改为陆军部）制发的递送紧急公文的凭证。

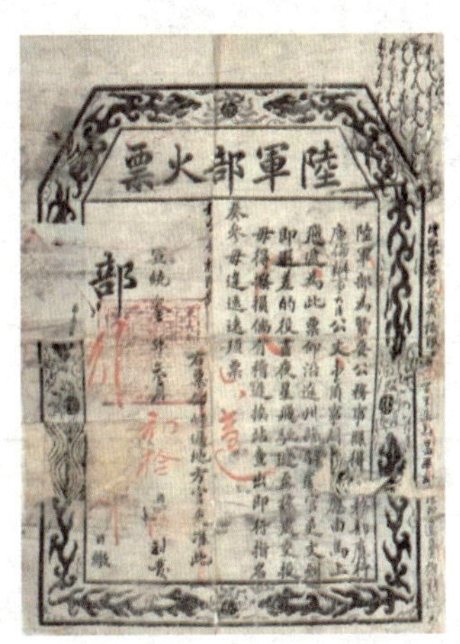

驿站设置

中国自古使用的路程长度单位是里。清代以前，里是按照步和尺进行换算，换算之后一里约等于现在的420米。开始设立京福驿道泰沂段时，出济南后，山东境内第一批设置了六个驿站，蒙阴到郯城中间只有青驼寺和沂州两个驿站，驿站相距都在一百里左右。由于两驿站相距太远，人马都过于劳累，康熙年工部尚书王鸿绪在夜宿蒙阴时曾作诗感慨：

万山互郁律，无处得平陆。

高下历嵚崎，登陟阂溪谷。

时或凌绝顶，惴惴如集木。

笄身畏峻坂，老马亦局缩。

考虑到沂州驿道通行的困难，康熙十二年（1673）将山东东路沂州府治下的驿站，调整为：蒙阴—垛庄—徐公店—沂州—李家庄—郯城—红花埠，共七处。

康熙朝山东东路驿站示意图

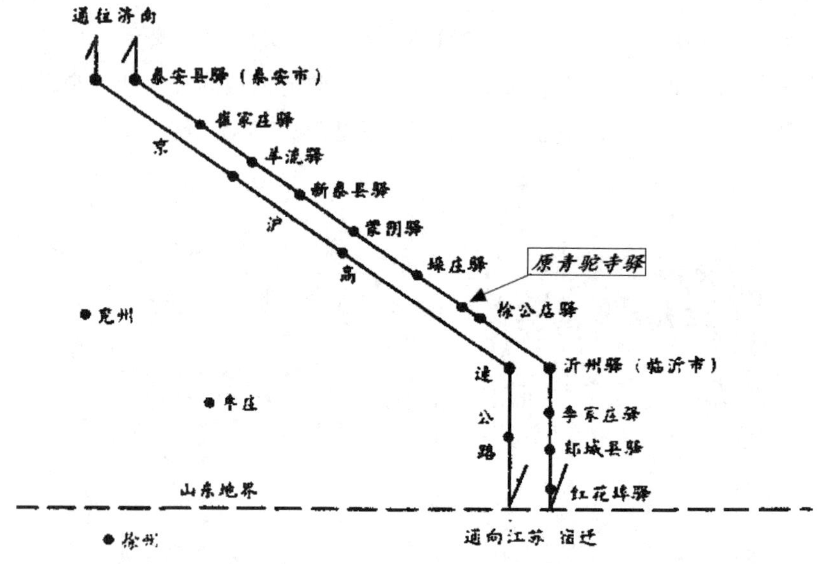

对此次调整，康熙《蒙阴县志》记载：“顺治十年，寇息道通，朝议以东南诸路，从中州至京师实为绕道，不若从沂蒙一带为捷径。蒙阴之置邮，实始于此。计蒙距沂州二百二十里，中设青驼寺一驿。查各路驿站多为六十里许，而蒙以山蹊石径，独百一十里为一站，马力几何，岂能堪比！且廪给口粮总无额设，则供应之难可知也。于康熙十二年……蒙阴青驼之中添立沂水县垛庄一驿。”民国五年（1916）《临沂县志》记载：“县居邑中，南至郯城，北至青驼，再由青驼至蒙阴，往返皆二三百里，疲惫不堪。康熙十二年……北路青驼驿移至距城七十里徐公店，又于徐公店北七十里，沂水境内之垛庄设一驿，而后道里适均。”

驿站管理

徐公店原有隶属于地方管理的驿站，所以京福驿道调整驿站时，青驼寺驿站就顺理成章地移到了徐公店。

清初因袭明制，设驿丞管理驿站，后发现这种体制弊端很多：一是驿递自成系统，地方政府不管，上级主管部门又鞭长莫及；二是驿站离开地方政府的支持，困难重重，征夫、买马、接应差事等没有保证；三是机构重叠，开支增大。为了调节驿站与地方的关系，康熙朝开始改革旧制，“裁驿丞，归州县”，由单一的垂直管理体制，改为“兼管、专管、代管”三种体制。对在城及离城较近的驿站，由州县（政府）兼管，裁撤驿丞；离城较远，或离城虽近，但路当通衢要道，驿务繁忙，州县无力兼管的，设驿丞专管。边防重镇的驿站由武职代管。雍正十二年（1734），沂州由直隶州升格为府，置附郭兰山县。徐公店驿归附郭兰山县管辖。

1917年《临沂县志》卷八《兵防》记载：“康熙十二年……青驼寺驿移至距城七十里徐公店……而后道里适均。经兖东道徐惺转详具题，除城驿归沂州管理外，徐公店、李家庄各设驿丞。乾隆十四年驿丞裁，具归本县，其经费出于地丁存留。当时夫马之数……徐公店驿走递马六十匹，马夫三十名，飞递公文马匹二名，超马牌二名，药材兽医二名。”另，《清实录·高宗纯皇帝实录》记载：乾隆二十年（1755）裁定各省驿丞员缺时，山东驿站“均归州县管理，惟山东兰山县原管徐公店驿，改归青驼寺巡检”。[①]

综合以上记载可知，康熙十二年（1673），徐公店驿设任了驿丞，乾隆十四年（1749）裁撤驿丞，徐公店驿的管理权收归到兰山县。乾隆二十年（1755）开始，兰山县原管徐公店驿，改归青驼寺巡检司管理。青驼寺巡检司代管徐公店驿站事务，主要因为青驼寺是蒙山东麓的贸易重镇，保证官方重要过往人员安全通过，需要青驼寺巡检司具体负责落实。下放管理权限是为了小范围的利益，收回管理权限是为了大范围的平衡，各有道理，时势使然。

徐公店驿人员、马匹等配备及银两，由兰山县按沂州府统一定额数列支。乾隆二十五年（1760）《沂州府志·户口田赋》记载：“驿站银五千八百三十九两五钱九分三厘三毫零”，其中：

①《清实录·高宗纯皇帝实录》。

徐公店驿夫马工料银一千七百一十两九钱八分六厘六毫零内。走马六十匹，草料连闰银[1]三百七十二两。马夫三十名，工食连闰银三百七十二两。飞递公文马夫二名，工食连闰银二十四两八钱。抄马牌子二名，工食连闰银二十四两八钱。药材兽医一名，工食连闰银一十二两。鞍屉棚厂槽铡等项银五十六两三钱八分六厘六毫零。供应中秋廪粮支消银一百五两。

徐公店驿，自康熙十二年（1673）设置为国道驿站，到1913年北洋政府宣布撤销全部驿站，约计存在了240年。

清末，徐公店驿站的院落基本为方形，边长约一百米，驿站大门在今徐公店村集市北。驿站里建有马神庙，祭祀马神为保佑马匹健康平安；还有一种说法是马匹活着功劳大，来世就不用再出苦力了。

据传说，自南飞马而来的驿递员一到徐公店村南岭，就开始打号子（呼喊声），通知驿站里的人做好准备接文书。驿站里的人和马都是轮流值班的，当班的人一听到号子，就赶紧把要出发的马匹拉出来，接过驿递证件和驿递快件，斜背在肩上，飞身上马，向前疾驶。跑文书的人必须准点送到下一驿站，否则误点的人要接受处罚。

① 中国旧历有闰月，有闰月之年，所增加一个月的银两，称为“闰银”。

古镇巡检

巡检在中国官制史上的发展脉络，首先是作为一种临时差遣性的官员被派往需要的地区，行使监视和监察职能。北宋时期将巡检首次作为一个固定的官员向全国推广，其职能大小不一，有领兵作战和维护社会治安等职能。元明时期的巡检，无论是在行政地位还是在职能上都趋于固定，主要是在维护社会治安上。清代制度因袭于明代，巡检仍然是最低级朝廷命官。

元明时期

青驼设置巡检司的历史，可以追溯到元朝。

元代，巡检司这时的巡检大略分为三种：一是设在州县之下的专职捕盗和维护社会治安的巡检，二是设在少数民族地区的带有管理和羁縻性质的巡检，三是在沿江、沿海地区设置的以巡逻管理沿江、沿海诸岛的巡检。元代巡检从九品，在国家官吏体系中是最低的一级。

元代，青驼寺村已处于泰安到沂州的通道上，是蒙山东麓的集贸市镇。在这里设置巡检司，属于设在州县之下的专职捕盗和维护社会治安的机构。蒙河西岸窝庄村现存元代《洞阳寺记事碑》记载，当时参与立碑的就有"青驼镇巡检"[①]。青驼镇巡检姓任，虽具体情况未详，但不仅可确凿证明元代已经在此设置巡检司了，而且还可证明这里已是地处要道的集贸市镇，有"镇"的名分了。

明代，青驼寺没有设置巡检司。

明代设巡检始于洪武二年（1369）。明代的巡检司就其设置而言，按照惯例一般设于要冲之地，如旧无巡检司的根据情况做相应的设置。如已有巡检驻扎的地区，但由于种种原因巡检存在的意义并不重要，则或是裁汰或是移驻。

① 详见本文作者《沂南古史钩沉》之《洞阳寺观证古今》。

据《明清山东巡检司制度考略》[①]统计，明代山东设置巡检司前后有68个，其中沂州置罗滕镇巡检司1处，辖属郯城县磨山镇1处、费县关阳镇、毛（sān）阳镇2处。沂州府属地青驼寺无巡检司。据1917年《临沂县志·职官》记载，罗藤巡检司是明万历年间设置的，旧府志没有记载。

乾隆元年设置青驼巡检司

清代沿袭前代的行政机构设置，州、县是最小一级行政单位，但对州县以下工商繁荣、交通发达、商贾辐辏，而且距离府州县城比较远的市镇，中央政府直接设立巡检司（简称巡检或巡）并派驻官员进行管理。巡检司长官巡检，虽仅为从九品微职，但在缉捕盗贼、解送钱粮、监察平粜、督修围基、编查保甲等社会治安及公共事务方面具有极重要的职能。

巡检司是州县的属署（属员办公官署），因为设置数量有限，所以根据位置需要而有所调整。《清实录》记载，乾隆元年（1736）十二月，山东巡抚岳濬奏请山东机构设置方面的事务，其中请求“旧设之向城巡检，移驻兰山县青驼寺地方，并各添建衙署”。乾隆皇帝“应如所请，从之”。由《清实录》记载可知，青驼寺巡检司是由向城迁移过来，并新添建衙署的。

向城，位于今兰陵县城西11公里处，清朝末年属临沂府兰山县西南乡。而向城巡检司是元代的罗藤镇巡检司延续下来的。对此，明万历《兖州府志》之《沂州·属署》记载：

> 罗滕镇巡检司，在州西南一百二十里，元延祐中置建。国朝弘治初改建蒋家庄，嘉靖五年改建向城集。

巡检司的设置与否，一般来讲，是反映该地区治安好坏的标准之一；从某种程度上讲，巡检司的设置同样代表着一个地区开发的程度。自元代设置的罗藤镇巡检司，历经蒋家庄、向城，最终改置在青驼寺，这说明在清朝京福驿道泰沂路段开通后，处于重要节点的青驼寺已由元明时期的山茧集贸市场，快速发展成为一个商贸重镇，在此恢复巡检司以确保商贸重镇的安全与繁荣，确保泰沂路段三县交界处的安全与畅通，是经济发展与社会治安共同需求的必然结果。山东的巡检司数量，嘉庆时期有29处，宣统时期有27处，[②]青驼巡检司自

① 孙同霞：《明清山东巡检司制度考略》，《曲阜师范大学学报》，2008 年 4 月。
② 胡恒：《清代巡检司时空分布特征初探》，中国人民大学清史研究所网站 。

乾隆元年（1736）十二月设置，一直存续到清末，也说明了这个地方经济的繁荣和治安的需要。

青驼寺巡检司巡检

巡检司长官巡检是从九品的佐贰官，从品级上来看，位于国家规定制度中的最低级，但仍是清代文官制度体系中不可分割一部分。据《清史稿》记载，清代从九品的仪制等同于九品，朝冠为镂花阳文、金顶无饰物，朝带为银衔乌角圆版四，补服为前后练雀。巡检印信为铜印，“方一寸九分，厚四分”。由此看来，巡检虽是从九品的佐贰官，但毕竟也是朝廷命官，还是很威武的。

清代巡检从吏员中铨选，一般从各级仓大使、长官司吏目、京外县典史、驿丞、河伯所所官、各闸闸官等各入流未入流的官吏升任。巡检也实行回避，即不能在家乡任职。因为巡检是州县官署内助理官吏，所以地方志书多不载其名，仅散见于其他史料之中。

乾隆《沂州府志・兰山县职官》记载：“雍正十二年改州为县，设知县一员，县丞一员，典吏一员，巡检一员，训导一员。”雍正年间，兰山县境巡检司设在向城。乾隆元年（1736），巡检司由向城移设到青驼寺。1917年《临沂县志》在《职官・清改府以后县属官师表》中收集记载的巡检，最早是乾隆朝的，连同嘉庆、咸丰、光绪三朝巡检只有14人。

乾隆年间3人：

屠景隆，直隶大兴人，由吏员元年任。
朱嘉文，直隶大兴人，九年任。
郦山有，直隶宛平人，二十三年任。

嘉庆年间1人：

程德滋，浙江秀水人，由监生十七年任。

咸丰年间4人：

何春山
陈耀增
易文本
杜允武

光绪年间6人：

李维钵，十三年任。
曹炳麟，十八年任。
柴春杲，二十年任。
杨贞元，二十一年任。
贾文奎，二十二年任。
史书云，二十八年任。

其他时期因没收集到而无记载。虽然这些巡检个人信息详略不等，但可断定他们都是青驼巡检司巡检。

青驼寺巡检，除了《临沂县志·官师表》所载名单外，《临沂县志》其他篇目中还有吴肇元的零星记载，道光年间维修青驼寺石桥的“百世维昭”碑上还有“青驼寺巡检厅程绳武”的字样。

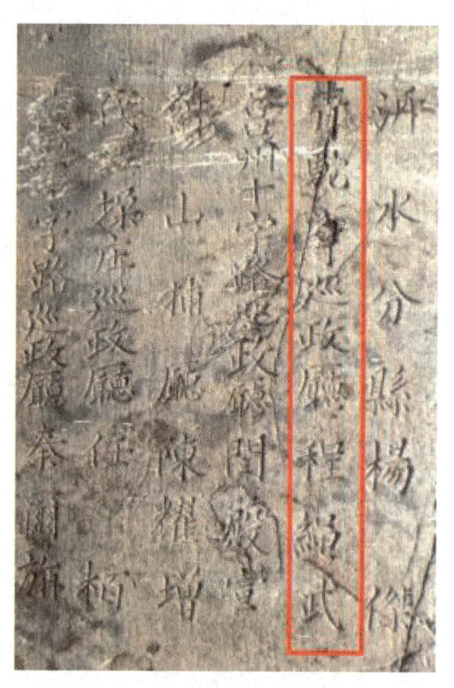

“百世维昭”碑局部

清末，太平军和捻军南北呼应，清政府正忙于镇压，对规模尚小、武器落后、威胁不大的幅军“视如疥癣，无暇搔抑”，并未引起重视。咸丰四年（1854）春，陈玉标、朱广田、刘雪得率幅军千余人由江苏入山东，活跃于莒州、沂水、郯城一带，清政府预感到事情的严重性，急调重兵镇压。时任青驼寺巡检司（别称巡政厅）巡检吴肇元，奉命率兵参加了山东臬司厉恩官组织的“欢墩会剿”。

程绳武，常州武进（今江苏常州）人，监生出身，咸丰九年（1859）从青驼寺巡政厅（即巡检司）晋升兰山候补知县。同年四月，随沂州知府、兖州游击围剿以青山为根基的幅军。咸丰十年（1860）五月转为兰山知县，后转任潍县知县、单县知县、济宁知州，同治七年（1868）任东昌知府。吴肇元的出身和升迁经历说明，巡检司虽为非正途的最末级佐贰官，但还是有升迁空间的。

巡检司定额

清代巡检司长官巡检的属员，包括定额的攒典与不定额的弓兵。巡检的下属攒典是定额的书吏，清代规定每一巡检司有一名攒典，但在实际情况中攒典的数量大多会超过这一规定数目。攒典作为书吏的一种，是首领官、佐贰官、杂职官之吏。他们的来源，根据清代规定，要出身清白（良善之家），家中无人从事任何一种"低贱"的职业，并要求邻里街坊对此进行具保，其后才可充任。同时该吏员籍贯的地方官员，也需要向吏部提交一份证明以上情况真实的文件，如果不查实一名书吏是否身家清白，该官员要受降两级的处罚。攒典的主要职责就是掌管文书与案牍，并协助巡检司长官巡检处理日常工作。巡检司攒典的经济待遇，为每年6两左右的白银。攒典在五年服役期满之后，可以通过考试来应征国家的低级官员。

清代巡检所率领的武装力量主要是弓兵（明清时期负责地方巡逻、缉捕之事的兵士），弓兵的数量无定额，多者几十名，少者几人。弓兵的主要职责是接受巡检司长官巡检的指挥，对来往之人进行盘查，"凡奸细、逃军、逃囚、私盐、犯人、无引可疑之人皆得捕执，官军御盗亦与协办"。弓兵一般驻扎于巡检司衙署之内，遇事则相机而动。

民国二年青驼巡检司裁撤

清末实行官制改革，县下拟分区并设区官，成为近代意义上基层政区的开始。另外又添设警局，专司治安，巡检司等佐贰的分防功能也被彻底肢解。宣统年间，巡检司陆续裁撤，延至民国二年（1913）被全部裁撤。

青驼寺巡检司是最后一批裁撤的。1917年《临沂县志》卷《公署》记载：

> 巡检署在青驼寺，民国二年缺裁，民国四年奉政府申令变价。

青驼寺巡检司自乾隆元年（1736）设置到民国二年（1913）裁撤，存在了117年。民国四年（1915），巡检署地盘及地上附属物按照时价折合出卖了。

巡检司衙门在青驼大街花鼓桥东侧50多米处，当地人叫文衙门（武衙门是把总汛衙）。新中国成立后，地方政府对巡检司署衙旧址加以改造和扩建，作为青驼区办公场所。从此，这个地方一直是青驼党政机关的所在地。1973年，公社革委会搬到了青驼大桥北今天镇政府的位置，老巡检司才结束了几百年来作为地方政权署衙的使命，但原有的房屋改作公社机关的宿舍，依然归属于政府管理。1998年，青驼镇政府将老巡检司原址交给了所在地的南宅子村，随后南宅子村在此规划了民宅。现在，老巡检司已经没有具体的标志物了。

附：

陆官轶事

巡检司衙门虽已没有具体的标志物了，但最后一任巡检却在青驼留下了深深的印记和裔脉。

最后一任巡检是陆徕之，青驼寺人都叫他“陆官”。陆徕之是浙江台州天台县人，据《天台陆氏宗谱》记载，陆徕之生于1865年，前后代理过山东蒲台（1956年并入博兴）、利津知县，后来实授兰山县青驼镇巡检。

陆徕之家庭照

陆徕之有两个儿子：考见、考武。次子考武，生于1890年，21岁时在青驼寺病亡，葬东董家店子村西。考武婚后无子，为了不让这一支断后，陆徕之给他过继了青驼街上陈姓家一个孩子为嗣，改名陆修忠。陆徕之在任时，江苏高邮人宋泽霖漂泊来到青驼，被聘为巡检司师爷。宋泽霖是秀才出身，不仅知书达礼，而且酷爱医学，常为贫民免费医病，因此很受陆徕之器重。宋泽霖觉得青驼寺是个交通方便、商贸繁华之地，便在此成家立业。青驼巡检司裁撤时，陆徕之已经49岁，是否再专任其他职务，尚无资料实证。陆徕之病亡后，宋泽霖亲自护送陆徕之的棺椁回原籍安葬。陆徕之归葬原籍时，次子陆考武的遗孀也带着嗣子去了天台县；在天台生活了多年后，又返回青驼寺生活至终老。今青驼村还有陆家后人居住。

值得一提的是巡检师爷宋泽霖的医道。宋泽霖无子，老来抱养了一个孩子取名宋星白，把平生所学悉数教给了他。巡检司裁撤后，父子便以行医谋生，是当时青驼寺有名的中医先生。日本鬼子占领青驼寺后，建立起据点，宋泽霖躲到青驼东北的乔家庄村继续行医，最终死在那里。宋泽霖去世了，但他的医术流传了下来。当年经常听他拉呱的两个邻居小孩刘秉义和孙思庆，逐渐地对医术产生了兴趣，在他的熏陶下，都成了中医先生，并都有点绝活。

石桥变迁

古代人修桥大体分为三类：一类是官府修桥。比如该地区处于官驿道路上的道路桥梁，是必须修的，而且要保持畅通，有些官员为了青史留名，也会主动修桥筑路。第二类是富人修桥。古人深信修桥筑路是造福百姓、行好积德的事情，所以有些富人独资修桥。第三类是百姓集资修桥。因为是关系自己的事情，所以老百姓有钱出钱有力出力，为了自己方便，也为子孙造福。

据旧《新泰县志》记载，元明时期，自泰安至沂州就有一条地方性通道，那时蒙河上肯定是有桥梁的，但现在还没有发现文献记载和实物证明，所以不可妄测。有文献记载和实物可证的是，自从清初京福驿道开通以来，蒙河上至少有三次较大规模的石桥建设或维修过程。这三次修建或维修的资金来源，既有官员捐资，又有官员带头捐资而带动社会募集，还有社会名流倡议集资。

从已发现的资料可知，自清初至清末，蒙河青驼寺渡口至少有四次大规模的建桥或维修的经历。

卢文心倡建石桥

清代第一座石桥建于清康熙二十一年（1682），是社会名流倡议集资修建的。这次修桥事，民国五年（1916）版《临沂县志》记载："汶河即蒙山水桥，在城北九十里青驼寺。清康熙二十一年，邑人卢文心等倡建。"从"倡建"二字分析，可以认为是新建。

蒙河，古称蒙山水。郦道元《水经注》记载："沂水又南，迳阳都县故城东……沂水又南，与蒙山水合，水出蒙山之阴，东流迳阳都县南，东注沂水。"由此可知，在南北朝时期蒙河是被叫作"蒙山水"的。现代水文勘察认定，蒙河发源于蒙阴县界牌镇依汶庄北部的中山南麓。依汶庄的称谓，肯定是源自汶水，以水名而得村名。由此分析，蒙河俗名汶水的说法由来已久了。至于为什么叫汶水，那就很难说清楚了。

古代桥梁有两类，一类是石拱桥，另一类是石板桥。青驼桥是哪一类？史籍没有记载。蒙河上修建石桥后，不仅京福驿道更为畅通，而且青驼镇商贸更加繁荣，人员和物资的往来更加频繁，竟有“轮蹄往来，刻无暇晷”之喻。

卢文心何许人也？

清光绪二十五年（1899）青驼镇卢家河疃《卢氏族谱·序》记载：“吾卢氏，自明以来居于临沂郡之北乡，究所自来亦无确据，俱名其里曰：卢家河疃”，“始祖讳汶川”。卢家河疃位于蒙河弯道南岸，土地肥沃，当地有民谣曰：“金圈里，银店子，不及河疃一半子。”圈里和店子，指的是蒙河北岸的王家圈和董家店子。因为立地条件好，卢氏落籍后繁衍发展很快，文化亦很昌明。《卢氏族谱》所记始祖，并非落籍始祖，已是后人已知的最早祖先了。蒙河，又名“汶水”，族谱所记“汶川”，也一定是他的“字”，这也说明“汶川”已是落籍后发达的一代人了。映旗山前尚庵寺清雍正四年（1726）碑撰文者“沂州儒学生员卢灿”、胡家庄子雍正年残碑所载“善人卢士□”，都是卢家河疃卢氏族人。遗憾的是，《卢氏族谱》没有卢文心的信息。卢文心何许人也？待考。

巡抚岳濬捐建石桥

雍正八年（1730），山东巡抚岳濬捐资修建了蒙河石桥。岳濬还为新建的大桥起了一个吉祥的名字——大兴。乾隆元年（1736）修成的《山东通志·桥梁志》记载：

> 大兴桥，在青驼寺南，凡二十九洞。雍正八年巡抚岳濬捐修。

这座大桥的修建时间，距离卢文心倡建石桥的时间已经65年了。根据特别说明石桥有“二十九洞”这一条看，这次是重修的，而且规模比原有桥梁更大。当时修建石桥的方式，是在河床上开大槽，把河沙清理出来，挖至河底石头，然后垒砌桥墩高出水面，再在桥墩上并排架上大型条石。

岳濬是个传奇式人物。他父亲岳钟琪是跨越康熙、雍正、乾隆三朝的将领，乾隆帝在《御制怀旧诗》所列举的五位功臣中，称岳钟琪是“三朝武臣巨擘”。清代皇帝即位，例有恩诏颁布，文官在京四品以上、在外三品以上，武官在京或在外二品以上，可各送一子入国子监读书，称为荫生。雍正帝即位照例颁布恩诏，时任四川提督的岳钟琪长子岳濬得封荫生。岳濬学习期满，深得雍正帝青睐，从此官运亨通，连升数级：21岁，出任西安府同知（正五品）。22岁，调京以监察官员补用，不久升授直隶口北道（从四品）。

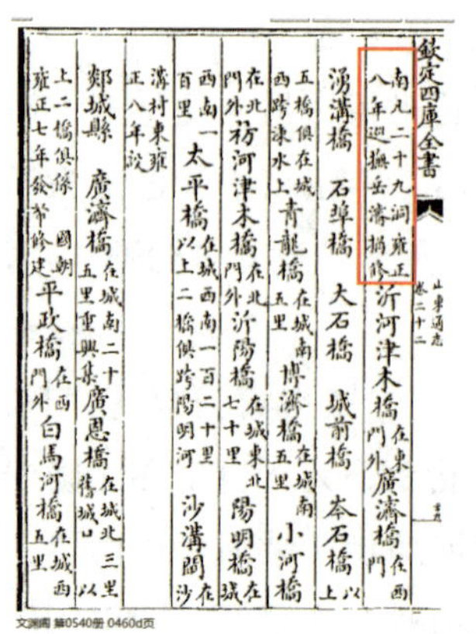
欽定四庫全書
南九二十九洞雍正八年巡撫岳濬捐修 沂河津木橋在東門外 廣濟橋在西門
湯溝橋 石埠橋 大石橋 城前橋 本石橋以上
五橋俱在城西跨涑水上 青龍橋在城南五里 博濟橋在城南五里 小河橋
在北門外 祊河津木橋在北門外 沂陽橋在城東北七十里 陽明橋在城
西南一百里 太平橋在城西南一百二十里以上二橋俱跨陽明河 沙溝閘在沙
溝村東雍正八年設
郯城縣 廣濟橋在城南二十五里重興集 廣恩橋在城北三里舊城口以
上二橋俱係國朝雍正七年發帑修建 平政橋在西門外 白馬河橋在城西五里
山東通志 卷二十二
文渊阁 第0540册 0460d页

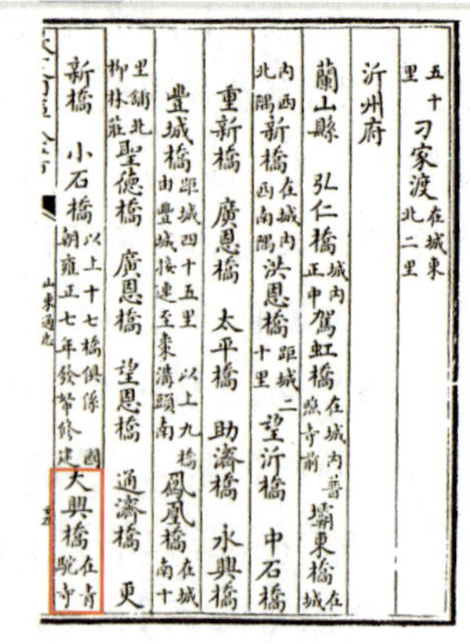
五十里 刁家渡在城東北二里
沂州府
蘭山縣 弘仁橋城內正中 駕虹橋在城內普照寺前 壩東橋在城
內西北隅 新橋在城內西南隅 洪恩橋距城二十里 望沂橋 中石橋
重新橋 廣恩橋 太平橋 助濟橋 永興橋
豊城橋距城四十五里由豊城接連至棗溝頭南以上九橋 鳳凰橋在城南十
里鋪北柳林莊 聖德橋 廣恩橋 望恩橋 通濟橋 更
新橋 小石橋以上十七橋俱係國朝雍正七年發帑修建 大興橋在青駝寺
山東通志

《山东通志》截图

24岁，出任山东布政使（从二品）。岳钟琪为此上奏谢恩，并说："岳濬年少才短，山东又系赋繁事巨之区，藩司一职甚难。"雍正帝则批示说，岳濬"从容有余"，又说他"无一点孩幼之气"，"此子将来除用兵之外，若少有不及你处，朕不观人"。雍正帝极自信，认定岳濬将来肯定有出息，否则，以后自己就不再品评鉴识臣子了。25岁，岳濬奉调出任山西布政使。同年六月，又代理山东巡抚。为此事，岳钟琪又上奏说儿子"年幼菲材"，"才不称职"，请求皇帝收回成命，让他回任布政使，雍正帝准奏。26岁，实授山东巡抚（从二品），成为一方大员。对年仅二十有余的儿子接二连三地授以重任，岳钟琪每每有"才力不堪重任"的评价，这并非都是客套话，而是知子莫如父的真实担心。雍正帝每每赞扬有加，也实在有着笼络岳钟琪的成分。

岳濬在山东颇有政声。他不仅在履职的第二年就捐资重修了位于朝廷重要驿道上的青驼大桥，乾隆元年（1736）又请免了郯城、兰山诸县水冲地应征丁米，而且开启了《山东通志》的纂修工程。对于这部《通志》，《四库全书·提要》评价甚高。

嘉庆年维修石桥

嘉庆十五年（1810），对石桥进行了一次维修，维修后留下了一通《万古流芳》记事碑。

因《万古流芳》碑已残缺不全，维修过程就无从详考了。

张知县集资重修

道光二十八年（1848），兰山知县张应翔带头捐资重修了石桥。竣工后，在桥头立起一座《百世维昭》碑以志其事。

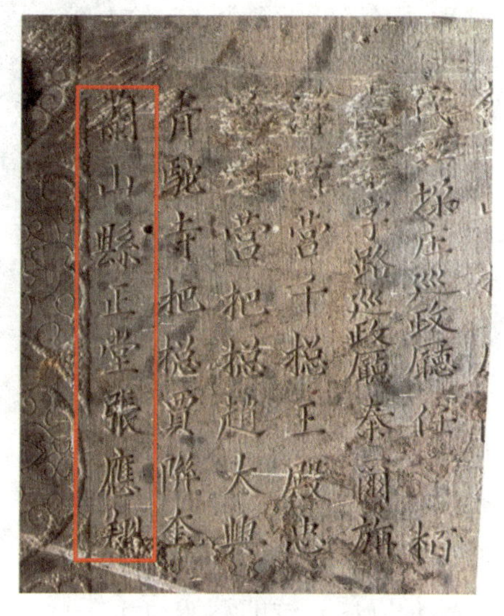

《百世维昭》碑局部

张应翔是湖北钟祥人，拔贡出仕。道光二十八年（1848）由馆陶县转任兰山知县。在此之前，沂州知府陈晋思（江西新城人，道光二十年任）曾经“锐志捐建”维修青驼桥并做了些基础工作，但因升任陕西陕安道员而搁浅。张应翔任知兰山后考察得知，青驼寺大桥已经年久失修，有碍交通，提出“先应修造，以壮观瞻而利驰驱”。于是他带头捐出官俸发动捐资修桥。据《百世维昭》碑记载，张应翔捐京钱五百八十千。在他的发动和带动下，沂州府知府、沂州府代理知府以及沂州协镇都督府、沂州营督阃府等府属职能机构主官，费县、莒县、沂水县、蒙阴县知县及代理日照知县和候补知县，兰山县青驼寺、莒州十字路、沂水县垛庄等巡检厅主官，沂州营千总、沂州营把总、青驼寺把总都为修桥捐俸，就连曾任沂州知府的济南知府也捐京钱六百千文。此次捐款，除张应翔捐俸外，刻入《百世维昭》名录的计有京钱约15000千文。

所谓京钱，《中国近代货币史资料》解释说是“清代流行于北京地区的一种价格标准。康熙时曾铸造一种重七分的小制钱，流通于北京……以一当二，谓之京钱。推之千万皆然，二百年来安常习故，一律流通”。

张应翔主持的这次维修，不仅更换了部分桥面条石，而且为了防止特大洪水漫桥时冲走条石，特意铸造了铁栓，纵向和横向连接条石，还在桥南头两侧增修雁翅形石墙，每边长数丈有余，防止洪水冲刷而导致桥头河岸坍塌。从后来道光年间大修后的遗存实测，桥墩间距约为2.9米，桥面宽约4米，由六块条石并排铺成，桥板条石厚0.45米。

1917年《临沂县志》在《宦绩·名宦》篇为张应翔立传，褒扬他“听断敏捷，重学校，清保甲，尤勤勉。时土匪猖獗……县境内因以无事。升德州牧以去，市民惋惜”。

石桥遗存

张应翔不仅履职时助力有公益事业的政绩，在家乡也有善举。他的家乡钟祥，元佑宫东西两侧有延禧、保祚两座木质牌坊，二坊始建于明嘉靖三十七年（1558），明末战乱中被毁。清同治四年（1865），张应翔捐助，住持道长重建二坊，在家乡留下了奉献善心的佳话。

张应翔主持的这次石桥维修，使石桥的寿命延长了一百多年。当地老人说，记忆中的石桥，北段是用方木架在桥墩上的。这说明，张应翔主持维修后的石桥，或许某一年，在特大洪水的冲击下，北段的条石桥面被冲垮了，冲掉的条石也在洪水的撞击下断裂而不能使用了。由于财力不足，维修时只好用方木代替了条石。

石拱桥结束了石板桥历史

1969年12月，在清代石桥东侧建成了一座附带拦水闸的石拱桥。桥长180米，南北两端桥下各设冲沙闸2孔，中间设9孔16扇泄水闸。拦河闸分南北两干渠，设计灌溉面积2万亩，有效灌溉面积0.9万亩。从此，不仅20个村可以引渠水自流灌溉农田，而且济南经泰安到临沂的济临公路全线贯通，正式通行汽车。拦河闸蓄水后，原有的石桥就淹没在水中了。从此，经过蒙河的道路进入了一个新的历史阶段。

古道逸闻

泰沂路段开通后，不仅官府人员和驿递员往来频繁，而且常有社会名流光临古镇青驼，为这条古道增添了辉煌。

康熙帝莅临青驼寺

泰沂路段开通后，在青驼寺村下榻的地位最高的人物是康熙皇帝。

康熙二十八年（1689）正月，皇帝爱新觉罗·玄烨开始第二次南巡。这次南巡目的是巡察黄运二河。为此，他于正月初二诏谕：

> 黄运二河，至关民生。历年工程虽逐渐完善，但应修应塞等事议论不一，以致日心操劳。今再次南巡，躬历河道，兼欲览民情，考察吏治。沿途供应，均不准取自民间。另外，简化仪卫，不设卤簿，扈从者仅可三百余人。凡经过地方，百姓各安其业，严禁地方官及扈从人员借机滋扰。

据《清实录·圣祖仁皇帝实录》记载：十六日，康熙帝至济南府，登城巡阅，游观趵突、珍珠二泉，亲题“作霖”二字。十七日，至泰山之麓，令将每年香税钱粮内数百金用作看守、修葺其祀庙之资。十九日，驻跸蒙阴东关。二十日驻跸沂州青驼寺。次日沿驿道继续南行，巡向江苏。

何为卤簿？汉应劭《汉官仪》解释：“天子出，车驾次第谓之卤，兵卫以甲盾居外为前导皆谓之簿。”简单地说，卤簿就是皇帝的车驾、侍卫和仪仗。尽管康熙皇帝明谕“简化仪卫，不设卤簿”，但“三百余人”的扈从队伍在一个集镇级别的地方住了下来是个什么场面？从《康熙南巡图》可窥一斑。

康熙皇帝第二次南巡，被宫廷画匠制成了大型历史图卷《康熙南巡图》。《康熙南巡图》共十二卷，纵67.8厘米，总长213米，绢本设色，展现了康熙帝从离开京师到沿途所经过的山川城池、名胜古迹等。其第三卷（现藏于美国纽约大都会博物馆），长13.93米，分6帧，描绘康熙南巡至山东境内的情景，画面至蒙阴县止。卷首上题签文曰：“皇上莅止济南，登城巡阅，万姓咸举手加额，喜觐天颜。于是法从迤逦，由山路达泰安州……泰安父老歌舞充途……”

从“泰安父老歌舞充途”之一斑，可以窥见沿途之隆重，也可想象出驻跸青驼寺时的轰动和热闹场面，以及事后一段时间的荣耀与风光。

《康熙南巡图》（局部）出永定门

《康熙南巡图》（局部）扈从队伍

《康熙南巡图》之“山东张夏镇”

《康熙南巡图》之“山东蒙阴城”

皇家使团下榻青驼寺

琉球王国位于中国台湾岛和日本九州岛之间，蜿蜒1000公里，总面积3600平方公里。1372年，琉球诸国成为中国明王朝的藩属国。1429年，统一后的琉球王国仍一直与中国保持着宗藩关系。明亡后，琉球继续向清政府朝贡。1663年，琉球正式被清王朝册封，从此琉球使用清朝年号，向清朝纳贡，历代琉球王都向中国皇帝请求册封，从未间断。

嘉庆四年（1799），琉球国中山王尚穆去世。世子尚哲已早于父王亡故，世孙尚温上表请求袭封中山王。清政府特派翰林院修撰赵介山为正使、内阁中书李鼎元为副使，前往琉球祭奠并册封。李鼎元《使琉球记》记载了册封使团的规模：

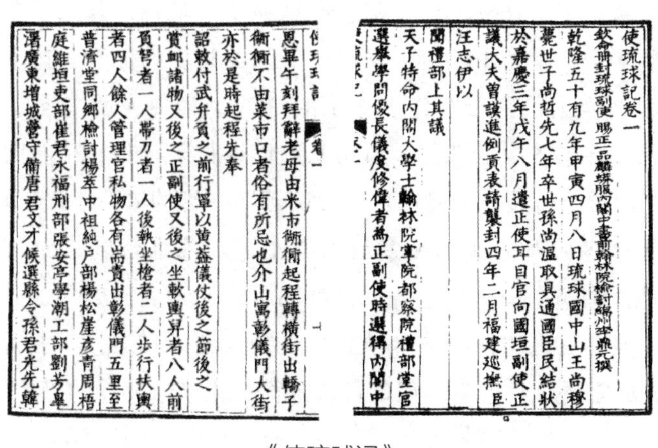

使琉球記卷一
欽命冊封琉球副使 賜正一品麟蟒服內閣中書前翰林院檢討綿州李鼎元撰
乾隆五十有九年甲寅四月八日琉球國中山王尚穆
薨世子尚哲先七年卒世孫尚溫取具通國臣民結狀
於嘉慶三年戊午八月遣正使耳目官向國垣副使正
議大夫曾謨進例貢表請襲封四年二月福建巡撫臣
汪志伊以
聞禮部上其議
天子特命內閣大學士翰林院掌院都察院禮部堂官
選舉學問優長儀度修偉者為正副使時選得內閣中

恩畢午刻拜辭老母由米市衚衕起程轉橫街出暢子
衚衕不由菜市口者俗有所忌也介山寓彰儀門大街
亦於是時起程先奉
詔敕付武弁負之前行罩以黃蓋儀仗後之節後之
賞卹諸物又後之正副使又後之坐軟輿舁者八人前
負弩者一人帶刀者一人後執坐槍者二人步行扶輿
者四人餘人管理官私物各有耑責出彰儀門五里至
普濟堂同鄉檢討楊萃中祖純戶部楊松崖彥青周梧
庭維垣吏部崔君永福刑部張安亭學潮工部劉芳皋
潛廣東增城營守備唐君文才候選縣令孫君光先韓

《使琉球记》

> 诏敕付武弁负之前行，罩以黄盖；仪仗后之节后之赏恤诸物；又后之正副使；又后之软舆，舁（yú）者八人；前负弓弩者一人，带刀者一人；后执坐抢者二人；步行扶舆者四人；余人管理官私物，各有耑（同“专”）责。

册封使团沿京福驿道南行，三月十四日驻青驼寺村。册封使团仅二三十人，不算庞杂，但也前呼后拥。虽与康熙皇帝南巡的队伍不可比拟，但宿住青驼寺村期间，青驼寺驿丞、巡司和汛营把总的忙碌也是可想而知的。

陈维崧梦绕青驼寺

宿住青驼寺的最浪漫的名人是陈维崧。

陈维崧是"明末四子"[①]之一陈贞慧的儿子，清初著名的词人。但陈维崧的出名，不仅是在诗词文化方面，而是他与伶郎徐紫云的忘年同性恋。

入清后，陈维崧屡试不第，以至穷困潦倒，四处漂泊。顺治十五年（1658）冬，年已34岁的陈维崧，投奔了父亲的老友"明末四子"之一的如皋人冒襄，寄食于冒家的水绘园。在冒家，陈维崧邂逅了年仅15岁的徐紫云。徐紫云字九青，号曼殊，是冒襄家戏班中的伶郎，陈维崧一见神移，从此开始了两人长期的形影相随的忘年生活。陈维崧客居冒家的第六年，徐紫云被家人逼迫成婚。徐紫云虽迫不得已成家娶妻，但之后仍然身心追随陈维崧，亲密来往不断。康熙七年（1668）春，陈维崧携徐紫云私奔，开始了自由自在的生活。可惜好景不长，康熙十四年（1675）清明，32岁的徐紫云抛下陈维崧撒手人寰。陈维崧一生为徐紫云写作了大量的诗词，其中《惆怅词二十首·别云郎》，满是如"旅愁若少云郎伴，海角寒更倍许长""独坐待君归未归，不归独坐到天明""检点行装，泪滴珍珠，叠满箱"之类的浓浓痴语。

陈维崧还请名画师陈鹄画《紫云出浴图》。陈维崧携紫云及《紫云出浴图》北上京师，踏遍东南，出入各种社交场所，遍索名人题句。其中仅《紫云出浴图卷》（又名《九青图咏》）就有名士74人题诗153首、词1首。虽然这些题诗的士人未必都是同性恋者，但确都被陈徐二人亲亲相爱的艳遇所倾倒。

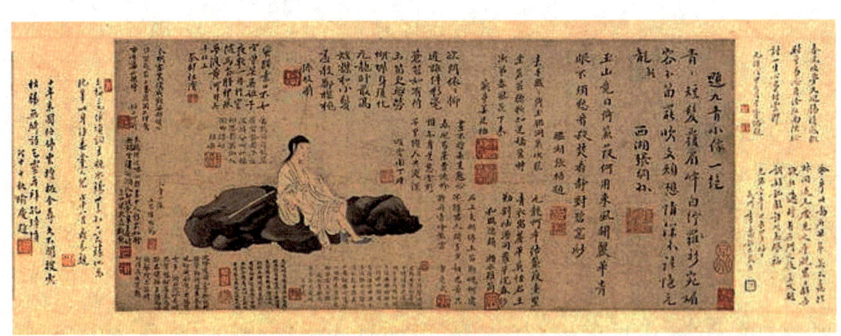

《紫云出浴图》

① 指冒襄、侯方域、方以智、陈贞慧。此四人出则忠义，入则孝悌，爱宾客、广交游，风流倜傥，冠绝一时，合称"明末四子"。

陈维崧携徐紫云北上时，曾盘桓于青驼寺，在这里还遇见了自京城南归的冒襄之子冒青若。康熙十八年（1679），陈维崧进京参加"博学鸿词"科考试，再次路过青驼寺。伊人已去，物景已非，不由触景生情，写下了《虞美人·过青驼寺感旧，寄示冒子青若》：

鲁山更比吴山翠，
路入青驼寺。
乱峰怪石甃围墙，
墙里人家一半枣花香。
当初有个卿家燕，
与汝天涯见。
晓风残月忆从前，
不道因循过了十余年。①

陈维崧在"寄示冒子青若"句下注曰："昔年云郎随予北上，于此地遇青若。"他后来的词作《重过如皋》中也有"意外青驼寺里眠"之句。这一次进京，陈维崧以第一等第十名授职翰林院检讨，参修《明史》。然而仅仅过了三年，陈维崧便在寂寞凄凉中溘然长逝了。

张次溪编《清代燕都梨园史料（正续编）》，将《九青图咏》作为一个章节专门辑录，并附鸣晦摹九青小像一幅，小像题识为："九青小像，五琅陈鹄写。鸣晦重摹。此册购诸厂肆，即紫云出浴图也。归安陆氏著录本题咏均合，特次序先后差异耳。因依原像重抚梓分赠同人。"

鸣晦摹《九青小像》

① 张次溪：《清代燕都梨园史料续编》，中国戏剧出版社，1988年版。

由此题识可知，鸣晦摹本不止一幅，《清代燕都梨园史料（正续编）》中所录为其中一幅。由此可见，陈维崧生前死后的影响非同一般。

诗人寄情青驼寺

自顺治年间开通山东东路驿道，这段南来北往的驿道上，不知发生了多少或惊险、或激荡、或温柔动人的故事。经过青驼寺驿站的使节、旅客虽留下的痕迹不多，但相关诗文足可说明青驼寺当年的繁华风貌。

清康熙四十五年（1706）进士王苹，在《沂水山行即景》诗中这样描述：

驴背寒销破帽温，鞭丝渐远雪泥痕。
乱山一路青驼寺，多少东风到店门。

王苹字秋史，祖籍浙江，生于南京，13岁时随父迁家至济南。王苹生性孤傲倔强，因此虽为康熙丙戌（1706）进士，而仅官至成山教授。但他才华出众，是清朝初年诗坛上声名远扬的诗人。王苹自济南南下，在一个春暖乍寒的日子里，一路颠簸达到青驼寺，遂有感而发，随口占吟，留下了如此即景诗篇。尽管“乱山一路”，但“多少东风到店门”，从诗篇中隐隐约约可以看到店铺林立、车水马龙的繁荣场面。

乾隆三十五年（1770），皇帝爱新觉罗·弘历六十大寿，进士出身的侍读学士朱筠，因恩科开科奉旨去福建典试，途经沂州，有诗作《徐公驿》（《笥河诗集》卷五之《徐公店》）记载了青驼至徐公店路段的见闻：

青驼二十里，徐公岭过半。
上岭复下岭，驿马中间换。
肩舆不留行，仆夫面已汗。
连坡尽荒草，石田草中乱。
此间山脊干，不雨常苦旱。
我行咨暑雨，对此转生赞。
幸兹粱菽收，水绝天与灌。
古人称逢年，用力必无玩。
更从悟强恕，人喜我勿叹。
西北风何来，推送健双骭。
下岭亦不滑，高高睇前岸。

青驼寺处于南北通衢，因地缘优势而迅速发展。然而，由于地处要道，也容易为战乱所波及，故而此镇从经济发达的程度看，盛衰不定。

明末清初安徽歙县名士许楚，少入复社，有诗名。明朝灭亡后，他拒绝入仕清朝，遁身山水间，到处寻访忠烈佚事并以诗文结交高人奇士。其诗作《青驼岗》的字里行间就流露出了他的凄凉感：

青驼何代寺，剥落失碑文。
市罢牛羊下，岗崇星野分。
危峰时戴石，荒寨尚屯云。
春杵千家废，哀鸿不可闻。

民国人铢庵《北梦录·驿道》记载：

清代定制，翰林官出使典试督学，行遵驿道，部给勘合，州县供张，世俗荣而羡之，以为读书人之遭遇无过于此。然虽有供张，亦不能减旅宿之苦；若州县竟置之不理，则更无可如何矣。先人《使闽日记》云：到青驼寺，宿店中，县驿无人，略无供张，幸夫马均不换，无碍于行。又云：到渔沟店中，破屋数间，湫隘不堪，欲前进则炎威正烈，仆马不耐，连日疲乏，佗子亦不能到，勉强宿此，大难大难。青驼寺属山东沂州，渔沟属江苏桃源县。青驼寺尤为大镇，从前南北往来必出之道，乾嘉中人吟咏及此者最多。

悲剧缘起青驼寺

京福驿道上有辉煌风光，有浪漫故事，也有驿递引发的悲剧流传。

魏晋时期的砖画《驿使图》奔马迅疾的身姿，显示出驿递任务的重大和紧迫；骑使所举传符，乃通过关门哨卡的凭证，飞驰中仍需手持擎示，是为了不至于因关卡验符而减速。最有意思的是，驿使面部没有画出嘴，寓意守口如瓶，彰显驿传保密的重要性。

砖画《驿使图》

清朝驿递公文主要是将题本、奏折等文书装在“报匣”“折匣”以及“本箱”中递送。这些配备制作的尺寸都是为了方便驿夫长途携带，大小适中。驿递途中的公文匣箱外层会贴有封条，以便在驿递沿途不会被任何人任意拆启。一旦被发现有私自开启封条的情况，一定会追究责任。但驿递马夫们在传达军情文书的过程中，递寄公文总是会有许多波折与意外。递寄上有所迟误，相关负责的官员、马夫和弁员等，都会交部议处，依例处罚。《同治朝实录》卷三就记载了咸丰十一年（1861）“不照例于传牌内填注时日”责任官员的处罚：

> 山东代理郯城县知县顾桢等、接递副都统德楞额等折报，因前站绕道递送，即不照例于传牌内填注时日，实有应得之咎。代理郯城县知县顾桢、前署泰安县知县方振业、前署兰山县知县程绳武、沂水县知县葛恩荣、蒙阴县知县王成谦、新奉县知县徐用熙、前署长清县知县钟英、代理齐河县知县李均、前署禹城县知县陈名杰、署平原县知县韩光鼎、均著交部议处。

据传说，光绪三十二年（1906），在京福驿道上还发生了一件惊动朝廷的驿递公文失踪故事。

春日，一个驿递员带着重要公文离开了皇华驿，沿着京福驿道直奔南京。有时突遇风雨，他也只得小心保护这公文匣，尽量免受淋雨潮湿。因为是重要的公文，所以他一路只住州县府衙。到府衙后，公文匣交由州县官员看管。虽然提心吊胆，但有惊无险，按照规定时限到达南京。

文书送达南京后，当堂开封验收。当打来公文匣时，驿递员和接收员都惊呆了：匣中空无一纸。南京大员只得将驿递员及接收员和公文匣等押解到京城，听从发落，经审讯，没有找到失窃线索。为了以儆效尤，最终不仅制裁了负有直接责任的驿递员，并且将驿递员沿途宿住州县的官员一律免了官。

这件公文失窃案，不仅轰动了京福驿道，而且众说纷纭，莫衷一是。直到民国年间，家住临沂（1914年兰山县改称临沂县）的唐师爷才说出了失窃案旳事情。

那一年，因为天冷，驿递员加快赶路，赶到青驼寺寻店吃了一杯酒，过蒙河桥时摔了一跤，不慎将公文匣弄湿了。到了沂州府，驿递员办好交接手续就休息去了。

时任知府姚联奎把公文匣放在花厅几案上，抽着大烟，准备一夜不睡，至天亮时完成交接。到了下半夜，吸足大烟的姚知府对公文匣感起兴趣来。他见公文匣封条因为潮湿有点翘，就用牙签慢慢地挑开了，小心翼翼地取出了公文，凑近油灯看了起来。他心知这是违法之事，不由得心发慌手哆嗦，一不小心，灯火烧着了公文。偷看官府文书本来就是大罪，火烧了公文更是罪该至死，姚知府顿时吓蒙了。清醒过来后，他急忙找夫人想办法，夫人一看更是吓得上牙直打下牙。无奈之下，姚知府只得去求唐师爷想办法。

唐师爷

唐师爷是浙江绍兴人，因年龄大了辞聘在沂州城闲住。新任知府和附郭兰山县知县，都会慕名登门拜见他，姚知府刚到沂州也拜会了唐师爷，以备不时之需。这时已过三更，姚知府和夫人挑着灯笼来到唐师爷家。正巧这位唐师爷正在吸烟片，见知府深夜来访，心知定有大事，便说："有啥事就直说吧。"姚知府深深地作揖说"请救我一命"，接着言明请求之事。唐师爷沉默了一会儿说："太尊，您给个数吧。"知府略加思索，伸出了一个指头，唐师爷摇了摇头。知府咬咬牙伸出了两个指头，唐师爷说："这还差不多。你给我这个数（2000两银子），我保住了你的人头，却害苦了多少个十年寒窗苦啊！"姚知府听说能保住性命，急忙回家取来银票交给唐师爷。只见唐师爷将那公文顺手扔到了火盆里，顿时一阵火光。在姚知府和夫人惊愕得瞠目结舌之时，唐师爷仔细地把公文匣封条贴好烘干，慢悠悠地说："你已无性命之忧，就等着听消息吧。"

姚知府送走了驿递员，惶惶不可终日，暗中收拾行装，准备离职。后来就有了故事开头朝廷的处置。

清代沂州府衙坐落在考棚街东段，其路南是一处私人住宅，原来主人姓马，建有花园，俗称马家花园。唐师爷名字是唐乐臣，一生有女无儿，老来落籍沂州，准备靠女儿送终。得了这笔意外之财后，先是远遁他乡，游山玩水，以听风声，当听说驿递文件失踪案结案后，才回到沂州城。他用这笔钱买下了马家花园，过起了逍遥自在的隐退生活。从此，马家花园被叫作唐公馆。到了民国年间，唐师爷才对好友道出了公文失窃案的实情。他说，我为了这2000两银子，救了一个人，害了一群人，丧了良心啊。[1]

据1915年《临沂县志》记载，姚联奎是安徽桐城人，监生出身，光绪三十二年（1906）正月任沂州知府，当年四月离任。

① 本故事源自刘家骥《琅琊拾遗》之《史话逸闻·沂州姚知府惹祸 唐公馆老师爷灭迹》。

第四章 古迹考略

云庆山摩崖造像

云庆山位于沂南县双堠镇上佛住村西北方向，山体最高处阳面石壁上有散乱的摩崖造像。《沂南县志》记载，造像共50尊，每尊高约0.3米，大部分面部已残缺不全。开凿年代没有记载。

摩，本义为“摩擦，磨蹭”。崖，天然的石壁。摩崖造像意为在山崖上刮摩或在石头上刻画出的造像。摩崖造像的主要内容是佛教人物，特点是或置于露天或位于浅龛中，多数情况以群组形式出现，也有单个造像，有时与石窟并存。

云庆山摩崖造像的地理属性

云庆山摩崖造像不是孤立的，而是鲁南地区摩崖造像的一部分。

鲁南地区主要是指位于山东省南部与江苏、河南接壤的鲁西南、鲁东南、鲁南等地区，包括菏泽、临沂、济宁、枣庄等地。有统计资料显示，鲁南地区枣庄、济宁、临沂三地八个县区共有石窟造像16处，分别是曲阜九龙山造像、滕州观音阁造像、枣庄抱犊崮造像、枣庄龙牙山造像、邹城凤凰山造像、苍山泉源寺造像、蒙阴石屋山造像、蒙阴黄崖山造像、蒙阴黄云山造像、沂南姚家峪造像、沂南上佛住造像、沂南朝山造像、沂水楟椤峪造像、平邑曾子山造像、滕州龙山头造像、枣庄雪山造像。这些造像就体量来说，有的规模较小，只有单尊造像；有的规模较大，有83尊造像之多；有的造像比较高大，高达4.2米；有的造像比较小，高度仅有10多厘米。云庆山造像高度大多在30厘米左右。

云庆山摩崖造像的文化背景

中国早期佛教造像在许多地区都有所发现，而以鲁南、苏北以及中国西南和江南地区的发现较为集中。其中鲁南、苏北的造像与楚王刘英有着一定的联系。刘英是东汉光武帝刘秀的儿子，汉明帝刘庄的异母弟弟，封为楚王，国都在彭城（今徐州）。据《后汉书》记载，刘英是中国已知最早信奉佛教的上层统治者。当时社会上盛行“黄老”（黄帝与老子）、神仙方术，人们把刚传入的佛教也看作一种方术，将佛作为神仙，依附于黄老进行祭祀。刘英既信奉黄老，诵读黄老之言，又崇尚佛陀，修建浮屠祠，并且按照佛教的规定定期斋戒祭祀。尽管刘英所修浮屠祠仅是佛寺的雏形，但在刘英的影响下，彭城以及苏北民间的佛教信仰也逐渐流行开来，并影响到了鲁南地区。建于东汉末年的沂南汉墓，中室八角擎天柱的顶端有一阴线刻的童子立像，头部环绕有同心圆的光环，有学者认为这童子头上的顶光就是受到佛教影响的产物。

佛教是一种制度化的宗教，是信仰、仪式、象征体系的有机统一。佛像是象征体系的主要形式，而摩崖造像又是佛像的重要形式。摩崖造像始于北魏文成帝时期（452—465），规模大而且有影响的造像主要在山西、河南一带。鲁南地区摩崖造像的建造年代最早始于南北朝，一直延续到宋代，其中唐代摩崖造像数量最多。有人认为，唐代鲁南地区集中出现摩崖造像与隋代开通的大运河有着密切的联系。大运河的开通不仅带动了沿线区域经济的发展，而且使沿线区域成为内迁各少数民族和外国使者、商人、学问僧、留学生及其他各方人士集中的地区。运河文化以其包容性和开放性为佛教的传播提供了文化基础，鲁南地区山峦众多而且崖壁丰富，又为摩崖造像提供了物理条件。基础深厚的佛教文化影响，地域特色的运河文化载体，融会成了鲁南地区特有的佛教艺术与摩崖造像艺术。

云庆山摩崖造像的地域因素

唐代除了武宗时期短暂的灭佛，终李唐之世佛教一直处于发展和上升的过程中。基于这样的时代背景，鲁南地区的摩崖造像大多数开凿于盛唐时期，附近有较大规模的寺院。这既说明了摩崖造像与寺院相辅相成的关系，又与当时全国宗教的时代思潮相一致。

在双堠镇西部相邻的蒙阴县垛庄镇境内，有3处北朝（386—581）时期的摩崖造像。其中黄云山造像与云庆山造像处于同一山体，两处造像相距不足3公里。

黄云山造像

石屋山造像距离云庆山造像处直线距离约7公里；黄崖山造像距离云庆山造像处直线距离不足10公里。这些造像所处山体有一个共同的特点，就是山体虽然是蒙山支脉，但比较独立而低矮，海拔都在400米以下，相对高度不超过200米，造像都在山体阳面上。这些造像点基本处于一条直线上，造像之间必定有着一定的承接关系。

明代，今双堠镇所属村庄及云庆山在沂水县境内。唐代，云庆山在沂水县还是蒙阴县境尚不知晓。但不论在蒙阴县境还是在沂水县境，云庆山属于蒙山山系的山阴支脉，在地理文化上与蒙阴县的渊源是不言而喻的。北朝时期，蒙阴县境就有了大型的佛寺，近年在坦埠镇境内发现的北齐天统五年（569）杨岭寺释迦牟尼像底座就是证明。唐代（618—907），蒙阴城南已有圣寿寺，明代蒙阴籍进士公鼐《重修圣寿寺记》记载“蒙阴山圣寿寺者，李唐氏之所建也”。蒙阴县垛庄镇的大山寺，位于蒙河支流黄仁河北岸，与云庆山直线距离不足4公里，有人据野史及本县诸名寺并考，认为也是盛唐所建。受这些规模较大的寺院的影响，民间佛教信徒在云庆山造像，或者这些规模较大的寺院的僧徒在云庆山造像都是可能的。

蒙阴县东部桃墟镇的延庆寺，虽始建时间无考，但明嘉靖四十四年（1565）《青州府志》即有记载，与云庆山的直线距离也不足20公里。云庆山前佛住村（属于沂南县双堠镇）西的大善寺，今已不存在了，明嘉靖四十四年《青州府志》记载沂水县的佛寺时，大善寺还是沂水境内八座著名佛寺之一。到清康熙十一年（1672）版《沂水县志》编撰时，大善寺还是县境内17座著名佛寺之一，并记载“内卧佛一尊，长亘殿三楹，一名卧佛寺”。道光七年（1827）《沂水县志》也记载，当时这座寺庙还存在着。卧佛寺遗址遗存有康熙二十一年（1682）《云庆山重修卧佛殿新建三教堂记》碑，庆云山峰顶万寿庵遗址所存《万寿庵记》断碑文字涉及了“重修卧佛殿”的事，这些实物与志

书记载是相吻合的。

上佛住村老人说，云庆山顶有个碎成几块的石碑，记载了此处有个南北朝时期的寺庙，在隋唐时期重修过。这些规模较大的佛寺，是否始建于南北朝时期，是否隋唐时期就重修过，仅凭传说是难有定论的。但佛寺与造像之间有着一定的联系应是必然的。

云庆山摩崖造像的时代

1997年版《沂南县志》认为“开凿年代不详，从造像上看为南北朝时期”。2014年临沂市政府公布第四批市级文物保护单位时认定年代是“隋唐”。云庆山摩崖造像年代，因为没有文献记载和刻字佐证，难以确凿认定具体年代。但从造像中的一龛17尊坐像来看，认定最晚是“隋唐”是客观的，但更为具体地说，应是唐代造像的遗存。

对这一龛17尊坐像，一般认为是“罗汉”。但这一组并列的雕像仅有17单体，为此有人就将相距一米之外的另一个单体雕像与17个雕像拉在一起，称之为十八罗汉。

佛经中讲，罗汉是释迦牟尼佛的弟子，他们遵照佛的嘱托，不入涅槃，常驻人间，普度众生。北凉（397—439）沙弥道泰翻译的《入大乘论》中提到了十六罗汉，但仅列举了两个名字。公元2世纪时师子国（今斯里兰卡）庆友尊者作的《法住记》记载了十六罗汉的名字和他们所在的地区。这部书由唐代玄奘法师译出之后，十六罗汉才流传开来并受到东土佛教徒的尊崇。到五代（907—960）时期，有画家将《法住记》的作者庆友使者和译者玄奘，与十六罗汉并在一起，画成了十八尊罗汉。从此，十八罗汉与十六罗汉并行流传。宋代，最早记录十八罗汉名字的是苏轼，他在《自南海归过清远峡宝林寺敬赞禅月所画十八大罗汉》一文中，一一列举出十八罗汉的姓名。后来，释志磐在《佛祖统纪》卷三十三中再次明确了十八罗汉名字。虽然苏轼与志磐记述的罗汉最后两位的名字有差异，但这不仅无碍于十八罗汉的流行，而且从此就盛行十八罗汉了。十八罗汉取代十六罗汉后，影响越来越大。

云庆山一龛17尊浮雕坐像，中间一尊端坐在莲花座上，头部与其他16尊雕像基本齐平，但座下有一个将近与坐像同等高度的莲花宝座。

莲花座主像左手侧的8尊雕像，座下都有莲花座，但高度仅为主座的三分之一。莲花座主像右手侧的8尊雕像，座下没有莲花座，8尊雕像统一盘坐在一个须弥座平台上，平台的高度与对称侧莲花座的高度齐平。因为雕像已经严重风化和人为损害，从形象上认定每个单体雕像是哪位佛家人物已经不可能了，但从一龛内雕像的数量和主次排列看，认定是释迦佛和十六罗汉当无大错。五代时期（907—960）的大足摩崖造像第36号，就是一龛17尊雕像，龛正中释迦佛趺坐于莲台之上，其左右分别刻出8尊罗汉，合称为十六罗汉图。既然是一龛十六罗汉，就应该认定是唐代摩崖造像。

朝山摩崖造像

朝山，是沂南县双堠镇境内一座海拔510米的独体小山，属于蒙山山系。东坡平缓，蒙河自北而南从山脚下流过。西坡陡峭，与不远处的群峰相呼应。山上树木不算古老，但茂密旺盛，郁郁葱葱。

山巅东侧有一朝阳的石壁，高约2米。石壁上刻有佛像，高者50厘米左右，矮者30厘米上下，分为上下两列。这些佛像大都是站立造型，极少是盘坐姿势。由于风化严重和人为损坏，多数佛像面部已残缺。造像年代失考，但从人物形态及雕刻技法来看，当为南北朝时期所为。

朝山造像

造像东侧和西侧，有几通康熙和乾隆年间留下来的石碑，其中有清康熙五十六年（1717）和乾隆年间所立《重修朝山庙记》，还有一通是清代“兰沂费三县同修”字迹已漫漶不清，大致可认定是功德碑。

根据功德碑判断，这里早在几百年以前就有供奉佛像的小庙宇。土人说，多年前是一座石庙，无椽无梁，全是石块石板砌成的。每年清明节、端午节，就有人到庙中供奉鸡蛋、粽子，烧纸、焚香，以祈求丰收富足，生活平安。

朝山庙

现在的小庙，以摩崖造像的崖壁为后墙，整座庙宇将摩崖造像覆盖起来。遗憾的是，庙顶是用铁皮泡沫的现代材料建造的，既与古迹不协调，又难以长久。

佛经碑

幸喜的是，这位善士在庙右侧建造的佛经碑还是蛮有气势的，内容是《佛说大乘无量寿庄严清净平等觉经》，书法精美，刻工一流，堪可传世流芳。

《佛说大乘无量寿庄严清净平等觉经》简称《无量寿经》，是佛教净土宗的基本经典之一，为“净土五经一论”中的一经，净土宗的大部分修行方法均可在该经中找到理论依据。

《无量寿经》碑两侧一副楹联，点明了《无量寿经》的要旨：

真诚清净平等正觉慈悲；
看破放下自在随缘念佛。

映旗山阳尚庵寺

尚庵寺在映旗山阳坡，背有主峰为屏，左有侧峰掩隐，坐北朝南，眺望蒙河，俯视沃原。

尚庵寺位置

原有建筑早已毁于战火，现在，遗址上的建筑物是鼻子山国营林场的管理房。2018年，尚庵寺遗址被沂南县人民政府公布为第四批县级重点文物保护单位。

古寺遗存

古树

遗址上有两株对称栽植的圆柏，相距9.2米。西株主干高4.5米，胸围3.05

米，冠幅东西阔4米，南北阔8米；东株主干高5.1米，胸围3.10米，冠幅东西阔11.8米，南北阔10米。东株南向偏西1.9米处有一株侧柏，胸围1.7米。西侧圆柏南向偏东13.5米处，有一株银杏树，雄株，总高19米，树围3.5米，平均冠幅20.2米。

尚庵寺古树

石物

赑屃座一个，上面长1.9米，宽1.1米，已纵向开裂。柱础2对，其一为覆盆莲花（又称铺地莲花）造型，圆形础面直径0.42米（原本遗存两个，现今存1个）；另一为扁圆鼓龙纹造型，础面直径0.42米，周饰浅浮雕龙纹。

据说，原有一对石狮子，在修建林场办公处所时，被当作“四旧”填到银杏树下沟里去了，同时掩埋的还有几通古碑。

石物件

古碑

现存3通完整（包括1通已对接粘连竖立和1通断为上下两段分别竖立）的石碑，3通残碑，还有一堆带有碑文的小块残石。

原碑文不分段，无标点。为便于识读，本文对原碑文作句读，按照立碑时间顺序罗列如下。

古碑

1.清雍正四年（1726）碑

碑体右侧和下部已残缺。残存部分高1.28米，厚0.26米。碑文系“沂州儒学生员卢灿撰”，“沂州儒□程亦洛□士智同书”。残留字清晰可读，基本可以理解文义。碑文如下：

耆善九卿王斌……佥曰：微□士□之□□之□□□□□成，造庐而请，彼亦不辞，星夜善化。一举告竣，请……今尚庵寺之历久而常新者，岂仅白衣之神感乎，抑亦葛仙翁之飞升于此也。迄……其境而始快也。况东有沧海，西有云蒙，汶水绕于前，英奇峙于后，且山之上有炼……翁之所以洗濯其心者也。山不高而秀，水不深而清，洋洋乎诚盛地名区，琅琅之……才浅，高明者其哂诸。

施财芳名（略）

注：“胡家庄子残碑”载有“善人卢士□范九卿王斌”。由此可证：“耆善九卿王斌”即“耆善：范九卿王斌”。

2.清嘉庆五年（1800）《重塑神像记》碑

碑高1.4米，宽0.61米，厚0.22米，碑体完整。碑文为郭廷瑶等善士捐募资材重塑神像记事文。“费邑姜池撰文”，“兰邑庠生王淑孟书丹”。除3字已漫漶不可辨，其余文字皆清晰可识。碑文如下：

兰邑北有山曰应旗，自西奔腾而来，绮绾绣错，势若潮涌，层峦叠翠，高出云表，诚一方之望也。山之阳有庵，古曰长春。是庵也，冈陵环抱，迂回曲折，结构严密。青松郁秀，怪石嶒崚，瑞气团聚，常有四时不卸之花，长春之名信不诬也。世传为葛仙翁修□之所，后有炼丹炉，前有玉池塘，前人之述备矣。每岁仲春，远近于是祭祷焉。但历年久远，殿宇屡经修补，而神像无色，不足□肃瞻仰，诚憾事也。有善士郭廷瑶□，目睹兴思，结社积财，更募四方资助，重新妆塑，顿觉改观。殿宇巍峨，既增山灵之秀，金碧辉煌，益焕云树之光。登斯庙者无不肃然起敬，兴其好善之心，正有合于先王神道设教之意，而为政教之一助也，岂徒侈华丽，壮观瞻已哉？然而为善非曰邀福，有善亦所必传，兴废迭举，新故相沿，不能无望于后者，故将施财姓名勒石以志云。

捐款芳名以“会”单位，计有：秦家庄会10人，西斗沟会18人，乔家庄会10人（其中乔姓7人），夹沟会17人，卢家庄会18人，胡家庄会20人，赵家庄会11人，邢家庄会10人，文家庄会5人，言家庄会7人。

碑文还记载：石匠李□ 塑匠蒋□ 主持僧人□□

3.中华民国二年（1913）《万古流芳》碑

碑体已断为上下两截，分别竖立。碑体断口有残缺，缺一二字不等。碑文如下（断口残缺字以删节号代替）：

邑北之应奇山，东……山，瑞气相接。其山之阳旧有白衣大士庙，名长春庵，……仙境也。考其由来，系东晋葛仙翁升仙处。前有玉池，珠泉……峷壑凝烟，花木深处，时闻鸟声于上下。庵名长春，洵无愧焉。……咸啧啧称羡，谓：虽莲岛香城、凤山郎苑，不是过惜乎！历年……景虽依然，殿宇不免倾圮。睹之，未有不神伤者矣。夫寻常……忍废，岂名胜若斯，竟冷湮没为丘墟耶？首事人卢文彬、郭世昌等……修，遂募财劝资，鸠工庀材，不弥月而其工告竣，属余实纪。……泉石幽邃，羽士有所归心。庙貌辉煌，名山为之生色。故不……语，以志不朽云。

王者香撰文刘昭文书丹

□事人（略）

石工、木工、泥水工（略）

主持僧：四支缘会道安 二支缘□弟子道禅 三支徒侄道全

4.民国十二年（1923）《重修长春寺碑记》碑

碑高1.89米，宽0.67米，厚0.24米。“沂邑处士尹恒奉严命撰文”。只有3字漫漶难以辨识。全文如下：

长春寺，临沂之胜境也。传系老子养真处，见诸郡志。而丹炉、玉池犹存。遗迹或言葛仙翁者，传闻久□也。其讹其真，无可深考。然其地岩穴深邃，林壑芊绵，奇峰叠嶂，嵚崟若嶙，四明天台之胜，匡庐雁荡之奇，兼而有之。然则谓真仙常尝托迹者，非芜说也。寺之始创建者何人，重修者谁氏，前碑俱载，然今则久之□矣。寺以南诸村首事倡义重修，人约家君襄其事。遂鸠工庀财，增缺补坏，饰以金碧，绘以丹青，不逾时而庙貌重新。斯举也，谓保存仙迹可也，谓护持名胜可也，谓承先启后亦可也。工□遂，将勒贞珉，家君以志，又命小子恒爰略述梗概，而为之记。

领袖：王庆云 郭世昌 尹文桂 郭墨林 王全武 王贞恒 □东□ 李占

鳌 李长松 刘义庭 □□坤 □□□ 刘□肃 陈□和 邢印 邢坤 刘义 孙明德 邢焕忠 □□□ 邢荣 孙泽 尹星莲

捐款村有：华家庄 大磨石 小磨石（其他漫漶不清）

人名中除塑匠、石匠、木匠外，还有：住持僧□□，弟子道□。

5.民国十二年（1923）残碑

碑体左右两侧残缺。残碑高1.92米，宽0.72米，厚0.25米。文字全系捐款芳名。芳名与民国十二年（1923）《重修长春寺碑记》所载“领袖”之名有重复。据此判断，此碑应是民国十二年（1923）重修长春寺时，专门镌刻“捐款芳名”的附碑。

6.民国十二年后无名残碑

碑体上端残缺，残高0.78米，宽0.69米，厚0.21米。根据残文中有“泉上者，长春寺也”之句判断，此碑镌立时间应在民国十二年之后。残文如下：

……可掩，善不可没，属予作文以记之。予观环寺皆山也。……也。居洞者，东晋时之葛仙翁也。峰回路转，渐闻水声……泉上者，长春寺也。是寺也，创□旷代，修之频数。而今又……木。由是碶礣承陛，琅玕綷槛，重檐叠于画拱，□宇环……良工之苦心，色设八彩。穷绘事之妙笔，浮光耀金。焕……

领袖善人（略）

施主：邢家□

石匠：闫□

住持僧人：心有 徒：□□ 孙：□□ □□

7.嘉庆残碑

残存碑体左下部。近期发现于胡家庄子，原址不明。碑载“善人”之名与嘉庆四年碑“耆善”之名相同。据此断定此碑为嘉庆年间遗存。可识读文字如下：

善人卢士□ 范九卿 王斌

苏护施钱一千 郭永贞施钱一千

8.散碎碑体残文（共计七块，其中两块仅残留人名，未录）

残文一：

……也夫。兹有……于□检漫……幼年入道师……（峰）崇仙观时相……堂众闫道……时有先后，是为之记。

残文二：

高里社高□ 高伦 高□……朱里社……

残文三：

烧□□化木料成……作文以记之，余曰□……今载在万策……炉焉此仙翁之……世之人……

残文四：

成……重升……于赵……辅孟弘……翥徐司……弘王恕任……礼豆奠

残文五（上端顶格起）：

罗汉一尊

罗汉一尊

罗汉一尊

残文六：

洪都外史齐沛撰

沟社逶迤，以比数里许……升化于芦峰焉。前有药……于兵燹界我……荣辈同心协力建……形残非

信息解读

遗址现存的古柏、柱础、赑屃和古碑文字，都蕴含着重要的历史信息。古碑文字除以生花之笔极力状写山景的优美外，涉及的历史人物有老子、葛玄及丹炉、玉池等旧迹，涉及的神祇有白衣大士，还有尚庵寺、白衣大士庙、长春庵、长春寺等庙宇名称。将这些散乱的信息联系起来并进行梳理，可以还原出尚庵寺的基本历史面貌。

老子、葛玄与丹炉、玉池

老子是春秋（公元前770—前476）末期楚国人，姓李，名耳，号老聃，曾任

周朝守藏室之史。后来，他见周朝衰落，乃西出函谷关隐遁，不知所终。因为他主张“无为自化，清静自正”，并著有《道德经》，道家尊崇他为宗师。

葛玄是东汉末年丹阳郡句容县（今江苏句容市）人，祖籍山东琅邪。台湾著名学者陈飞龙考证描述说：“玄生而秀颖，性识明茂，神采挺拔。八岁失怙恃，已能好学自立。十三岁学通古今，凡经传子史，靡不赅览。年十五六，已名振江左，时贤欲辟为掾，固辞。欲遁迹灵岳，遐求异人，乃羽服入天台、上虞山，精思念道。”①《全三国文》记载：“玄字孝先，丹阳句容人，大帝时方士。”唐朝杜光庭《历代崇道记》记载：“吴主孙权于天台山造桐柏观，命葛玄居之。”《金陵六朝记》记曰：“吴帝赤乌七年八月十七日，葛玄于方山上得道，白日升天。”这些资料都说明葛玄自幼即在江南生活，其修仙之路从江南开始并在江南得道升天。葛洪是葛玄的侄孙，已经是生在丹阳、长在丹阳、活动于南方的丹阳郡人了。

丹炉在映旗山后，俗称老君炉，所在自然村也因之名为老君炉。20世纪70年代初，本文作者曾去实地观察过，这是在低矮的土崖上凿建而成的一座“炉”，炉壁呈融化凝结状态。今已无存。

现知最早记载葛玄与映旗山关系的是明万历元年《兖州府志》（明洪武十八年，沂州始属兖州府），其卷十八《山川》在记载“大柱山”时记曰：

> 大柱山，在（沂州）九十里，状如笋，超然立。东有粪山，西有映旗山，前有荆山，北有银锡岭，在汶水之阳。映旗山老子玉池，世传葛翁洗药池。

明万历三十六年（1608）《沂州志·山川》记载：

> 州北九十里处，汶水之阳，映旗山前，有老子玉池，世传为葛仙翁洗药池也。

1916年编《临沂县志·山川》也记载：

> 王蝠鼻山，城西北一百里，与沂水县分界处也。又东为映旗山，山坳有长春庵，相传以为葛洪故宅。前有泉，名老子玉池（世传近有老君炉遗址）。

所谓玉池，是在现存银杏树西南方向十几米处的天然山泉。20世纪90年代

---

① 陈飞龙：《葛洪之文论及其生平》，文史哲出版社，1980年版。

尚存并有微量泉水流出，现已被掩埋了。

明万历元年《兖州府志》提供了一条重要消息：“银锡岭”。“银锡岭”的具体位置在哪里？1916年编修的《临沂县志》卷二《山川》记载：“由映旗山蜿蜒而东，为唐山，为银锡岭，又东为大柱山。”大柱山即今“大山”，与老君炉直线距离约6公里，银锡岭在大柱山与老君炉之间。既然此地山名银锡岭，也许明代以前就有开采及冶炼场所。距离银锡岭约5公里处的“丹炉”，极有可能就是当年的银、锡等金属冶炼炉之一。因为映旗山前有更为久远的“老子玉池”，银锡金属类的冶炼炉也就附会成了老子“丹炉”了。

为什么能将老子和葛玄、葛洪与“丹炉”和“玉池”联系起来呢？因为老子是道教的宗师，葛玄的祖籍是琅邪。既然道教炼丹，道教的祖师爷一定也炼丹。既然葛玄的祖籍是琅邪，他的侄孙当然也与琅邪有关。民间只知太上老君不知老子，所以名之为“老君炉”。有点历史知识的文人知道老子是真实的、老君是虚幻的，因此称之为“老子丹炉”。映旗山阴有“丹炉”，山阳有“玉池”，在自然科学不发达、神灵崇拜盛行的古代，把它们联系起是很自然的事。

传说归传说，地方志书对葛玄或葛洪在此炼丹之事的认定却是很慎重的。1916年编修的《临沂县志·山川》就认为：“映旗山，山坳有长春庵，相传以为葛洪故宅。前有泉，名老子玉池，殆附会葛洪事名之欤？”既然《临沂县志》已认为是“附会”“事名”，民国十二年（1923）《重修长春寺碑记》的作者也很聪明，他没有再费笔墨论证葛玄是否真的在此炼丹修行，而是用八个字作结：“其讹其真，无可深考。”

虽然是“附会”“事名”，但蕴含着一个历史事实：在这里崇祀老君或老子，崇祀葛玄或葛洪，说明这里当时是道教场所，而不是佛教场所。

白衣大士

现存最早的雍正四年（1726）碑记载了“白衣大士”，这说明当时尚庵寺奉祀的是“白衣大士”。

“白衣大士”是密教胎藏界观音院的一尊菩萨，穿着白衣，在白莲花中。但一般显教的观音图，也常画穿着白衣的形象，而泛称为“白衣大士”，也作“白衣观音”“白衣仙人”。成书于唐初的《法苑珠林》载有《白衣大士神咒》，北宋苏轼《雨中游天竺灵感观音院》诗也涉及白衣仙人：“蚕欲老，麦半黄，前山后山雨浪浪，农夫辍耒女废筐，白衣仙人在高堂。”诗中的“白衣仙人”就是“白衣大士”或“白衣菩萨”。这说明至少在唐宋时期，“白衣大士”的信仰已很盛行了。

观音菩萨本来全称是“大慈大悲救苦救难观世音菩萨”，简称“观世音菩萨”。唐代，因为避唐太宗李世民讳，略去“世”字，简称“观音菩萨”。佛经传入东土之初，“观世音菩萨”是男性形象。根据现存佛教艺术史料和专家们的研究，东晋以前，我国的观音菩萨画像和塑像，几乎都是男性，一位“伟丈夫”。东晋以后，始有女性菩萨塑像和画像出现。隋唐之时，已出现大量的女性观音菩萨。宋代之时，观音菩萨已经完全女性化。元、明、清三代，观音菩萨更加世俗化，我们现在看到的观音菩萨像，已是一位按照中国人审美观点，模仿中国女性容貌身材，穿戴中国衣冠服饰，面善心慈、美貌动人，庄重亲切的“东方圣母”。

男性观音菩萨

女性化观音菩萨

明代崇祀的观音形象基本都是白衣观音。尚庵寺崇祀的“白衣大士”是男士形象还是女性形象，因为没有资料实证，难以定论。但根据观音菩萨形象的演变史判断，尚庵寺崇祀的“白衣大士”，女性化形象的可能性最大。值得注意的是，记事碑文把“白衣大士”称之为“白衣之神”，一个“神”字说明：尚庵寺虽名为佛教场所，但在民间已经有些非佛非道的异化味儿了。

尚庵寺的始建时间

民国十二年（1923）《重修长春寺碑记》说：“寺之始创建者何人，重修者谁氏，前碑俱载，然今则久之□矣。”这说明“寺之始创建者何人”曾有记事碑明载的，遗憾的是民国十二年时作者已找不到了。今天要寻根究源，只能根据现存散见的碑刻文字梳理求证了。

根据遗址上的千年圆柏、千年银杏和明万历三十六年（1608）《沂州志·山川》的记载，可以这样认为：早在宋代之前，这里就有了老子以及葛玄在此采药修炼的传说。至迟到宋代，这里有了供奉老子或葛玄的小型神庙，有意识地对称栽植的两株千年圆柏和一株千年银杏就是证明。

到了明代，才有了供奉白衣大士的佛教场所。

首先从菩萨信仰的历史演变来看。著名佛学研究专家李利安认为，中国汉传佛教观音文化的传播和形成经历了五个阶段：第一，从三国到东晋十六国为初传期，传播范围仅限于以洛阳、长安为中心的中原个别地区。第二，从南北朝到隋代为兴盛期，观音信仰已流行于社会的各个阶层。第三，从隋代到宋代为普及期，观音信仰为各宗各派所普遍接受。第四，元明清为演变期，主要特点是宋代开始萌芽的、宣传女性观音身世的妙善公主的传说，经元代的加工完善而定型，并迅速普及。与此同时，中国式的“三十三观音”等造像作品纷纷出现。①明清时期崇拜的白衣大士就是“三十三观音”造像的主要形态。

再从碑文记载看：“尚庵寺之历久而常新者，岂仅白衣之神感乎，抑亦葛仙翁之飞升于此。”从“岂仅”“抑亦”的表述看出，尚庵寺是上接葛玄仙翁崇祀，下启白衣大士崇拜的开创性佛教场所。而“历久”的意思是由来已久，“常新”的字面意思是“经常使之新”，也就是经过了多次修复。“历久”这一概念的时长至少是100年。从雍正四年（1726）往前推100年就是明朝的天启年间，是明朝的后期。这说明，尚庵寺的始建时间至迟是明朝后期。

雍正四年后“尚庵寺”的性质

尚庵寺及以后的长春庵、长春寺有相继延续的关系。长春庵和长春寺供奉的主神依然是“白衣大士”。

雍正四年碑，因为碑体下部残缺，原碑文中是否有“僧人”的信息，已不可知。

嘉庆五年（1800）《重塑神像记》碑记载：“山之阳有庵，古曰长春”，“主持僧人□□”。这说明：雍正四年后、嘉庆五年前，尚庵寺已改名为“长春庵”了。“庵”，一般是对小型供佛场所的称谓，并非专指女僧修行之处。尚庵寺虽然改名为“长春庵”了，但主持者是男僧，并非女尼；改名为“庵”也证明了规模还不大。

无纪年（应早于民国二年）残碑记载：“住持僧人心有，徒□□，孙□□□□”这说明，这一时期仍有僧人住持，并且已有师徒3人了。

民国二年（1913）《万古流芳》碑记载：“邑北之应奇山……山之阳旧有白衣大士庙，名长春庵。”这一记载，不仅说明民国二年名为长春庵，也说明嘉庆五年改名长春庵后，一百年期间没有改变名称。《万古流芳》碑还记载：“主持僧：四支缘会道安，二支缘□弟子道禅，三支徒侄道金。”这不仅说

① 李利安：《中国观音文化基本结构解析》，《哲学研究》，2000年第4期。

明，这一时期仍有僧人住持，而且同辈分僧人的数量已比从前增多了。《万古流芳》碑记载的首事人卢文彬是卢家河疃村卢氏第十二世人。

民国十二年《重修长春寺碑记》记载：“长春寺，临沂之胜境也。”这一记载说明，民国十二年时，“长春庵”已经改名为“长春寺”了。长春庵改名为长春寺后，供奉的神灵没有记载，毫无疑义还是“白衣大士”。《重修长春寺碑记》还记载：“住持僧□□，弟子道□。”这说明，民国十二年，长春寺中不仅有住持僧人，而且与民国二年的住持僧人是一脉相承的。

据当地人说，尚庵寺（实际是长春寺）最后一位和尚是胡家庄子（寺庙邻村）人，俗名刘同火。在世时，他居住在长春寺前西侧的几间草舍里。

从雍正四年至民国十二年，庙宇名称历经变化，供奉的神祇却一直是“白衣大士”。无独有偶，青驼镇石门村南山“桃园寺”也曾供奉“白衣大士”。“桃园寺”遗存的民国八年（1919）《重修桃园寺碑记》序文记载：“石门村之西南隅旧有桃园寺，主神白衣大士，两偏殿有雹神、火神。”这也说明，小型佛寺中供奉白衣大士是一种较为普遍的现象。

《重修桃园寺》碑局部

尽管长春庵或长春寺奉祀的主神是白衣大士，但不知什么时候又增加了罗汉（见于散碎碑文）。罗汉，是阿罗汉的简称，含有杀贼、无生、应供等义。杀贼是杀尽烦恼之贼，无生是解脱生死不受后有，应供是应受天上人间的供养。罗汉，在大乘佛教中的位置低于佛、菩萨，为第三等。供奉罗汉，虽不能证明佛教场所量的扩大，但说明了佛教场所内容的丰富。

尚庵寺及长春庵、长春寺的规模

尚庵寺及后继长春庵、长春寺的规模一直不大，具体地说主体建筑是三大间供殿。得出这一结论的理由如下。

现有地上遗存证明了这一结论：有了供殿后，才栽植了两株圆柏，两株圆柏相对的北面一定是供殿的位置；现有建筑体是在清代佛寺基址上建起来的，建筑体的西端是原始土坡，也就是说始建供殿的西端不会超过现有建筑体的西端墙体；西株圆柏与现有建筑体的垂直交点在现有建筑体西端墙体向内1米处，而西株圆柏相距9.2米，这说明当时的供殿最大长度在10米左右。

遗址地下资料支持上述结论：现有建筑体后面是山体缓坡，其上没有任何建筑基址的痕迹。建筑体西侧也是原始状态的高坡，其上也没有任何建筑基址的痕迹。原始的及改建的供殿只能是在这一位置。

林场老工作人员的回忆也支持上述结论：原始的林场办公室是在佛寺的基址上建起来的；当时基址的东南部有“廊坊”（僧舍）遗址。最后一位僧人居住在供殿前西侧的几间草舍里，也说明东侧的“廊坊”早已坍塌了。

乾隆二十五年（1760）《沂州府志》没有载录尚庵寺，民国二十五年（1936）《临沂县志》没有载录长春庵或长春寺，这也说明不论名之为庵寺、庵、寺，其规模在当时境域内都是偏小的。

尚庵寺名称蕴意

对这座历经几百年的佛教场所，地方志书和民间都称之为尚庵寺，这是用的最早的称谓。至于当初为何起名“尚庵寺”，地方志书和记事碑文都没有记载。因此，现在有人解读说：因上边有庵，下边有寺，故名尚庵寺，并且以寺后半山腰平台上有所谓尼姑庵遗址来佐证。

首先，此说难以自圆其说。上有庵，为何不名“上庵”而名“尚庵”？尚，有尊崇、注重的意思。如“尚武”“尚贤”。如果把“尚庵”两个字断句为一个词组，岂不成了“尊崇尼姑庵”或“注重尼姑庵”？

其次，此说没有史料证明。尚庵寺之名始于明代，没有任何证据表明这里有一座明代的“庵”。至于半山腰平台上所谓“庵”遗址，也没有确凿证据是座“庵”，更没有任何证据表明是明代就有的“庵”。因此说，“尚庵寺”绝不是因“上庵下寺”而得名。

再者，“庵寺”是对佛教场所的一种称谓，并非分指“尼姑庵”和“男僧寺”。佛教场所称为“庵寺”古已有之。例如：五台山有“普庵寺”；上海有“广庵寺”；渭南临猗县宋代有“圣庵寺”，“圣庵寺塔”至今犹在。

尚庵寺的本义是久远的庵寺

在古汉语中，“尚”字有多个义项，其中一个是“久远”。例如，《小尔雅·训诂一》解释说：“尚，久也。”《吕氏春秋·古乐》：“故乐之所由来者尚矣，非独为一世之所造也。”高锈注曰：“尚，久也。”这里的“尚”字也是“久远”的意思。

根据以上理由可以认定：“尚庵寺”的字面意思是“久远的庵寺”；“庵寺”以“尚”冠名，既表明“庵寺”源头久远，也期望“庵寺”长久永存。

映旗山与唐王传说

尚庵寺背靠的大山是映旗山，传说山后几个地名都与李世民及其队伍有关。

尚庵寺记事碑文都提到了映旗山，但用字不同，有英奇山、迎旗山、应旂山、应奇山等。现在，还有人写作鹰起山，说是因为山顶有块形似鹰嘴的悬起的巨石得名。

映旗山之名的来历，说法不一。20世纪60年代，笔者听父辈说，映旗山及几个地名都与李世民有关。

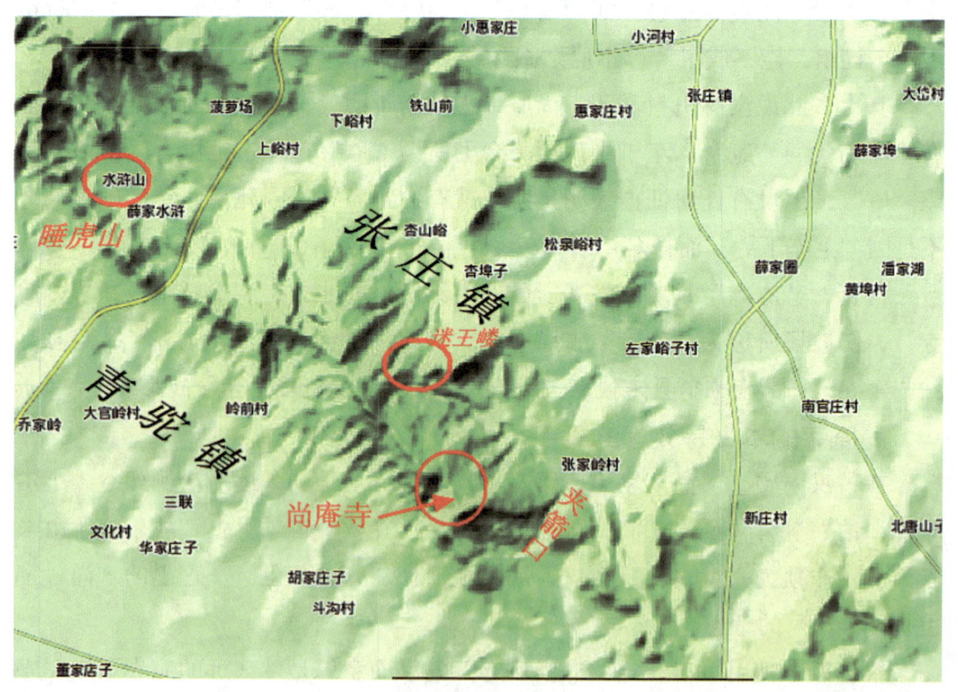

映旗山山系及地名

迷王篓

映旗山后一个地方叫“迷王篓”。

传说唐王李世民曾率领队伍在映旗山山前安营扎寨。当他回营时，在山后的山峪里迷了路，找土人做向导才回到了营地。迷路的山峪在山后坡，地形像是一个“篓”，因为唐王在这里迷了路，当地人就根据传说把这个地方叫“迷王篓”。

夹箭口子

土人带队走的是一条最近的回营道路，这条路由“迷王篓”向东，然后折向南，经过一个十分狭窄的无名山口。到达山口后，见山口十分狭窄，李世民惊呼：“窄可夹箭也！”由此，山口有了名称：“夹箭口子”。

影旗山

过了夹箭口，还没看到营地高高的大旗，李世民又找不到回营的方向了。土人指点说：“是山把旗影住了，下山右拐就看见营地大旗了。”李世民半信半疑，跟着土人下了山，向右观望果然看见营旗了。李世民自我解嘲地说：“非本王迷路，乃此山影旗也。”此话流传开了，这座大山渐渐有了公认的名字“影旗山”。

在古汉语中，“影旗山”的“影”字义项很多，其中一个是“隐藏”。如《水浒传》第十六回：“杨志却待再要回言，只见对面影着一个人，在那里舒头探脑价望。”“影旗山”后来讹化成了“映旗山”。又有人不知“影旗”之典，望山生意地讹化出了“英奇”“应奇”“鹰起”等名称。

睡虎山

映旗山向西逐步向上抬升，今大垭口西侧山后有村名水浒山。水浒的本意是水边，此村位于半山腰，为何称作水浒？传说，唐王李世民的部将程咬金领兵巡山，因喝多了酒在这里睡着了，鼾声如虎吼，因此山名睡虎山，后来讹化为水浒山。

李世民与程咬金的故事由来已久。映旗山西北方向有山土名“鼻子山”。鼻子山南端悬崖下有座明代即闻名遐迩的“花之寺”。寺中原有一通赑屃座螭首古碑，碑文记载了唐王李世民和程咬金的故事。真假无可考证，故事源远流长定非空穴来风。

据说，映旗山系东南端的“唐山子”也源于唐王李世民。

比较山名的多个音同字不同的文字表述，因李世民而得名影旗山，似乎历史因素更为丰富，更有道理。

映旗山语音

映旗山呈东西走向，向西逐渐升高与孟良崮相连，向东逐渐降低延伸至今砖埠镇大肚子山收尾。山前、山后方言语音差别十分明显。

清道光七年（1827）《沂水县志》记载：“映旗山。县南百三十里，山绵延数十里，为沂兰分界之山。”

清代，映旗山不仅是兰山县（沂州附郭）与沂水县的分界山，清雍正十二年（1734）前还是兖州府和青州府的分界山。在沂州和莒州升为直隶州之后，这里又是沂州和莒州的分界山。设立沂州府后，山前、山后虽然同属沂州府，但是这里仍是兰山和沂水两县的分界山。长期的区划分界，导致山前、山后的方言在发音方面差异很大，属于两个不同的方言区。山前的语音近似兰山城里人，被称作“兰山音”，山后的近似沂水县城人，被称作“沂水腔”。最明显的区别是，声母为“r”的字，兰山音发音是声母“r”与韵母相拼，沂水腔发音声母则就成为“y”了。如“日”，兰山音读作“rì”，沂水腔却读成“yì”了。

大山寺庙蠡测

砖埠镇西部山区，有一座山的名字叫大山。这座山，东西南三面环立，山谷向东开口。

当地老百姓说，山坳中曾有过一座佛寺和一座三教堂。现在一切皆化为零散的记忆或美好的传说了，唯有幸存的残碑断石印证着这些曾经辉煌的寺庙的存在。但这些幸存的残碑断石也已属凤毛麟角，要想通过它们弄清寺庙的昨天，只能管中窥天了。

大山位置

渐去渐远的龙兴寺

笔者曾多次寻访大山佛寺，但唯一见到的佛寺实物是一块墓塔石，上刻“沂水县龙兴寺”等字。

墓塔石局部

墓塔石呈正四棱柱磨棱形，高78厘米，四面各宽42厘米。正面中线刻文是“圆寂太师玉公和尚觉灵”。右侧面刻文是“沂水县龙兴寺圆寂本师行玉徒弟圆敬、圆赟、圆敏、圆庆、圆杲、圆广、圆昌、圆会、圆□，裔孙满政、满□”。左侧面刻文已斑驳不可识读，仅有一个“塔”字可以辨认。背面文字大部分已经被人为磨损得识读不出来了，能辨识出的文字仅有“龙兴寺□□僧圆善”“大明弘治□□年四月吉日”以及僧名“圆□、青念”等。

和尚，是从梵文音译过来的汉语名词，在梵文中的意思是“师”。和尚本是一个尊称，有一定资格堪为人师的僧人才能够被称为和尚。这个称呼并不限于男子，出家女众有资格的也可以称为和尚。但是后来习俗上这个词被用为对一般出家人的称呼，而且一般当作是男僧的专用名词，这和原来的字义是不合的。僧人必有法名，法名是按宗派的辈分由师傅起定的。由墓塔石残存的文字可知，这座佛寺名为龙兴寺，至迟明朝弘治年间就存在了。墓塔的主人是法裔“玉”字辈的和尚“玉觉”，主持修建墓塔的僧人是“圆善”，修建墓塔的时间是明朝弘治某年的四月，参与修建墓塔的僧人，还有玉觉和尚的“圆”字辈的徒弟和“满”字辈徒孙。

这个地方，清代属于沂水县管辖，但清代康熙十一年（1672）版和道光七年（1827）版《沂水县志》，都没有龙兴寺的记载。龙兴寺始建于何时，现在没有发现碑刻文字记载，难以断定。据邻村孙元吉老人回忆，他生于1925年，念私塾时（10岁左右），老师多次领着他们去看大山的寺庙，那时佛寺已经坍塌，没有和尚了。这说明，1925年时佛寺就已基本成为遗迹了。至于两版《沂水县志》没有记载龙兴寺，也可能是龙兴寺的规模和影响力不足入志，或者是已经式微毁坏的原因。因为龙兴寺在百年前就已面目全非，所以当地老百姓一般呼作“大山寺”，对龙兴寺之名反而很陌生了。

零散记忆中的三教堂

三教堂楣石

大山山坳还遗存一块长方形门楣石匾，匾长100厘米，宽52厘米，厚16厘米，镌刻文字是“三教堂”“大清同治二年立”。

“三教堂”是佛教、道教、儒教三个教派合在一起崇祀的殿堂。三教合一的思想起始于南北朝时期，在明代之前一般表述为“三教合流”或“三教归一”，到了明代才出现了“三教合一”的表述，集佛、道、儒三教为一体的寺庙或殿堂也多了起来。三教合一的殿堂，供奉佛、道、儒三教创始人（释迦牟尼、老子、孔子）。我国很多地方都有三教堂。三教合一有三种类型，即儒家立场的三教合一、道家立场的三教合一和佛教立场的三教合一。不同身份的人建立的三教堂，侧重也不尽一致，侧重哪方面，哪方面的创始人一定居于供台的中心位置。

此地还遗存一正方形石料的三人浮雕像。正方形浮雕石边长98厘米，浮雕像高45厘米。浮雕像三个人物呈坐式并列。

三教浮雕像

中间人物高度稍高于两侧人物，并且帽子正面有葫芦形图案；中间人物左手侧人像，挽着头发，斜背着一狭长物件（已风化不清，可能为宝剑）；中间人物右手侧人像，帽形及图案为官帽形式。结合当地有“三教堂”这一事实分析，居于中间的是释迦牟尼，挽着发髻身背宝剑的是老子（或吕洞宾），戴着官帽的是孔子。根据中为主和左为上的排列规则分析，三家代表人物的顺序是释、道、儒，居于主导地位的是释。

把龙兴寺、三教堂和浮雕像结合起来分析，可以得出这样的结论：三教堂是龙兴寺的延续；三教堂是佛教立场的三教合一。

三教堂的创建时间是清同治二年（1863）。规模多大？毁于何时？孙元吉老人回忆说，他随私塾老师见到的三教堂，是硬山式一门两窗三间瓦房，那时塑像已经不见了。

意义深远的《四知堂记》

遗存的残碑中，有一方石碑还相对完整，碑眉刻字是“四知堂记”。

碑文全部文字如下（本文作者识读和句读）：

地界兰邑，山名幞头。东航海，西达岱，往来要道，今古通达。昔蚕丛崎岖，徒增悼叹而矣。而鸠工平治，究竟谁向？甚矣！人情之伦也，谋在己私，千金不惜；事属义举，一钱亦吝。一时如此，千古数然。杨君特一木匠耳，竭蹶糊口，一家仅足，勉强为善，独任有余，余闻而奇之。又闻之此山多怪，往往陷人于悬崖，否则涂人于泥水，又慨然修庙以镇之，余闻而愈奇其为人。问其家世，乃杨震之苗裔也。震在汉世，仁及伤雀，瑞启飞鳣，以司徒敷教德泽，固灿如列星；而列祖杨宪，佐洪武定鼎，官至丞相，功业亦昭人耳。自始悟杨君之急公好义，乃先世家风，无足奇者。释然之下，因嘱志之。余本不能文，固辞不得，因覼缕是，吁！适以彰余之陋也。

大清光绪三十一年仲秋下浣谷旦

勷事练长王景信

沂水文生孙兆元撰文

沂水文生孙建元书

沂水石匠胡茂平镌字

东昌茌邑杨成仁独建

当时佛寺所处的位置，距离沂水县与兰山县边界很近。大山前是岚山头（今属日照市）经过葛沟（今属临沂市河东区）、青驼、蒙阴通往泰山的交通要道，道路通达，但由交通要道进入佛寺的道路却崎岖难行，犹如蜀道。而且这个地方多有奇怪之事，例如阴雨天进山之人常常被妖邪领到悬崖之上，或者

《四知堂记》碑

领到泥潭里。清光绪年间，杨成仁知道了进寺交通不便和妖邪害人的事情后，独立出资，不仅平治了进入山寺的道路，而且慨然修庙以镇妖邪。碑文撰写者孙兆元认为，一般来说人心自私，往往为了自己的利益虽千金不惜，为了公益之事又往往一钱吝啬。杨成仁是个木匠，经济收入足以养家糊口，做点善事也勉强能担负得起，但他却独立出资修路修庙，这就不仅令人敬佩而且更令人惊奇了。经过了解才知道，他是汉朝名士杨震的后裔，也是明朝开国丞相杨宪的后人。杨震为人仁善，潜心授徒，布施教化，其为人灿若星辰。杨宪辅佐朱元璋开国定鼎，官至丞相，其功业也尽人皆知。杨成仁继承先世家风，急公好义，与人为善，也就不奇怪了。

文末，作者谦虚地说：他见我明白了他的家族史和心意，嘱托我写篇记事碑文。我文笔不好，虽然坚决地推辞也推辞不了，只得原原本本地把这事写下来，借此机会表露一下我拙劣的文笔吧。

记事碑文中涉及的两个历史名人即杨震和杨宪。

杨震，字伯起，生于东汉明帝永平元年（58），东汉弘农郡华阴县人。他的先祖是华阴世家大族，历代封侯。到杨震的父亲杨宝这一代，家道已经没落了。杨宝终生讲学，拒绝征召为官。杨震自幼生活贫寒，但他少有大志，敏而好学，跟从当时著名学者桓郁学习《尚书》，终成一代宗师。他在湖城讲学，时间长达二十年，学生多达两千人。相传“从者如流，其峪多槐，固称杨震槐市”。后来，他接受邀请到华阴县东部的东泉店（今属潼关县）讲学，历时十年，学生多达千人。杨震讲学前后长达三十年，弟子逾三千，被当时人称为“关西夫子”。他五十岁时才出仕为官，经过多次升迁，官至太尉。杨震廉明自律，从来不接受私人礼物和请托。他赴任东莱太守时路过昌邑，昌邑县令王密是他在荆州刺史任内荐举的官员，听得杨震到来，晚上悄悄去拜访，并带金十斤作为礼物。王密送这样的重礼，一是对杨震过去的举荐表示感谢，二是想请这位老上司以后再多加关照。杨震当场拒绝了这份礼物，说：“老朋友知道你的为人，你为什么不知道老朋友的为人呢？”王密以为杨震假装客气，便说：“这是晚上，没有人知道。”杨震说：“天知、神知、我知、你知，怎么说没有人知道呢？”王密羞愧地把礼物带回去了。杨震的子孙蔬食徒步，生活俭朴。他的一些老朋友或长辈，劝他为子孙置点产业，他说：“让后世的人称他们是清白官吏的子孙，不是很好吗？”他在司徒、太尉位上时，因多次直言疏奏，得罪了权臣，最终被诬陷罢官送回原籍，在回籍的路上含恨自杀了。杨震死后一年多，汉顺帝刘保即位，为其平反昭雪，并用很高规格的礼仪将杨震改葬于华阴潼亭。《后汉书》为其立传。杨震所说的“天知、神知、我知、子知”被世人浓缩为“四知”，杨氏多以“四知堂”为堂号。

杨宪，字希武，明初太原阳曲人。元朝至正十六年（1356），他投奔朱元璋，因办事干练，成为朱元璋的亲信。洪武元年（1368）任中书参知政事，二年（1319）升迁为中书左丞。杨宪属浙东（刘基）集团的人，在政治斗争中，被李善长弹劾，获罪被杀。

山东茌平《杨氏家谱·叙》认定，先祖是“泊乎炎汉，族居弘农”的杨氏。杨震的后人杨鼎徙居江南凤阳府，其后又居盱眙县。杨鼎的后人杨宪迁居东昌府茌平县，其后裔又逐渐分爨徙居各地。杨氏族人传说，当年杨宪遇害时，刘伯温问杨宪之子杨德清要官还是要人，杨德清回答说要人，于是刘伯温让杨德清兄弟往北逃难，并嘱咐何时脚上沾泥够七斤，何时停脚落籍。杨氏兄弟几人从南京一直往北行进，至茌平东南十里时遇雨，道路泥泞，两脚沾满泥，行走不动，便在此落户。也有人说，茌平杨家始祖的风水地是刘伯温给勘定的。因为杨德清曾说要人不要官，所以杨德清兄弟几人的后人仕途不济，但人丁兴旺，形成杨氏独特的一支。

独资修庙的茌平人杨成仁，是杨宪的后人当不会有错。至于杨宪是否为东汉杨震的后裔，因为历来族谱都有拉历史名人以光耀宗族的做法，就难以确认了。记事碑文所记述的杨氏裔脉线索是否真实并不重要，重要的是杨氏先祖留下几个历史典故的教化意义。例如“四知”。《杨震传》后赞语说：“震畏四知”。“畏四知”是杨震践行儒家“慎独”思想的具体言行，至今有深刻的教育意义。又如“仁及伤雀，瑞启飞鳣”。“仁及伤雀”的典故，源自晋朝干宝《搜神记》中的“黄雀报恩”故事：东汉弘农人杨宝，天性仁慈，年纪才9岁时，有一次在华阴山北，看见一只黄雀被鹰追逐搏伤，坠落地上，又被许多蚂蚁困咬伤口，黄雀痛苦挣扎。杨宝深为怜悯，便把它救回，敷治创伤，小心养在竹箱里，等到黄雀创伤痊愈，羽毛生长后，就把它放飞了。当夜，杨宝梦见一黄衣童子，向杨宝再三拜谢说道：“我是西王母使者，在飞往蓬莱仙山途中，遭受伤害，承蒙施恩拯救疗养，如今我要返回南海了。”说罢，便以白玉环四枚赠送杨宝，又说：“此环使你子孙世代清白，官至三公，如玉环洁白无瑕。”后来杨宝子孙杨震、杨秉、杨赐、杨彪四代，果然都位列三公，高风亮节，贵显无比。后人在杨宝放雀处修建了放雀台，以教世人。“瑞启飞鳣”的典故，源自《汉书·杨震传》：杨震平常客居在湖城，几十年都不回复州郡的隆重礼聘，人们都说他错过大好年华，但他的志向却愈发坚定。后来有冠雀衔着三只小黄鳝鱼飞到讲堂，人们拿上鱼对他说：“蛇鳣是卿大夫的官服的象征，三是表示三台的意思。先生从此要高升了。”果然，杨震年50时步入仕途。后来，人们就以“飞鳣”比喻好的征兆。这里把“仁及伤雀”与“瑞启飞鳣”两个典故连接在一起，是为了强化一个理念：“好心必有好报”。

碑文作者孙兆元，是临近的东岳庄村人。孙兆元是有私塾学历的高才生，年轻时就有善心，中年后常有义举，深受乡里敬重。碑文将杨成仁普通的善举写得如此生花，的确显示出了他的才华。他将“谋在己私，千金不惜；事属义举，一钱亦吝”，归于“人情之偷（偷，意思是自私）”“千古数然”，表面上是为这司空见惯的行为开脱，实则是对这种私己行为的鞭挞；将杨宝、杨震父子“仁及伤雀”“瑞启飞鳣”的典故入文，实际上是他内心追求的流露；以杨氏堂号“四知”为记事题目，更是借题发挥，昭示世人要重慎独、畏四知、存善心、做善事。

古人云：“文以载道”。碑文作者的良苦用心，令人肃然起敬。

庙山古碑存珍史

道光七年（1827）《沂水县志》记载：

百磴山，县西南百里，山南为汶水入沂之口。

百磴山即今大庄镇百碇庄村西的小山。因为旧时这座突兀而起的小山上曾有庙宇，所以现在当地人都叫它庙山。对庄名的来历，1985年出版的《沂南县地名志》是这样表述的：

庙山自山下到山巅寺院，有石级百磴，故名百磴庄，后演变为百碇庄。山巅原有碧霞元君殿等建筑，旧社会香火甚盛。据老人述：山上原有石碑近百块，其中有唐代石碑，后遭毁坏，现仅余明、清石碑四块。

劫后余生的几块明清石碑，尤其是明代进士高大化撰文的《重修北登山庙记》碑，不仅记载了山名的来历，山巅建筑维修情况及盛状，而且留下了许多珍贵的历史线索，为后人研究本土历史文化提供了宝贵的资料。

百磴山本名北登山

现存最完整的记事碑，是明朝隆庆四年（1570）高大化撰写的《重修北登山庙记》。

高大化是明朝沂水县会川乡西流庄（今沂南县大庄镇大庄村）人，明嘉靖三十八年（1559）己未科进士，授江阴知县。他在《重修北登山庙记》中，不仅记载了当时山的名称和美景，而且分析了山名的来历。

《重修北登山庙记》开篇就点明了山的名称和位置：

北登山，沂之东南镇也。去县仅百里，界于齐鲁之间。

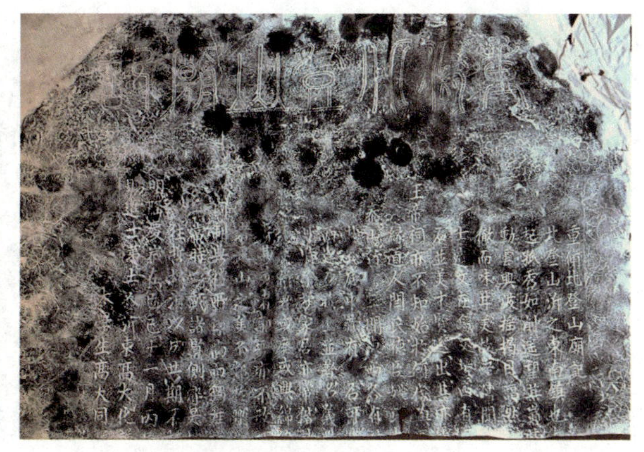

高大化撰文碑拓片局部

古称一方的主山为镇。北登山海拔194米，南北长850米，东西最宽250米。体量如此小的一座山何以为“镇”？因为：

> 群峰罗列，直抵东蒙。诸镇横斜杂错，千叠万重。是山独出众山之东，平原突起，孤秀如削。遥望其巅，皆大石丛积，空翠郁蒸，烟云布濩。沂河自北而南，汶水自西而东，二水交流，波光掩映。每当日夕，山水浮动，云兴波摇，揭目藹然，实诸山之秀出而专美于兹土者也。

山名为何称为“北登山”？高大化认为：

> 境西有二戴旧址，闻有二戴书院，乃当时之传礼处也，其中废石旧器今尚有之。
>
> 窃意当时，二戴诸贤侧邻，是地必其素所登临嘉乐无已，北登山之得名必自此始，是又未可知也。

境西二戴旧址，是指此山正西方向4.5公里处的大戴庄。二戴是指戴德戴圣叔侄俩，戴德为叔，戴圣为侄，西汉时梁人，活跃于元帝时期（前48—前33年）。西汉时期，经学是以家学和私人授徒方式传承的。叔侄俩都是经学传承大家，各自收徒授业，名噪一时，合称二戴。启蒙读物《三字经》中有“我周公，作周礼。著六官，存治体。大小戴，注礼记。述圣言，礼乐备”的记述。

二戴书院在大戴村西不远的“颜温里”（约在张庄镇南沿汶村或北沿汶村范围内）。明《青州府志》列二戴于“侨寓”，谓“其微时从后仓得高堂礼经之传，往来齐鲁间，慕沂山水，在颜温里立书院，教授生徒”。

明隆庆年间，二戴旧址或讲学处“废石旧器今尚有之”。根据这一史实线索，高大化认为，此山如此幽美，二戴等古贤必定常来此地，登山消闲。因为此山南北漫长，西坡陡峭，最佳登山路线是自南端山脚沿山脊向北登攀。向北登山，简曰“北登”，“北登山之得名必自此始”。此说虽为推测之论，但毕竟是第一个提出这一假说的，因此其说意义非凡。

记载了元代进士的信息

今沂南县境内，见于史籍记载的进士基本上都是大庄镇高氏家族和刘氏家族的，也基本都是明清时期的。高大化就是高氏家族中的第一个进士。

《重修北登山庙记》中涉及一个元末的人物——孟益：

> 其南有元末孟学士名益者旧业，至今断石尚有孟进士造文在焉。

这句话包含着5条重要信息：孟学士，姓孟名益；孟益是元朝末年的进士；孟益的家在北登山南面；孟益的家业尚在；北登山上有孟益撰文刻石遗存。

元朝是中国历史上一个由北方游牧民族建立的封建王朝，存续时间不足百年。有元一代，共举行了16次科举考试，考中进士的共计1139人。虽然有总体的数据，但因历史的原因，《进士录》传世者仅《元统元年进士录》及《至正十一年进士题名记》两科，尚缺十四科。尽管历代学者为元代各科进士名录的重构进行了不懈的努力，但至今也没有一个完整的名录，甚至个别名录还存在争议。现在任何著录中都没有孟益其人。

其实，今沂南县境内，元代至少有两名进士。其一是今岸堤镇范围内的张姓进士张维忠，其二就是东汶河北岸司马村的孟克益，即孟益。

司马村现分为东司马村和西司马村。司马村《孟子世家流寓沂州府沂水县司马庄续修支谱》（以下简称《孟氏支谱》）记载：

> 五十五代：孟克益，元进士。子希英、希臣。

孟克益兄弟三人。兄孟克诚，旧谱有传；弟克德。父思珍，旧谱有传。

关于司马村孟氏的来历，《孟氏支谱》录明代修谱《序言》记载：

> 沂水县司马庄一支其始祖讳润，系亚圣孟子四十八代裔孙，于宋时始于邹县迁居沂水县司马庄。嗣后，改入沂水县民籍。

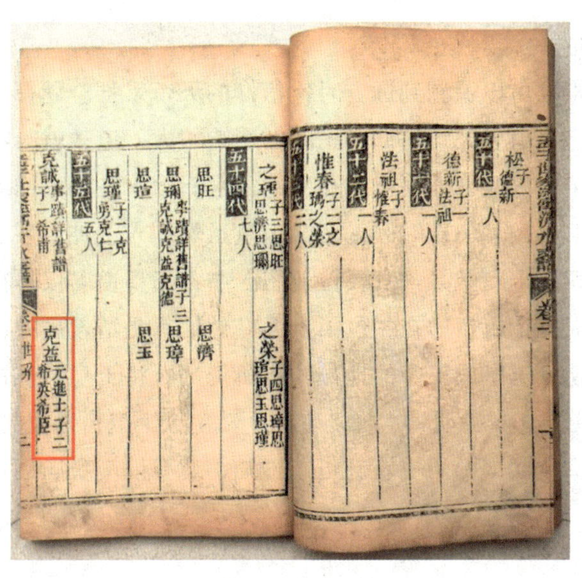

《孟氏支谱》之孟克益

《孟氏支谱》记载的元代进士孟克益，显然就是《重修北登山庙记》中所载“元末孟学士名益者……孟进士”。之所以名字有一字之差，可能是谱名与实际使用名不同的缘故。

庙山庙宇何时始

《重修北登山庙记》记载：“其山建有玉帝祠，亦不知始于何代。”玉帝是玉皇大帝的简称，玉帝祠即民间俗称的玉皇庙。高大化说玉帝祠不知始于何代，是严谨的，而当地人传说玉皇庙始于唐朝则是无稽之谈。

玉皇碑

玉皇又称为“玉帝”“玉皇大帝”“玉皇上帝”等等，道教尊称全名为“昊天金阙至尊玉皇上帝”，是道教所信奉的主持天、地、人三界的大神，也是中国民间信仰的最高之神，它是中国封建皇权在神仙世界的象征。

玉皇大帝崇拜可以追溯到远古时代信仰的天帝崇拜。魏晋南北朝时，战乱频仍，道教大盛。由于天帝信仰在民间的影响很大，道教就吸收了这些传统的信仰与神话因子，以此来加强道教在民间的号召力。在相互作用下，玉皇大帝崇拜的影响越来越大。但这时候玉帝或玉皇虽然列入了神仙系统，但地位还不是很高。在南朝道士陶弘景《真灵位业图》中，玉皇道君仅排在三清三元宫右位第十一，高上玉帝也仅排在左位第十九，他们都是道教主神，是元始天尊的下属。到了唐朝，玉皇或玉帝的地位才有所提高。将玉皇及玉帝统一为玉皇大帝并请进官方祀典、奉为明神、坐上宝座、奠定天上皇帝地位的是宋朝。

根据玉皇文化演变的历史轨迹可以推知，北登山玉皇庙创建时间不会早于宋代。

北登山何以成为镇山

高大化将北登山称为“沂之东南镇也”，虽然有着文学的修饰，但北登山之南的古老文明，也许更是北登山成为镇山的根本原因。

北登山（即庙山）海拔194米，西边是马山，但与马山不相连，是一个独立的山体。

北登山西南方向的司马村，位于东汶河北岸的小平原上。在这里发现的古文化遗址，属于大汶口文化中晚期遗存。

北登山正南方向的里宏村东，近几年新发掘的“新石器时代北辛文化环壕聚落遗存”，是整个临沂地区目前所发现时代最早的新石器时代遗存之一。

北登山位置

北登山虽然体量不大，但平原突起孤峰傲立，虽然海拔不高，但登巅可望四野。在远古先民心目中山巅是离天最近的地方，北登山无疑既是登高望远的最佳之地，也是祭祀苍天的最佳之地。古人云："山不在高，有仙则名。"随着古老的玉皇文化的扩展和丰满、定型，北登山之巅出现玉皇庙是顺理成章的，被当地人奉为镇山，被文人描绘得宛若仙境，也在情理之中。

高大化生于沂水县会川乡西流村（今大庄镇大庄村），因为高氏迁沂始祖落籍地是沂河东岸的东流店，所以取号"沂东"。高大化是高氏家族第一个进士，授任江阴知县。他履职第四年即嘉靖四十二年（1563）末，就被贬官归里"冠带闲住"了（详见前文《白龙桥窥古》）。因为有这一背景，才有了文中"土人""此时余方家居"等自我表述，"常偕诸乡戚，登临其上"的消闲游历，和"历诸往昔并观今日"而"喟然兴叹"的心境流露，以及一连串有问无答的"耶"字句。明隆庆三年（1569），北登山玉皇庙重修竣工，主修道人闫德臣诚邀高大化撰写记事碑文。高大化对闫子之邀，"不复辞让，援笔次之"，"记其颠末"，留下了寓心境于美景的"不朽斯文"。

附文：

重修北登山庙记

北登山沂之东南镇也，去县仅百里，界于齐鲁之间。群峰罗列，直抵东蒙。诸镇横斜杂错，千叠万重。是山独出众山之东，平原突起，孤秀如削。遥望其巅，皆大石丛积，空翠郁蒸，烟云布濩。沂河自北而南，汶水自西而东，二水交流，波光掩映。每当日夕，山水浮动，云兴波摇，揭目蔼然，实诸山之秀出而专美于兹土者也。其西一里余，有大泉泄于马山之半，名为金马。泉出自大石中，水清澈而味甘美。故老传闻，昔当盛时，遥见有金马出自泉内，泉因之而名。其南有元末孟学士名益者旧业，至今断石尚有孟进士造文在焉。又境西有二戴旧址，闻有二戴书院，乃当时之传礼处也，其中废石旧器今尚有之。窃意是山，当沂汶之交流，泉石并美，才贤迭出，其亦灵秀所独钟，会诸峰之精英，而独擅其美者欤？

其上建有玉帝祠，亦不知始于何代。兴废不常，修复未广。境北有空基一区，左右俱有平石，开拓无人。览者每每兴叹。迄今隆庆二年春，有募缘道人闫氏德臣，姚氏太善，俱端洁士也。一旦发愤，随之一时四方相应，土木群集。不二岁，北建有泰山行宫三间，东西各有神廊二十余栋，各加增饰，巍焕俨如。其所由来，不知凡几代，经几兴废。一旦尽开，广之无遗，其亦可壮也。□□庭中，藏有□石，可登可坐。游人过客，往往持觞其上，吟啸不舍。于夏月，风辰尤宜。又于庙之东南云，立有大石，表识山名，泉之□□于上，并著名义，数百年未起之典，又一旦开大之无遗矣。其功其事，亦岂细细也哉。

今当功成事竟，乃伐石征文，用纪岁□。此时余方家居，亦常偕诸乡戚，登临其上，历诸往昔并睹今日，未尝不喟然兴叹。以为是山，特诸山中之一山耳，是何名义独存□。□□□者，或废或兴，绵绵不绝，至今一旦举之，易易然若无难者。山耶？人耶？吾俱不可知。其灵秀所能钟耶？会诸峰之精英而独专其美者耶？吾亦不敢不谓其无是也。昔人谓地灵则人杰又谓景物盛概因人而成。然则，山与人亦相待以有成者也。所可惜者，是山之美，不邻于州郡，不当于要地，为国制典礼所崇尚，而独产于幽深辟远之处，隐处于世代沿袭之久。闫子，道流也，亦识之于微晦废圮之后，兹又是山之幸也。窃意当时，二戴诸贤侧邻，是地必其素所登临嘉乐无已，北登山之得名必自此始，是又未可知也。

予产兹土，方乐厥成，睹山灵而思往哲，□□以成共期不朽斯文，吾人之幸也。兹因其来游，闫子恳予为记。遂不复辞让，援笔次之，用以记其颠末云。时大明隆庆岁在己巳十一月丙子。

赐进士第土人沂东高大化谨撰

太学生高大同

庠生李三畏 张希朱 陈策 陈清 刘伯祯 汪九韶

山泉道人岳岑书篆

募缘道人刘一禄 姚太善 闫德臣 王和春 宁太金 神亮

弟子 庞清信 马清夫 尹清惠 毕清才 庞礼仁 郑礼存

塑匠 李文典 辰奉

石匠 丁朝 于贵 张敖

西流辨析

高大化生于明朝沂水县会川乡西流村，此西流村即今沂南县大庄镇大庄村。

今大庄镇有个西流村，在大庄村西南3.5公里。

事实上，沂河西岸原有三个村庄名为“西流”：今大庄辖属的大庄村，原名“西流”；今大庄村西南方向沂河西岸有一个村庄，现名“西流村”；今界湖街道办事处辖属的神墩村，原名“北西流”。

三西流位置图

中部的“西流村”是有记载的。清康熙年间所修《高氏族谱》记载：“高氏五世三公始迁西流庄。”《沂南县地名志》记载：“（大庄）村处沂河西岸，故名西流庄。”

“西流村”为什么改名“大庄”呢？《沂南县地名志》记载：“明末因社会动乱，与相邻的西南庄、高家石门合筑围墙自卫，围子大，人口多，被称为大庄。”

现在的“西流村”原名“南西流”是有证据的。西流庄正西方向约2公里处的“庙山”上有许多残碑，其中一块残存的明代石碑上记有“南西流庄”之名，记在“南西流庄”名下捐款人大多数是刘姓。《沂南县地名志》记载：“（西流村）现多刘姓。据其家谱记载，明代前期刘姓始迁此。”由此可证，今“西流村”即明代石碑上所称谓的“南西流庄”。也就是说现在的西流村，明代名为“南西流庄”。

“北西流庄”这一名称，民间有传说，但没见到直接记载的证据。《高

有关“南西流”残碑

氏族谱》载录民国二十六年（1937）《六修族谱考》中有间接记载：

吾高氏迁沂以来，二世分为两支，祖居高家店子即古东流店，二世长公后析居南神墩诸村……长公失讳，其子讳文英。

又考证说，高文英次子原名高昂，后改名高玘，是北西流人。《六修族谱考》记曰：

北西流不知今为何村，以昂祖改名征之而疑团可释矣。

综合上文可知：明朝时，南神墩村名为北西流庄。但北西流庄何时改为南神墩村，就不知道了。

原有的三个西流村都在沂河西岸，处于南北一条直线上。根据三个村的方位可知，南北两个西流村都是以处于中间的西流村（今大庄村）为参照点的。

综合三个西流庄名称的变化，可以这样认定：先有了“西流庄”之名，而后才有了“南西流庄”和“北西流庄”之名。“西流庄”之名被“大庄”取代了，“北西流”被“神墩”取代了，“南西流”也就省略了表示方位的“南”字，逐渐简称为“西流庄”了。

另外，今沂河东岸的高家店子和刘家店子两个村，明朝时是一个自然村，名称是“东流店”，这在康熙六年（1667）《高氏族谱·序》中记载得很清楚：

始祖当胜国（注：明朝）初年，过穆陵抵县治之南界，曰东流店因籍焉，遂为会川乡东流社人氏。

按常理分析，地处沂河东岸的应该叫“流东”，处于沂河西岸的应该叫“流西”。为什么违反常理叫作“东流”“西流”呢？未得其解。“东流”和“西流”两个村名哪个更早呢？未见根据，只得留予有心人探究了。

第五章

乡贤考论

二戴流脉

高大化《重修北登山庙记》记载：“境西有二戴旧址，闻有二戴书院，乃当时之传礼处也，其中废石旧器今尚有之。”

二戴，是戴德与戴圣的合称，又分别被尊称为大戴、小戴。

沂南县张庄镇现有大岱村，原名大戴村，村名源自“大戴”，即戴德。依汶镇孙隆村原名孙农村，村民多戴姓。

两村不仅隔山隔水，而且隔着一个乡镇，直线距离也有15公里之遥。但两村因为戴姓，有着历史的渊源，都与二戴流脉有关。

大岱和孙隆位置

大戴村

今大岱村村民以王姓为主体。王姓何时落籍此地，《王氏族谱》所载乾隆三十八年（1773）《王氏族谱原序》没有记载，仅说：

始祖自兰邑卧冰故里徙居沂水，二公留大徐疃，大公居大戴村。

王氏族人据说大约是明正统年间（1436—1449）迁来的，当时大戴庄人口以戴氏为主体。关于大戴改为大岱的时间，《沂南县地名志》记载：

清朝中期，本村望族王氏已将村名称为大岱。

与大戴对应的还有“小戴”。“小戴”位于东汶河黄埠拦河坝西南部的小平原上，不知何时村庄消失了，仅剩下“小戴湖”的地名。大戴和小戴两个村名，分别源于西汉时期的经学家戴德和戴圣。

戴德和戴圣是叔侄关系，戴德为叔，戴圣为侄。历史上于是按辈分称戴德为“大戴”，称戴圣为“小戴”，如唐朝经学家孔颖达《礼记正义·序》有“大小二戴，共氏而分门”的表述，宋代人王应麟所著《三字经》也有“大小戴，注礼记”的记述。按经学成就也并称为“二戴”，如《全唐文》有“捃摭九畴之宗，研详二戴之说”。

二戴其人

二戴是西汉时梁（今河南、江苏、山东、安徽交界处一带）人，活跃于元帝时期（前48—前33），生卒年不详。西汉时期，经学是以家学和私人授徒方式传承的。据《汉书·儒林传》记载：孟卿将《礼记》传授给后仓，后仓又传授给萧望之、翼奉、匡衡、庆普和戴德、戴圣六人。戴德和戴圣再各自授徒，大戴授徐良斿，小戴授大鸿胪桥仁、琅邪太守杨荣。

后仓和他的老师萧奋都是东海郡郯县人。后仓的六位弟子，除戴德、戴圣外，都是东海郡人。戴德、戴圣虽不是东海郡人，但大戴的弟子徐良斿是琅琊人；而小戴的弟子桥仁和杨荣虽是梁人，但杨荣曾任琅邪太守。可以看出，西汉时期后仓一派的学术活动圈，基本是在今鲁南苏北一带。也就是说，二戴的活动在琅邪郡与东海郡范围内。

二戴之功

二戴对《礼记》的传承产生了重大的影响。

《礼记》是一部先秦时期的典章制度集。原本的《礼记》，在秦始皇“焚书坑儒”后散佚了。

西汉初年，发现了幸存下来的《礼记》。《隋书·经籍志》记载：“汉初，河间献王又得仲尼弟子及后学者所记一百三十一篇，时亦无可传者。至刘向考校经籍，检得一百三十篇，因第而叙之。又得《明堂阴阳记三十三篇》《孔子三朝记》七篇、《王氏史记》二十七篇、《乐记》二十三篇，凡五种，合二百一十四篇。戴德删其烦重，合而记之，为八十五篇，谓之《大戴记》。而戴圣又删大戴之书为四十六篇，谓之《小戴记》。汉末，马融传小戴之学，又益《月令》一篇、《明堂位》一篇、《乐记》一篇，合四十九篇。”

东汉以后，大戴《礼记》逐渐散佚，小戴《礼记》则流传下来，至今流传的《礼记》便是这四十九篇的小戴《礼记》。戴德和戴圣不仅删编《礼记》，而且各自为《礼记》做了注释，以进一步阐述先圣先贤的言论主张，使得《礼记》所载的典章制度和礼乐规范更加完备。唐代，小戴《礼记》被称为“大经”，明时已取代《仪礼》成为“五经”中的《礼》。小戴《礼记》在中国儒家思想史上占有重要地位，为后人研究和发展儒家思想文化提供了重要资料。

二戴遗迹

西汉时期，西安建有全国最大的国家图书馆，名为石渠阁（因阁下以大石砌石渠导水而得名）。石渠阁是西汉时经学鸿儒谈论儒学进行学术交流的中心。宣帝时，戴圣被立为博士[①]，参与石渠阁会议，评定五经异同。戴德曾为信都太傅，戴圣曾任九江太守，但叔侄二人一生绝大部分时间是以授徒讲学和著述为业。

戴德和戴圣年老后定居东汶河岸边，立院授徒，终老于此。

这段经历未见正史记载，仅见于地方志书和碑刻资料。明朝隆庆四年（1570），高大化撰写的《重修北登山庙记》记载：“境西有二戴旧址，闻有二戴书院，乃当时之传礼处也，其中废石旧器今尚有之。”高大化是沂河岸畔高氏第一个进士，他的出生地西流庄（今大庄镇大庄村），距离二戴旧址所在的大戴村，直线距离不足20里。对于这样一个著名的汉代遗迹，高大化应该是去凭吊过的，因而其说是可信的。

清初，沂水籍学者刘绍武曾专门撰文论述二戴在当地立院授徒一事，他说：

① 博士，古代学官名。六国时有博士，秦因之，诸子、诗赋、术数、方伎皆立博士。汉文帝置“一经”博士，武帝时置“五经”博士，职责是教授、课试，或奉使、议政。

> 沂水县西南一百一十里，其地有大戴村、小戴村。《沂水志》云：二戴讲礼之处。按：二戴，《前汉书》无本传。戴圣为九江太守，事见《何武传》中，不言何邑人。又见《儒林·孟卿略传》云：后仓说礼数万言，号曰《后氏曲台记》，授梁戴德延君、戴圣次君。德号大戴，为信都太傅。圣号小戴，以博士论石渠，至九江太守。是二戴，梁人也。后仓者，东海郯人。二戴讲礼处去郯仅二百余里。《青州府志》列二戴于“侨寓”，谓“其微时从后仓得高堂礼经之传，往来齐鲁间，慕沂山水，在颜温里立书院，教授生徒”。近是。惜其居此讲礼，及殁而葬此，史传别无证佐，存疑可也。按：朱竹垞《曝雨亭集》四十六卷有“及殁，遂葬于此”语，余言俱同。

刘绍武文中提到的“颜温里”，即今沂南县张庄镇北沿汶村与南沿汶村。

明代，颜温里隶属于青州府沂水县会川乡，明嘉靖九年（1530）《重修法云寺记》也有“会川乡颜温里”的记载，可见颜温里之名早就存在了。现存清康熙十一年（1672）版《沂水县志》记载：县正南曰会川乡，领社二十六，其中有颜温社。北沿汶村尹氏族谱、南沿汶村张氏族谱也都记载村名原为颜温里。

颜温为何意？观清康熙年间《沂水县志》，当时与颜温里隔河相望的村记为“汉颜”，今记作“汉沿”；今东汶河上游的“岸堤”记作“暗的”；西南乡名刹“花之寺”所处的大山，清《临沂县志》记作“王幅鼻山”，而《沂水县志》记作“王坡鼻山”，这可能是因古代对地名的记录不甚规范所致。但有一点可以肯定，“颜温”村因沿东汶河而立村，后来村名演化为“沿汶”村则是顺理成章的事。颜温里离阳都故城十公里左右，两地以东汶河、沂河水路相连。汉代，阳都县是比较发达的县，境内的颜温里背山面水，水陆交通便捷，是十分理想的立院授徒之地。

刘绍武《二戴墓》记载：“（二戴）惜其居此讲礼及殁而葬此。”二戴墓位于大岱村北山上，本来历经沧桑后已是个不起眼的土堆了，在山岭承包给私人后，就被平掉了。近年，又有人寻找到墓址，进行了盗掘，古墓被彻底毁坏，地面上已无任何遗存。

二戴祠堂

大戴庄戴氏尊戴德和戴圣为先祖，并建有“戴氏祠堂”，官方称之为“二戴祠”，如道光七年（1827）版《沂水县志》就记曰：“二戴祠……康熙三十二年知县沈修葺。”当地人习惯上叫“圣人庙”。二戴祠建在戴氏家族的祖林地上，具体位置在今大岱村东边相邻的钮家沟村前。对于钮家沟的建村时间，《沂南县地名志》记载：

> 传闻土地庙的元代石碑上有钮姓，地处山沟，村名钮家沟当为钮氏始建，建村约在元代。

由钮家沟村的历史可知，至迟元代二戴祠就已存在了。

二戴祠始建于何时，已无从考究。唯明清两代重修的情况，还有确切记载。

明代，蒙阴陈知县曾在二戴祠立过一幢刻有“二戴故里”的石碑，认为这里就是汉代戴氏的居所。“二戴故里”的石碑已不知去向，但这件事在清康熙三十四年（1695）《重修二戴先儒祠碑记》中留下了记载：

> 沂西南境距县百有十里，山峰环抱，汶水经流，相沿为大戴村居。考戴氏，为汉儒宗，未敢断为沂产。但村以戴著名，而其风土人物，淳闷古朴，绰有先贤遗风。旧有祠一所，明季蒙尹陈公又碑其美曰“二戴故里”。虽弗可深考，盖其中为戴氏庐无疑。

遗憾的是，清代《蒙阴县志》没有记载这位“明季蒙尹陈公”的资料，因此，“二戴故里”石碑立于明代的何时就不清楚了。

清道光七年版《沂水县志·建置·寺观》载：“二戴祠……康熙三十二年知县沈修葺，有某撰刻碑文。”这里没有说明沈知县所修二戴祠的位置。但从康熙三十四年（1695）《重修二戴先儒祠碑记》所言“沂西南境距县百有十里，山峰环抱，汶水经流，相沿为大戴村居”可知，沈知县修葺的二戴祠一定是在大戴村。

清康熙三十四年（1695），沂水知县沈凤重修二戴祠的缘由和过程，在《重修二戴先儒祠碑记》中记载得很详细。沈凤是广东西宁县（今广东郁南县）举人，康熙三十年（1691）任沂水知县。康熙三十三年（1694），他专程来大戴庄瞻拜先贤故里。在此之前，庠生刘业孔见二戴祠已近坍塌，想着就原址重建祠堂，但没机会把想法告知县衙以求支持。听说知县来瞻拜先贤，便会同附近乡间耆老和太学生们，乘机面见知县，呈上募捐的花名册，以显示锐意修复的决心。知县深为感动，当即表示捐俸襄助。随行的县教谕刘君，也表示赞赏并相助。随后，沈知县兑现承诺，捐助了十两银子。有了知县的鼎力支持，当年秋天就开启了重修工程。知县沈凤觉得，仅有祠堂而无其他房舍，春秋祠祀时，若逢风雨，定有诸多不便，于是再捐俸银新建了三间草房，并购置了十几亩地，作为祭祀供品用地。祠堂于康熙三十四年（1695）二月竣工。沂水籍举人、候补内阁中书相勋撰写了《重修二戴先儒祠碑记》，以志其事。

《重修二戴先儒祠碑记》碑立在二戴祠院内。戴氏从大戴村迁出后，“戴家祠堂”由谁看护，已不知晓。从清末民国开始，孙隆村的戴氏族人便委托钮家沟村王宗芳一家看护着，并一直延续下来。新中国土地确权时，二戴祠的地产也属于戴姓所有。现在，孙隆村的戴氏族人还和王宗芳一家后人保持着联系。

抗日战争初期，沂临费边联县政府打算砍伐“二戴祠”里的松树，为新办学堂做课桌。看护人王宗芳听说后，连夜赶到孙隆村向戴氏族人通知了这一情况。孙隆村戴氏族人马上派遣了戴红玉等人赶到边联县驻地，向县长焦梦晓说明“圣人庙”的历史，请求保留“圣人庙”的古树。焦县长很爽快地答应了他们的请求，并且指示文教科写了保证书给他们带着。不过，因为战争年代兵荒马乱，“圣人庙”里的树木终究没有逃脱被砍伐的命运。

现在，大岱村的二戴祠院落还在，《重修二戴先儒祠碑记》碑已搬迁到孙隆村去了，只剩下了一棵几百年前栽植的银杏树，守着“二戴祠”遗址。

孙隆村

现在的孙隆村，原名孙农庄。关于村名的来历，《沂南县地名志》记载：“村西有一汉墓。据传为西汉武将孙农之墓，故名孙农村，又演变为孙隆。”

孙农庄的历史

孙农庄名由来已久。

现今能查到的最早记载孙农庄的史料，是明嘉靖四十四年（1565）《青州府志》。《青州府志》卷十一《乡社》记载：沂水县辖五乡，其中“乐城乡在城西南，领社二十九”，其中有“孙郭”“孙祖”和“孙农”三社。

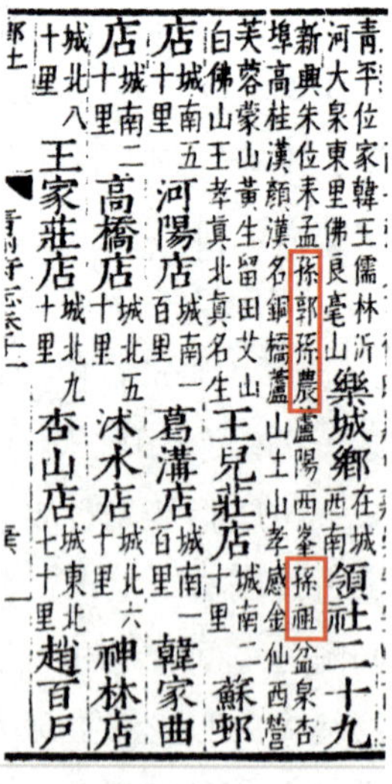
青平位家韓王儒林沂
河大泉東里佛良亳山
樂城鄉在城西南領社二十九
新興朱位來孟孫郭孫農盧陽西峯孫祖盆泉杏
埠高桂漢顏漢名銅橋蘆山土山孝感金仙西營
芙蓉蒙山黃生留田艾山城南二
白佛山王孝眞北眞名生王兒莊店十里蘇邨
店城南五十里河陽店城南一百里葛溝店城南一百里韓家曲
店城南二十里高橋店城北五十里沭水店城北六十里神林店
城北八十里王家莊店城北九十里杏山店城東北七十里趙百戶

《青州府志》乐城乡

清康熙十一年（1672）《沂水县志》记载，西南乐城乡下辖二十七社，其中有“孙农社”。道光七年（1827）版《沂水县志》记载，西南乡下辖十七社，其中有“孙奴社”。在沂蒙山区，“农”和“奴”的读音相同，音调也相同，都读作nú。孙农社和孙奴社都在同一个坐标点上，由此可知“孙农社”与“孙奴社”实为同一地名的不同写法而已。这说明，明清两朝这个村落都是叫“孙nú”的，只是音同字不同罢了。

孙农庄的演化

孙农庄是何时演化为孙隆村的呢？孙隆村一位有心人保存了一份20世纪50年代初期的土地确权文书，此文书上庄名都是用的“孙农”。这说明，虽然清朝官方记作“孙奴”，而当地老百姓是一直写为“孙农”的。这也说明，由“孙农”“孙奴”改写为“孙隆”的时间并不久远。“农”有“种庄稼”和“种庄稼的人”的含义，“奴”的含义是“受压迫、剥削、役使的没有人身自由的人”。本来，在沂蒙山区人的口中，“农”的读音与“奴”相同，再加庄名首字是“孙”，真的不大气。进入新社会了，该扬眉吐气了，把“农”“奴”改为与普通话读音近似的“隆”字，是合情合理的事。

戴姓迁移

戴姓何时迁到孙农庄的？没有确切记载。但从明代蒙阴陈知县曾在大戴村立过“二戴故里”碑一事可知，戴氏迁出大戴村的时间是在立碑之后的。孙隆村戴氏族人都说：“老祖是从大戴村迁来的，已经五百年左右了。”两者互证，那么戴姓大约是明朝中期迁出的。从大戴村迁出的戴氏族人，除了落籍孙农庄的，还有的去了邳县（今戴家围子）、蒙阴（今戴家庄）、日照及沂水县北乡等地。据说，《戴氏族谱》被迁到邳县的戴氏族人带走了。因此，大戴村戴氏一族的源头就很难知晓了。

孙隆家庙

戴氏迁到孙农庄后又建立了供奉戴德与戴圣的“家庙”，外人叫作“戴家祠堂”，官方继续称为“二戴祠”。这座祠堂也历经多次重修。

清朝嘉庆三年（1798），戴氏族长戴学呈向沂水知县奏请将“二戴”列入县级崇祀名录。知县认为此举无章可循，不便实施，未予核准；但同意重修二戴祠，按闵仲祠（在今沂源县境内）和孟母庙（在今沂水县杨庄镇）祭祀规格，每年由县捐助祭祀牲醴，并将这一决定存于礼房备查。这次重修奠定了二戴祠的形制和规模。

清朝同治十一年（1872）家庙再次重修。这次由戴俊卿倡导和组织实施的重修，“数月以后，顿还旧观”。重修后，由戴俊卿的表弟、举人刘中策撰写了《重修汉儒二戴祠》碑记。这块记载重修一事的石碑，现在嵌置在“家庙”

旧址的西墙上。

刘中策盛赞二戴承传《礼记》之功，并认为沂地既然是二戴“里居”，就应当“爱慕而保护之”。他写道：

刘中策书碑与拓片

> 后之人读其书，想其风徽，流连慨慕，且泣且歌。即至衣冠所及，觞咏所经，琴室棋亭，弋林钓渚，苍茫感触，若有凭依，于是建祠立像，刻石镌文，若山水增其妍秀，而此都人士亦无不赖其光泽者。况里居之所在，族姓之所居，其爱慕而保护之者，更当何如也。

刘中策撰写的《重修汉儒二戴祠堂》碑记中有“先儒旧祠在孙农里，前予曾祖为之记矣”之句，由此可知，刘中策的曾祖为那次修建撰写了记事碑。因为记事碑已不知去向，那次是新建还是重修就不清楚了，也不知是在什么时间了。

民国八年（1919），戴氏族人对家庙再次进行了重修。这次重修记事的“阖族捐钱题名”碑，也镶嵌在家庙旧址的西墙上。捐款人以本村戴氏族人为主，还有当时沂水县董家村（今仍属沂水县）、垛庄（今属蒙阴县），莒州吴村，蒙阴戴家庄，周边龙岗峪、葛庄、水湖套、松林庄、清泉峪、薛家庄、铜井、韩家庄、九山庄、傅旺庄等村的戴氏族人。虽然此碑没有直接表明是因重修而捐款，但从捐款人范围之广可推定是一次重修无疑。

民国二十七年（1938），孙农村的戴氏族人对“戴氏祠堂”又一次进行了重修。这时，祠堂已建有院墙门楼，门楼入口处有影壁，过影壁有白果树一株，古柏多株。这一规模应该是嘉庆三年那次重修奠定的。

“二戴祠”在今孙隆村的中心地带。祠堂废除后，原有院落曾长期作为大队的办公场所。村里新建了办公楼之后，这个院落成了一所幼儿园。“家庙”不再，石碑记史。戴氏后人也许都知道这里曾经是座“家庙”，但并不一定都知道始祖“二戴”在经学史上的地位。如若这座幼儿园能给孩子们增加一些这方面的知识和记忆，那么“家庙”改为幼儿园还是值得的。

幸喜的是，孙隆村按照社会主义新农村建设的规划，将幼儿园搬迁到了新园区，把幼儿园旧址建成了一处展现戴氏文化的新式“家庙”。看似轮回，实则上了一个新的台阶。

附文1：

重修二戴先儒祠碑记

（圣皇）御极之三十二年，我邑侯沈公莅任之三载也。自我公来沂，时和年丰，民安物阜，其善政不可指数，而留心古处（所兴废，亦其心）性然也。沂西南境距县百有十里，山峰环抱，汶水经流，相沿为大戴村居。考戴氏，为汉儒宗，未敢断为沂产，但村以戴著名。而其风土人物，淳闷古朴，绰有先贤遗风。旧有祠一所，明季蒙尹陈公又碑其美曰“二戴故里”，虽弗可深考，盖其中为戴氏庐无疑。闻夫世有六经，如日星丽天，如江河行地，凡表彰笺疏，功皆不在禹下。况《礼经》之注，自闺门（至）黄童白叟，无不（习）称为大戴之传述焉。岂可饮其流而忘其源耶？沂人士承我公振作之会，有庠友刘（君）讳业孔，欲承前构草祠一所，无由达（意于）当事。乃是岁之秋，忽闻我公经山村侧，下马寻（觅），留（足不）去。余（辈）闻之，乘间以募（薄）进。当事锐意修复，即捐全俸。既而知为（县民）教谕刘君，亦仰体盛举，极力赞襄之。盖先余而有同志，余则其待而（无所为）耶？（癸）酉春，余寝处苫块，未遑畚插，托乡氏戚奉经理其事。耆老刘（献）秀、刘文斐，捐资庀材，亦与有力焉。创始于同年之七月，落成于九月。之前所（见闻），莫此为最。然我公以春秋祠祀，或濡霜露中，再捐俸构草舍三楹，兼复其地顷余，以为牲币之资。所谓戴氏贤（德）我公而灵益安云。祠祀，无以为（细事）。况俎豆其祠，前有千古，后有万年，盖居人向义之，公（暨）不佞私淑之，敢忘云尔。若二戴之宜祠，已尽（诸）我公之巨笔。余愧不能文，姑摄其建之始末而为之记。

时皇清康熙三十四年仲春吉

二戴暨孙：戴勇戴保戴盈戴增戴常戴□戴复戴文戴起

邑人顺天科举人相勋拜撰

后学尹埂沐手书丹

督理善人戚奉

石匠杨志德蒋龙闫威

木匠戚秀

瓦匠□正□

（说明：碑文多处剥落不清，括号内文字系根据拓片字形、文意添补连缀而成。文首应有“圣皇”二字，“皇”尚可根据文义识读，“圣”字已不见字形，可断定非自然脱落，疑系破四旧时有意为之。）

译文：

康熙三十二年，沈凤已莅任沂水知县三载。自沈公主政沂水县，时和年丰，民安物阜，不仅善政难以历数，而且有关注古迹兴废的性情。沂水县西南一百一十里处有一个古村，这里山峰环抱，汶水经流，相传是大戴（戴德）的居住处。大戴是汉朝儒学宗师，虽然不能称他为沂水县籍人，但是村子却因为他而著名。大戴村风土人物，淳厚古朴，洋溢着先贤遗风。村子旧有一所祠堂，明朝蒙阴县知县陈公曾在这里立了一块石碑，题字“二戴故里”。“二戴故里”的说法虽然难以确切考究，但这里有大戴的房舍是毋庸置疑的。《诗》《书》《礼》《易》《乐》《春秋》是六大经典学术著作，光辉如日月，流传如江河。对这六大经典学术著作的显扬注疏，其功都不亚于大禹治水，可流芳百世。况且，自从大戴为《礼》作注后，不论男女老幼，无不以此为正本去学习和传承。后人怎么能饮水忘源呢？趁着沈知县新到沂地意欲干一番事业之时，我的学友刘业孔，计划在原祠堂基地上新建一座祠堂，但苦于没有机会向知县表达想法。当年秋天某日，沈知县来到戴氏祠堂所在的小山村，寻访祠堂旧迹。刘业孔得到消息后，乘机将修建戴氏祠堂的策划书呈送上去。正巧，沈知县也有修复祠堂的心愿，遂表示愿捐献俸禄玉成此事。随后，教谕刘君也表示支持这一盛举，并捐银赞助。一般来说，先有行动后有志同道合的人，我却有和我志同道合而且等待我行动的人。癸酉年春，我急不可待，还没等动工，就委托同乡好友戚奉统筹管理这件大事。乡中耆老刘献秀、刘文斐，也捐资备材，给予大力支持。当年七月开工，同年九月落成。速度之快，可谓历次重修速度最快的一次。建成后，沈知县春秋两次亲临祭祀。也许因为来祭祀的人，常在霜露之中等候，沈知县再捐献俸禄建设了三间草房，并协调确定了十几亩地，作为祭祀供品资金来源。这是因二戴贤德，沈公操心用心才办成的事啊。祠堂祭祀，并不是难办的事，况且二戴祠堂的祭祀活动，已流传千年，还要流传下去，这是当地人的习俗，并非沈公自己的敬仰行为，实是尊重民意啊。为二戴重修祠堂一事，真是沈知县的大手笔了。我才疏学浅，不能完备地叙述这件事，只好选取开始和结果敷衍成文。

附文2：

重修汉儒二戴祠堂

自尼山垂教，删定纂修（诗）书之泽，遂大昌明于后世。自是而后，笺注名家，代不乏人。而其有功经传卓然不朽者，则先儒二戴为尤著。方汉之初，《礼》之始出也，其文浩博，义意间有抵牾。先儒为之删繁芜、撷精华，而《礼记》一书遂与洙泗手定之《经》争光日月，斯亦伟矣。今夫贤人君子之在当世也，蓬户砥行，空山著书，几席之外，萧然无与。后之人读其书，想其风徽，流连慨慕，且泣且歌。即至衣冠所及，觞咏所经，琴室棋亭，弋林钓渚，苍茫感触，若有凭依。于是建祠立像，刻石镌文，若山水增其妍秀，而此都人士亦无不赖其光泽者。况里居之所在，族姓之所居，其爱慕而保护之者，更当何如也。先儒旧祠在孙农里，前予曾祖为之记矣。今其栋宇虽在，而兵燹之后半就倾圮。今兹不修，后将有难为继者。先儒后裔、予表兄戴君俊卿，慨然以兴复为己任。于是商之族人，募诸学校，鸠工庀材，丹楹刻桷。数月以后，顿还旧观。盖时虽妇人孺子顾瞻庙貌，追念遗型，以为读书乐道之风至今炳如也，矧其为文人学士者耶，且礼之为义亦博矣。经典咸赅，损益大备，古人所以笔之书以教后人者，非徒托诸空言，实可见诸行事，诚能因祀典之隆而念礼教之重，将见人守礼法，俗成礼让，由一乡而蒸之海内，则所以敦教化、美风俗者，将于是乎。在又岂仅一邑之光、一姓之荣哉！是为序。

辛酉拔贡壬戌举人拣选知县后学刘中策撰并书

大清同治十一年岁次壬申小阳月上浣谷旦

译文：

自从孔子为教诲弟子而删定纂修《诗经》后，《诗经》才得以流行于世，大放光明。此后，历代都有为《诗经》作注阐述义理的名家，可谓代不乏人。其中有功于经传而且卓然不朽的，大儒二戴尤为显著。汉朝初期，发现了秦朝焚书后遗存的《礼记》原本。但原本之文不仅文句广博繁多，而且个别字句及含义也有不同甚至矛盾。大儒二戴以《礼记》原本为基础，删乂繁芜，撷取精华，使《礼记》一书与孔子审定的《诗经》一样，与日月同辉，永世流传。当时，先儒们艰难生活，专心著书，身潜静处，心无旁骛。后世之人读其专著，思其风范，慕其美德，怎不抚卷感叹，喜极落泪。先儒们所到之处，所喜所好，言语感叹，都成了后人亲近追慕的事。于是，为之建祠立像，刻石镌文，就像山水能使人心旷神怡一样，都使人受到了先贤光辉的照耀。况且，这里是大儒二戴的居住之所，也是二戴后裔的聚居之地，他们爱慕之情与保护心愿，更有真意。二戴旧祠在孙农庄，从前我曾祖曾为之作过修建碑记。现在祠堂虽在，但因战乱而造成的焚烧破坏，已经坍塌不全了。现在若不修复，将来必然难以为继。二戴后裔、我表兄戴俊卿，慨然以兴复为己任。于是与族人商讨，向学校募捐，招募工匠，筹集材料，精工建筑，修旧如旧。数月以后，恢复旧观。连妇人孺子都来瞻观庙貌，追念先前的式样，都认为读书乐道之风至今仍然昌盛，何况文人学士？他们认为修复祠堂的意义更为广博深远啊。这一兴革得当的典范实例表明，古人用写成书的方式以教育后人，不是空谈，实在可以见之于实事，并能因为隆重的祀典而感到礼教的重要，也将因此出现人守礼法，俗成礼让，由一乡而影响到更大范围的结果。用这种方式督促教化，化美风俗，将是必然的。这岂是仅仅一地的光辉，一姓的荣耀！以此作为序言。

附文3：

刘中策拣选知县考

《重修汉儒二戴祠堂》作者刘中策，由其自署“辛酉拔贡壬戌举人拣选知县”及“同治十一年岁次壬申”可知，此刘中策撰写《重修汉儒二戴祠堂》时，正在“知县”位置上。

当时，沂水县刘家店子（今属沂水县院东头镇）有一个刘中策。此人也是“辛酉拔贡壬戌举人”，但沂水县庞守民所著《商略黄昏雨——刘纶襄传》中，刘中策没有“拣选知县”的仕途经历。

此刘中策是否即彼刘中策呢？答案是肯定的。

先看《重修汉儒二戴祠堂》作者刘中策的仕途经历。

作者是同治十一年（1872）以知县身份撰写的碑文，由此可知他“拔贡”时的“辛酉”是咸丰十一年之辛酉即公元1861年。以此可知，刘中策考取举人时的“壬戌”是同治元年即1862年。清代，大多数情况下都是进士做知县，但举人也已经具备了为官的资格，可以择优录为知县。此刘中策“拣选知县”即属从举人中择优录为知县之类。由撰写碑文的时间可知，作者“拣选知县”后到同治十一年，一直有着“拣选知县”的职衔。因为是为前贤二戴的祠堂撰写记事碑文，刘中策谦卑地自称“后学”是自然的。

再看刘家店子之刘中策的仕途经历。据《商略黄昏雨——刘纶襄传》[①]记载：

> 刘中策，初名刘中澈，字次方，号蓉舫，生于道光二十三年（1843）。父刘秉针，字松坪，邑庠生。刘中澈兄弟四人，姊妹三人。大哥刘中瀚，字海帆，号春舫，拔贡，官至河北三河知府。三弟刘中濂，字莲舫，廪贡生，五品衔，候选知县。四弟刘中瀛，字仙桥，号秋舫、仙舫，太学生，曾在官府任幕僚。

刘中澈入学后改名刘中策。咸丰九年己未（1859）秀才，时年16周岁。咸丰十一年辛酉（1861）拔贡，时年18周岁。同治元年壬戌（1862）举人，时年19周岁。和他一同参加考举人的大哥刘中瀚名落孙山，刘中策与父亲为安慰刘中瀚，约定等大哥考中举人时，兄弟二人再一同进京参加会试。刘中策这一等就是十一年。眼看刘中瀚考取进士无望了，父亲决定不能再让刘中策等下去了。同治十三年甲戌（1874），已经31岁的刘中策以举人身份考取了内阁中书。光绪二年（1876）丙子恩科，刘中策参加会试，中二甲第五名进士，授翰林，改庶吉士，成为沂水县明清两朝科考功名最高的学子。庶吉士是明清两朝翰林院内的短期职位，从科举考试中进士的人当中选择有潜质者担任，让他们先在翰林院内学习，之后再授各种官职；下次会试前进行考核，成绩优异者留任翰林，授编修或检讨，正式成为翰林。刘中策授翰林后，改名刘纶襄。光绪三年（1877）六月，刘纶襄朝考一等，授职翰林院编修。光绪八年（1882）八月，以翰林院编修之职任顺天乡试同考官。同年秋，又以优异成绩考取都察院监察御史，成为一名言官。光绪十年（1884）转掌江西道监察御史。光绪十二年（1886）补掌河南道御史。光绪十四年（1888），以御史职任顺天乡试同考官。光绪十五年（1889）会试，以御史职任同考官。不久授任知府，并钦命督理五城街道。年底京察，考取一等，被记名以道员用（正四品）。刘纶襄在任监察御史期间，刚正耿直，不畏权贵，体恤民情，秉公直谏，深得光绪

①《沂水县政协文史资料》第十六辑。

皇帝恩宠。后因参奏权贵，得罪吏部尚书麟书（清宗室大臣），于光绪十七年（1891）被罢官。光绪二十一年（1895）三月，刘纶襄被济南学府聘为教授。同年夏，沂水县阳早村出土一批重要文物，刘纶襄得知后组织上交朝廷。因献宝有功，同年九月朝廷下旨“官复原职并起复为陕西候补道”。光绪二十六年（1900），由四品升为从三品。光绪三十四年（1908）十一月卒于陕西任上，享年65岁。追封为从二品、布政使衔，通直大夫。

刘纶襄一生虽无“拣选知县”的经历，但其授任考取进士前的拔贡和举人经历与《重修汉儒二戴祠堂记》作者刘中策是一致的。同治十一年（1872），他还是举人、拣选知县的身份，同治十一年才参加会试，顺利登榜。之所以记载有异，也许是《商略黄昏雨——刘纶襄传》作者没有发现刘纶襄曾有“拣选知县”经历的原因，或者刘纶襄所谓“拣选知县”，仅是“拣选”了，但没到职，故少有人知晓。

刘中策改名刘纶襄，是考中进士以后的事。之所以改名，也许与当年“拣选知县”后未实际到职有关。因为没有实际到职，地方史料中也就没有知县刘中策的记载了。若如此，《重修汉儒二戴祠堂》中刘中策自署的“拣选知县”一事，就填补了现有刘中策传记的空白。

刘象久考述

对于刘象久的籍贯及史迹，本人拙著《沂南古史钩沉》之《晚霞灿烂店子刘》篇中已有涉及，本不该复言。但今见有人著文《沂水县院东头乡刘家店子与沂南县大庄镇刘家店子刘家考证》，认为“沂水县与沂南县刘家店子是同族”，“两村的共同祖先在南刘家店子，祖先有两个儿子，其中长子离开南刘家店子，在北刘家店子安家创立家业。由此形成了南北两个刘家店子”。《沂水县政协文史资料》第十六辑载《刘象久考》，还认定刘象久生于沂水县北刘家店子“诒谷堂”，是“刘纶襄族孙辈”。这些认定不仅是错误的，而且引起了一些不该有的认知混乱。为正视听，特将刘家店子刘氏之源流及刘象久事迹详述如下，以纠舛误。

南刘家店子刘氏之源

《东流村刘氏族谱》（以下简称《刘氏族谱》）清雍正元年《序》曰：

> 刘氏一族其来远矣。然远者不可纪，纪其可纪者则自讳全配王氏者始也。全，常山人也。自常山迁于吾邑，遂卜居于吾邑之南乡河阳社东流村焉。

乾隆二十三年（1758）《刘氏族谱·序》也记载：

> 始祖讳全者，于明初避红巾之难，来自长山县野鹊窝庄，予未亲履其地，然历有传闻矣，因并记之。

同治十年续修《刘氏族谱·序》对迁出地也记载为：

> 始祖讳全公，来自长山县，传其地曰喜鹊窝。

其后续族谱的表述莫不如此。

沂地各姓族谱，凡是将祖居地表达为“某某县野（喜）鹊窝”的，无一不是祖辈传说。实际上这是一种集体记忆，是对迁出地的一种具体而又模糊的表述。

关于刘氏一族的来源，桓台县同治十三年（1874）《刘氏世谱》记载：始祖刘穷，祖居地河北枣强刘家村，迁居地新城（今桓台）县波扎店。桓台县《高氏族谱》也记载，明洪武四年（1371），高鹏远奉母与表兄刘泉离开新籍长山县，再次南行寻求理想的安居之地，最终在沂水“县治之南界曰东流店因籍焉，遂为会川乡东流社人氏”。上述族谱可证，东流店刘氏始迁祖刘全（泉），与东流店高氏始迁祖高鹏远是表兄弟，落籍沂水县会川乡东流社东流店的时间是明朝洪武四年（1371）。

刘象久先人

民国六年（1917）东流村《刘氏族谱》记载：刘全落籍东流店后，单传一子刘端，刘端又单传一子刘腾。刘腾子三，长子刘科，次子刘秸，三子刘和。自此开始分为三大支。

刘氏族谱记载，明嘉靖年间，东流店刘氏第四代刘秸出任蓟州驿宰。刘秸生于明正德元年（1506），其父家道已殷实，刘秸得以“少从塾师”。但这时父亲已老，“焉能待子其就他途”，刘秸只得遵父命放弃科举之路，谋取了一个蓟州（在今天津市境）驿宰的职位。驿宰即驿丞，专事驿道上的接待工作。蓟州地当要冲，往来频繁。刘秸任驿宰接待得体，勤敏有声，又能律己，奉公守法，因此升淮安仓使者。其时，族人都认定刘秸宦业从此日益盛起。但刘秸却认为，家有良田足以自适，有游泮之子正需垂训，何必拘志束形，沿着他人的期望而行呢？他毅然放弃仕途，挂冠归里，专心课子，刘家“书香自此益昌”。首先是刘秸长子刘伯祯以优秀廪生荣选国子监就读（荣选后未及入监病卒），继而孙辈出了两个县学生员，此后代代有生员入庠。次子伯祉虽未入学出仕，但治家严谨，处世平和，家道日趋昌盛。三子伯裕诗书传家，子孙皆有功名。

传至十三世，刘友琴一脉逐渐隆兴起来。刘友琴虽未入仕途便早逝，但长子刘寍不负父望，起步即跻身京城，以贡生出任中书科中书[①]。刘寍之子刘子恭以贡生荣选翰林院待诏生[②]，但因为双亲年事已高需人照顾，因此刘子恭没有出

① 清代，中书科是直接为皇帝办文宣谕的机构，办事员称为中书，从七品。

② 清翰林院，设掌院学士二人，满、汉各一人，其下有侍读学士、侍讲学士、侍读、修撰、检讨、编修、典簿、待诏、庶吉士等。

任。

刘子恭未出仕，终生以塾师为业，这也为子孙从小读书奠定了良好的家庭环境。从此，刘友琴一脉人才辈出。尤其是刘子恭长子刘恒泰一支，在晚清时期大放光彩，成为刘氏族人的骄傲。

刘象久其人

十四世刘子恭生子三人，长子恒泰，次子豫泰、三子晋泰为孪生。

刘恒泰，字象久。其出生地和出生时间，刘策先撰《诰封光禄大夫刘公象久年谱》记载：

> 始祖全公迁居沂水南乡东流村即今刘家店……嘉庆十一年丙辰四月十六日巳时，府君生于刘家店街西诒谷堂北堂室。

半生苦读

据《刘氏族谱》记载，刘恒泰自幼天性笃诚，举止言动有成人风。六岁时，尚在外塾馆任教的父亲授其孝经一本，唐诗三百首，数月后记认无差，“群目为大成之器”。7岁入塾，每日偕同两个弟弟晨昏定省外，唯读书，无他务。8岁读《论语》，9岁读《四书》，10岁读《诗经》《书经》《唐诗》，11岁读《易经》兼听讲《四书》，12岁读《礼记》兼读古文学与时文试题帖，13岁读《周礼》，14岁读《左传》。塾学阶段顺利完成了必学的科目。

道光六年（1826），刘恒泰21岁，科试二等，取得了参加乡试的资格。道光八年（1828年），刘恒泰23岁，第一次应乡试正科，没有被录取，随后附馆沂水县袁家城子师从举人袁炼读书。

道光九年（1829），刘恒泰参加省学政巡回岁试，荣列一等。25岁再次参加科试，获一等举优。道光十一年（1831），26岁的刘恒泰第二次参加乡试，又未果。为了继续应试，乡试当年又到日照东湖刘家附馆学习，师从岁贡生费裕誾读书。27岁，岁试一等补廪，又附馆日照牟宅，仍师从费裕誾。28岁，岁试一等，因经岁、科两试成绩优秀，按制获得廪生资格，每月领取廪米六斗。当年参加恩科乡试，虽“闱卷呈荐”，但还是未成功。道光十四年（1834），附馆莒州罗庄宋宅，从日照举人马龙骧学习，未参加当年正科乡试。30岁时，赴沂州府琅琊书院修习课业，先后师从府学教授潍县进士郭璋、书院山长浙江举人孙仁寿。道光十七年（1837），第三次赴省应乡试，再次落榜。

清代，乡试三次没有过关的生员，可以被推举为贡生参加朝考。贡生分拔贡、岁贡、恩贡、优贡、副贡。在五贡中，拔贡每十二年逢酉之年考选一次，最为难得，一般应在国子监肄业一年以上，以应朝考。贡生名额有限，府学二名，州、县学各一名，由各省学政从生员中考选，保送入京。道光十七年（1837）逢酉，刘恒泰幸运地被选为拔贡。

道光十八年（1838）逢酉，是六年一次的朝考之年，已33岁的刘恒泰以拔贡身份参加了朝考。因为朝考除了参加笔试以外，还要由吏部面试。吏部的面试重在形貌与应对，要求体貌端正，言语流畅，于时事、吏治素有研究。因为朝考才貌双挑，所以又称之为“大挑”。大挑过关后，一等任用为知县，二等任用为州府或县学的学官。在科举制度下，贡生出身的官员地位很低，只有多年不能中举的秀才才走贡生这条路。道光十八年（1838）朝考头场，题为“片言可以折狱者其由也”[①]与“赋得荷珠”。刘恒泰《荷珠》诗呈皇帝御览时，“叶同花并美，小与大俱圆”句，被丹毫圈赏，钦取一等第三名。复试题为“无以小害大无以贱害贵”[②]与“赋得政贵有恒”[③]，获第二等第二名。

筮任江西

按朝考制度，二等任用为学官。刘恒泰因头场朝考钦取一等第三名，授官知县，掣签分发到江西待补。掣签制是明朝万历二十二年（1594）吏部尚书孙丕扬创立的，方式是把确定的授任职位所在地区名称写在竹签上，杂置筒中，由待选人自行掣签决定任职去向。清沿用此制，分散任用京外省官员时，掣签分发各省。清制，凡正途出身授任知县的一般为实授，而异途充任知县的，则一般先试授，经过历练，称职者方可改为实授。

当年十一月，刘恒泰奉旨到了江西省城南昌。因为是异途授官，刘恒泰没有被直接任用为知县，而是于第二年春被委任谳局审案。谳局又称“发审局”，是清朝中后期为了适应经济、社会和人口的变化，各省地方政府设立的一个专门案件审理机构，审案即“案件审理员”。经过半年多的谳局审案工作，刘恒泰显现出了过人的才智及出色的办案能力。

清雍正年间，由广西布政使奏准，分定全国州县为“冲繁疲难”四类，以便因地而异任用相应的官吏。“冲”即交通要道，“繁”即行政业务多，

---

① 出自《论语·颜渊》。原文：子曰：“片言可以折狱者，其由也与？”“片言”是指诉讼双方中一方的言辞，即片面之词；“折狱”即断案。意思是，孔子说：“只听了单方面的供词就可以判决案件的，大概只有仲由吧？”

② 出自《孟子·告子上》。

③ “政贵有恒”出自《尚书》。

“疲”即税粮滞纳过多，“难”即风俗不纯、犯罪事件多，极个别不靠交通要道而且社会安定、行政业务少、无税粮滞纳的县称之为“简”。也许是因为才智过人办案出色，当年九月，刘恒泰被派到地处要冲、行政业务繁多的南安府大庾县任知县。这时，刘恒泰已经34岁了。

大庾县（今江西大余县），因地处大庾岭而得名，是南安府所辖四县之首。这里地处边境，地连广东，民风彪悍。刘恒泰履任之时，土棍蔡、查两姓争山滋事，借仇抢掠多达每日数十起。首犯蔡大罴一年多没有捕获归案，成为朝廷挂名的案子，因为久悬未果，前任知县因此被弹劾。刘恒泰到任第八天就将蔡大罴抓获，又五次带兵下乡清剿滋事余孽，大庾县境从此安宁下来。当年冬，刘恒泰卸任大庾县知县，回省城寓居候任。刘恒泰任大庾知县虽仅三四个月，但因办案清明利落，留下了良好的口碑。

道光二十一年（1841），36岁的刘恒泰转任广信府玉山县知县。玉山县与浙江省常山接壤，属于“冲繁疲难”四型俱全县份。当时浙江省英夷不靖，朝廷调袁州各府防堵兵丁千余人、广东大炮二十台、江西大炮十九台并军装火药过境，上下站都由水路到玉山县，再从玉山县转运近百里进入常山。转运路径曲折狭窄，运输极为困难，而军务急迫，刻不容缓。刘恒泰昼夜相继，仅月余就顺利完成了任务。

道光二十二年（1842）正月，刘恒泰卸任待命，当年五月委任赣州府赣县知县。赣县属于“冲繁难”三型兼有类县份，突出的特点是积案甚多。刘恒泰到任后七个月断结207案，并抓获了邻境要犯。

这时，兴国、长宁两县出缺，一时没有人选补缺，刘恒泰以赣县知县代理兴国、长宁两县事。长宁县虽比较平稳，但兴国县属于“难”类县，两县数年来又没有清结交代，当时还值湖北崇阳县土匪猖乱，省调赣州兵八百余名前往宜州防堵。刘恒泰担心兵丁在兴国、长宁两县境内耽延时间，滋事扰民，便代发兵丁过境口粮。事后两地都没有归还，刘恒泰只好自行赔垫。十一月，刘恒泰卸任赣县知县，自行赔垫的兵粮款也就不了了之。

道光二十四年（1844），刘恒泰被委任为南康府都昌知县。都昌县地临鄱阳湖，文风醇厚，名甲一郡，但地薄民悍，不易治理，属于“疲难”类县份。刘恒泰履职之后，主动除莠安良，境内肃然。时值湖水溢泛，水灾严重，刘恒泰除从速报灾请赈外，又带头捐俸以增加赈款。当年县试，刘恒泰照例为主考，录取生员胡元琛为头名。但胡元琛原来知名度不高，许多童生又素来未闻其名，因此产生异议。复试后，刘恒泰将胡元琛文卷公开展示，众童生既心服胡元琛文才，更钦佩主考官慧眼。胡元琛也未负众望，后中甲子科举人。因刘恒泰亲民重教，公正识才，奖掖人才，阖邑乡绅联名送“学道爱人”匾以表民意。

道光二十六年（1846）六月，刘恒泰转任袁州府万载县知县。清代，万载县的移民与土著矛盾深厚，不仅诉讼不断，而且经常发生激烈冲突。讼棍插手土、客冲突从中渔利，又更加重了土、客矛盾，县份类属“繁”“难”兼有型。刘恒泰到任后实力整顿，讼棍远避他方，数年不敢入境。有争讼者，分立曲直，立予断结，不留积案。在任期间，江西省办理清查案，行文还未到达，刘恒泰就已将前任存库银八千余两扫数解清，本任经收各年正杂钱粮无丝毫短欠。各前任流摊之欠积累达八千余两，刘恒泰逐年代为弥补，袁州府保奏清查无亏奉。民国二十九年《万载县志》为其立传。传曰：

> 刘恒泰，字象久，山东沂水拔贡，道光二十六年知县。才智过人，下车受词，旧者两造具备即予判结，新者诘其情虚当堂掷还。摘伏发奸，出人意表。一时胥吏及堂下观者，群诧为神。甚有怀奸欲试，业经盖戳登号，见其英明，惮不敢上。初告期投诉率一二百纸，行之一月减去大半。及春，寥寥一二十纸而已。邑中势恶土豪盗贼赌棍及一切积为民害，无一不在其胸中。因事到案，立予重惩，并发其他罪恶。由是，强豪屏息，盗风渐衰。凡稠人广众中，一识其姓名几于终身不忘。县试考入前茅者，十年之久遇之尚能面诵其文。在任三年，门墙峻而有学行之士礼遇极优，陶铸均而及寒畯之儒栽培独厚。当时惮其风采或有微词，去后思其勤求民瘼弊绝风清，乃皆叹服。至今则统前后数十年，廉仁勤干较其实惠在人，举无出乎其右。

辞职坐馆

咸丰元年（1851）二月，刘恒泰卸任万载知县，委署南昌府盐粮水利通判，兼署粮督同知。第二年又调署属于“冲”“繁”兼型的临江府新淦县。

这时，刘恒泰父母年事已高，自己也46岁了，子侄皆成年但还没有功名，因而早就有了陈情辞职的念头；又兼十余年连续辗转调任，所署县份无一是“简”，也无一是“冲繁疲难”中的单类，因此更感到身心交瘁，于是告病请辞致仕。经报请批准，于当年十月底卸任，暂在省城寓居南丰试馆，杜门谢客，亲教三子策庸读书。

咸丰三年（1853）正月，太平天国乱及江西，九江失守，省城戒严。刘恒泰携家眷经浙江、江苏，水陆兼程，辗转半年多回到了老家。

咸丰四年（1854）冬，因为万载、新淦两县离任时交代未结，刘恒泰奉命赴江西完善交代事宜。咸丰五年（1855）六月至万载县境，县民闻讯，遮道欢迎。离开万载县时，阖邑绅民联名陈请刘恒泰重返万载县任职。刘恒泰以病体难支为由谢绝，邑人大失所望，挥泪送别，又立生祠以作纪念。七月份到临江府，经核查，当时因军务告急，当事者无暇顾及万载、新淦两地，虽然未出具结论，但已核算清楚，统计有盈无亏。

交代作结后，刘恒泰于年底返回家乡，遂谢绝一切外事，在后庄设馆，亲自教授两个孪生弟弟和策先兄弟三人。

刘家既是世代诗书之家，又是世代有志且自励之门。刘恒泰的父亲年轻时，在学业功名上就自我加压，23时，寿登90的母亲无疾而终，他虽非其亲出之子，但待之如嫡母，因为自己读书尚未成名，便将母停柩在堂，以待自己获得功名后再行厚葬，最终以贡生荣选翰林院待诏。

受父亲的熏陶，刘恒泰不仅自己立志出仕为家族争光，而且为了孪生胞弟和子侄，年近半百之时又毅然辞别官场回家开馆亲自授课。他教育胞弟及后人说：

> 读书之道在绝交游，以专其功；去浮华，以实其功；屏游思杂念，以静其功。无弃天，无恃天，存心先求学问，功名听之自留下，读书真种子。①

在他的亲自督责教诲下，长子策先率先脱颖而出，以文涉武，顺利升迁，官至湖北布政使。次子策勋、三子策庸等同辈兄弟相继录为邑庠生，并且都以优等成绩补廪膳生，一门父子兄弟一时食廪膳者达六人，家乡之人无不争相羡慕，啧啧称赞是真读书人家。

及后，两个孪生弟弟都跻身仕途。豫泰由县学生员捐为训导，晋泰因军功授知县掣签山西，官历五台、平鲁两县县令后致仕归里。次子策勋以贡生授知县，掣签云南加同知衔；三子策庸以举人入朝会试“大挑”二等，选授东昌府博兴县训导，官至教谕；幼子策濂，县学生员，科考取一等第六名，由策先捐监应乡试入官号。

咸丰元年（1851），新帝登基，广施恩泽，刘恒泰在职受封文林郎。59岁致仕在家时，因长子策先战功升迁受赏二品封典。63岁时，因长子策先按察司记名并赏一品封典，受封光禄大夫。

① 清光绪二年《诰封光禄大夫刘公象久年谱》。

刘恒泰垂暮卧病之时，将“素志遂凑箴词十条”“分五法五戒”，汇集成篇，遗于后世，以教子孙。其“十箴”之“五法”是：敦孝悌，师亲友，教子弟，睦族党，端品行。“五戒”是：禁淫欲，戒赌博，止贪酷，忌轻浮，慎争讼。

刘恒泰孝敬父母，悌爱兄弟，严教子嗣，为后世辉煌奠定了基础。刘策先长子刘恩柱，23岁考中举人，补用知府，后补道员，1899年任山东机器局总办，1903年在济南创建电灯房，是济南最早的发电厂，也是山东第一家民族资本电力企业。刘策先幼子刘恩眷，又名刘佛缘，1907年赴日本早稻田大学攻读法律时认识了孙中山，翌年加入同盟会。辛亥革命后回国，在省法政专科学堂任教并开办律师业务，后任山东省第二届议会议员。中国人民抗日战争开始后，他组建起200人的抗日队伍，后编入八路军主力部队。1940年夏，任山东省临时参议会驻会委员。新中国成立后，任山东省政协委员和山东省文史馆馆员。

从祀乡贤祠

明清时期，凡有品学为地方所推重者，死后由大吏奏请祀于其乡，入乡贤祠，春秋致祭。同治十二年（1873），刘恒泰病逝，终年68岁。光绪二年（1876），刘恒泰之子刘策先为父亲撰写并刊印了《诰封光禄大夫刘公象久年谱》。光绪三十一年（1905），翰林院撰文柯邵文等人奏呈将刘恒泰从祀乡贤祠。

刘恒泰被从祀乡贤祠的奏议过程和事迹，民国六年（1917）版《刘氏族谱》所载《十五世象久公崇祀乡贤事实八则》序言有记载：

> 光绪三十一年冬，山东同乡京官翰林院撰文柯邵文等公，呈礼部请将故绅刘公恒泰从祀沂水县乡贤祠以励风华。经礼部行查本籍本邑绅耆，开具事实呈复，由东抚改题为奏，奉旨交礼部议奏。礼部复奏，依议。兹大众将当年事实检出，载入家乘，以作族人模范。

对于崇祀乡贤祠的“事实八则”，大略如下：

1.天性纯孝。闾里感其至诚，效慕不衰。

2.对同龄异母孪生弟友爱至诚，始终无间，誓不析爨。

3.言可为仿，行可为表，遵循礼法，严正自持。

4.性情淡泊，不以利禄萦怀。深恶饮酒，恹谈蔬食。积财清白，家风宜法。

5.笃志好学，取法程朱。在位时，造就人才，孜孜不倦，后学斐然。

6.家居时，训迪后进不分畛域，督责甚严而人乐从其教。有《诒谷堂文集》镌版行世，脍炙人口。

7.敦宗睦族，休戚相关。传家忠厚，历世节孝。教子有方，耀祖光宗。

8. 为政决断，政清域净。在任粮赋清明，去任清查无亏。民建生祠以祭祀，县志立传以褒扬。

东流店刘氏刘子恭一脉隆兴，与刘恒泰弃官归里坐馆课子有着直接的因果关系，可谓厥功甚伟。刘恒泰子孙辉煌，刘恒泰言传身教，功莫大焉。

梳理至此，可以清晰地得知：刘象久始祖刘全，由新城（今桓台）波扎店迁居沂水南乡东流店（今沂南县大庄镇刘家店子村），后世无有迁居北刘家店子的分支。嘉庆十一年（1806），刘象久生于东流店子街西诒谷堂，同治十二年（1873）去世，终年68岁。而北刘家店子刘纶襄，出生于清道光二十三年（1843），光绪三十四年（1908）十一月卒于陕西任上，享年65岁。由此可证，刘象久比刘纶襄年长37岁，刘象久系“刘纶襄族孙辈”之说是不成立的。

司马庄孟氏始迁祖及元进士孟益

沂南县大庄镇东司马村和西司马村原本是一个村，名为司马庄。

司马庄位于东汶河入沂河口的北侧的小平原上，村北面不远就是南北连绵的大山。从“西司马古遗址”所处的位置环境可推知，这块古人类聚居地，依山临水，背风向阳，土地肥沃，不仅可种植粮食，狩猎捕鱼，而且十分静谧而安全，是适于繁衍生息的宝地。由此也可推知，这块宝地上的先民，尽管不断地播迁他地，但一定也有继续在这里繁衍生活的人。进入古代文明社会的先民村落情况虽不可知，但村落自宋代就名为司马庄，是有资料记载的。

亚圣孟子嫡裔邹县孟氏，自北宋就有人迁居司马庄，至今已是临沂市兰山区北部、沂南县境内大部分孟氏的发源地。司马庄孟氏的始迁祖是亚圣孟子的48代孙孟润。

孟润迁居前后的身份

关于孟润的事迹，现存宣统三年（1911）《孟子世家流寓沂水续修支谱》（以下简称《孟氏支谱》）有简略记载。续修《孟氏支谱》有严格的程序，如必须由族人中几位有影响力的人士联名向邹县孟府呈请，呈请时必须附有一定身份的乡里之人具保为证等。《孟氏支谱》所载宣统三年孟府“诰授奉直大夫、代袭翰林院五经博士、加五级、亚圣七十三代主鬯孙庆棠”的序言曰（节录）：

甲子（同治三年即1864年）冬，先曾祖鉴，定邹族大谱告蒇之后，接次续修，流寓各支谱已百余支。兹有东莞族人昭玉等，携其支谱，恳为纂修。余即饬谱馆监修挨查据禀，核对大谱实系同宗。余复详加磨对，按其始祖讳润，系亚圣孟子四十八代裔孙，始由邹县迁至沂水县，其后人因之相家焉。迄今繁衍，世系井井，实为我家寓派之支。爰付谱馆，为之编次。既越月而告蒇。余取而观之，自始迁以迄元，仍厘然各正。统计二十七代，新古丁名通共九百零七人无阙。

关于孟润落籍沂水县前后的身份，《孟氏支谱》所载司马庄族人孟昭玉、孟广绪、孟昭范、孟照轮四人所呈送的保证书中，透出了信息：

四十八代族讳润，始于邹县原籍迁居至沂州府沂水县城南乡，距城一百里交良社司马庄居住。嗣后即于沂州府沂水县联姻，世族人丁繁衍，遂改入民籍。而邹谱大修之年，未便叙入。

对孟昭玉等人的呈请，孟府七十三代主鬯孟庆堂批示曰（节录）：

据呈，该支先代世居邹县确有凭据。嗣后迁籍，改儒为民，并无违碍，亦无含混假冒情弊。

秉公细查……孟润公之先代名字俱载在邹谱可查。至四十八代讳润，宋时由邹县原籍迁居至沂州府沂水县城南一百里司马庄。嗣后，人丁渐繁，遂改入沂水县民籍……润公既系由邹县分派，而其裔孙孟昭玉孟广绪孟昭繁孟昭轮等，即属亚圣始祖之苗裔，毫无疑义，委非同姓不宗，假冒含混。

孟润迁沂后初始居住之地

孟氏祖林康熙三十一年（1692）《明堂碑记》记载：

祖茔……原在沂河之西马屋沟之滨。今则询之父老，杳无形迹可指……季则移于东汶河之北、凤凰山之阳矣。

同治九年（1870）孟氏谱碑记载：

润公……去邹，处西流村，坟茔原在沂河西马屋沟之滨焉。厥后，迁居司马，坟茔遂移于东汶河北凤凰山之阳矣。润公卜葬于斯，系余司马孟氏始祖。

这些记述表明，司马村孟氏始迁祖孟润，去邹来沂后的居住地并不是司马村，而是司马村东边的西流村（今大庄镇西流村），去世后葬在了马屋沟畔。孟润的后人迁居司马庄定居后，重新选定了“东汶河之北、凤凰山之阳”的风水地作为家族墓地，随后将孟润的坟茔迁到了新选墓地重新安葬。

孟润的埋葬地——“沂河之西马屋沟之滨”，马屋沟即今纵贯北碇庄南部平原的季节性小河，今人已讹呼为马连沟。孟润初葬之地，到清康熙中期就已无形迹可指了。

自从迁居司马庄后，越元明及清，孟氏世居司马庄。期间，出居他地者也不可胜数。

关于孟润宣武将军的身份

司马村孟氏祖林现存清同治九年（1870）孟氏谱碑记载：

> 润公当炎宋任宣武将军，系隆裕太后从弟，受封于沂邑，始去邹。

此说与《孟氏支谱》有异。事实如何呢？

整个宋朝，只有一位皇后姓孟，这就是北宋末哲宗赵煦的孟氏皇后。

赵煦是北宋第七位皇帝，幼年即帝位。长大后，祖母高太皇太后为哲宗选了世家之女百余人入宫，孟氏是其中之一，当年孟氏才16岁。元祐七年（1092），高太皇太后谕令：“孟氏子能执妇礼，宜正位中宫。”遂将孟氏封皇后。孟氏是宋哲宗的第一位皇后，曾遭二次废黜又二次复位。及至南宋时，孟氏又被尊为“元祐太后”，为了避其祖父孟元名讳，改称“隆祐太后”。

既然整个宋朝只有一位皇后姓孟，那么孟氏谱碑记载的“隆裕太后”必定指的就是这个“隆祐太后”了。

“隆祐太后”是哪里人呢？“隆祐太后”的祖父是北宋眉州防御使、马军都虞候孟元。关于孟元的籍贯及事迹，《宋史·列传第三十八》记载：“孟元，字善长，洺州人。性谨愿少过，颇喜读书。少隶禁军，以挽强选补殿侍，累迁散都头班指挥使，擢如京使、并代州兵马都监，改钤辖，徙高阳关路，又徙真定路。”

洺州，中国古代行政区划名，治所在河北永年县广府镇，北周宣政元年（578）置，因境有洺水，故洺州。既然宋史记载孟元是洺州人，说明孟元的祖上居住洺州已历多代了，“隆祐太后”是洺州人也就毫无疑义了。

所谓从弟，系古时对同曾祖父而且小于自己的男性的称谓。既然孟润从邹县迁来，而且邹县孟氏族谱中还能查到孟润及前辈的名字，那么邹县孟氏族谱中就应该有孟元的记载。但《宋史》明确记载孟元是洺州人，那么孟润系隆裕太后从弟之说就值得斟酌了。

虽不能断定同治九年孟氏谱碑所载孟润为“宋任宣武将军，系隆裕太后从弟”之说，是否是将传说演化为了真实家族史，但可以认定：同治四年（1865）后初修支谱和宣统三年（1911）再修支谱时的呈请更加真实，那就是孟润是由邹县儒籍改为沂水县民籍的，而不是“隆裕太后从弟”，更不是洺州人。之所以有“隆裕太后从弟”之说，实乃“拉大旗作虎皮”之类也。其实，查有实据的邹县孟氏族裔的名头，就已足够风光了。

关于元朝进士孟益

《重修北登山庙记》碑中记载的进士孟益，在司马庄《孟氏支谱》中记载为“孟克益，元进士”。

现在，司马孟氏族人没人知道北登山明朝碑上有孟氏先人的名字，也没有人知道祖上出了个进士这件事。这固然与世久年湮有关，更与今人已不关心家族历史有关，但为什么这件光宗耀祖的事，在孟氏祖林所有碑刻中也没有任何反映呢？这只能从《孟氏支谱》中寻找答案。

《孟氏支谱》以亚圣孟轲为一世祖，以四十八代孟润为司马庄孟氏始迁祖。《孟氏支谱》记载孟润之后八代及事迹如下：

48世，润，子一：松。

49世，松，子一：新。

50世，新，子一：法祖。

51世，法祖，子一：惟春。

52世，惟春，子二：之瑀、之荣。

53世，之瑀子三：思旺、思济、思珍；之荣子四：思璋、思瑄、思玉、思瑾。

54世，思旺（未记子嗣）；思济（未记子嗣）；思珍，事迹详旧谱，子三：克诚、克益、克德；思璋（注：未记子嗣）；思瑄（注：未记子嗣）；思瑾，子二：克勇、克仁。

55世，克诚，事迹详见旧谱，子一，希甫；克益，元进士，子二：希英、希臣；克德（注：未记子嗣）；克勇，子一：希智；克仁，子一：希勉。

56世，希甫，子一：言文；希英（注：未记子嗣）；希臣（注：未记子嗣）；希智（注：未记子嗣）；希勉，世居沂水司马庄，子二：言洁、言法。

同时，《孟氏支谱》在希智名下记曰："以上四人（注：希甫、希英、希臣、希智）自元时俱散居他方。"

由《孟氏支谱》记载的信息分析，孟克益进士身份被后世族人遗忘的原因不外乎以下三条。

一是，孟克益进士及第后，因某种原因未出仕为官，因此族谱中也就没有记载他的事迹。

二是，孟克益与从祖兄弟子侄辈共5人，除孟希勉"世居沂水司马庄"外，其他4人（包括克益的两个儿子希英、希臣和克益哥哥克诚的儿子希甫），都"散居他方"了。后来族人续修支谱时，已不知道他们的具体情况，迁出五兄弟的后人也就没有采访入谱。

三是，从57世开始，司马庄孟氏就都是56世孟希勉的后裔了。孟克益的子孙虽然与孟希勉的后裔是同宗，但已不是同脉，而且早就散居他地，孟克益的事迹被逐渐遗忘就成了可能。

《重修北登山庙记》的作者高大化是沂河岸畔高家第一个进士。他撰写碑文时在隆庆三年（1569），距离元朝覆亡（1368）虽已200年了，但在200年前，乡里孟家出了个进士（这是这一带有记载的第一个进士）必定是十分轰动的，对明初落籍沂河岸畔的高氏也必定是个极大的激励。所以，高大化撰写记事碑时，把孟家进士写进碑文，不仅是顺理成章，而且也是可信的。也许是因为孟克益考中进士后改名孟益，更因为高大化在碑文中没有直书其名，而是富有文采地表述为："其南有元末孟学士名益者旧业，至今断石尚有孟进士造文在焉。"当时人还知道"孟学士名益者""孟进士"是何人，后人就逐渐迷茫或很少有人注意了。

就现在已知资料表明，今沂南县境内最早的进士都在东汶河北岸。除了孟克益以外，还有元代东汶河上游"白佛里暗德庄"（今沂南县岸堤镇岸堤）张某，张某是至元二十二年（1285）进士，曾任真定路蠡州（今河北保定市蠡县）判官。如此说来，总体地处山区的东汶河北岸，宋元时期在文化上也是很发达的。

第六章

沂苑撷英

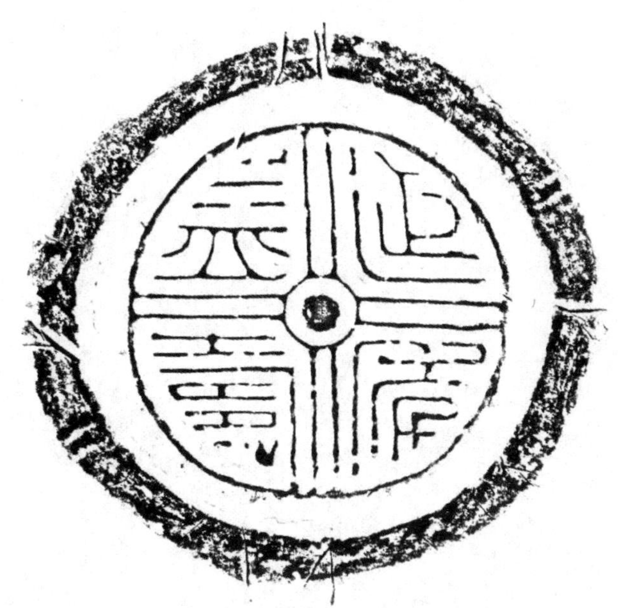

沂蒙与沂南

沂蒙涉及四个重要概念：沂水县与蒙阴县，沂山与蒙山，沂河与蒙山，沂蒙革命老区。这四个概念形成于不同时期，有不同的历史背景，也有不同的历史意义。但无论如何释义沂蒙，在沂蒙涉及的县内，唯有沂南县与沂蒙“血缘”关系最近，沂南县可谓沂蒙的正宗代表。

古籍中称谓的“沂蒙”

“沂蒙”之称最早见于明代朱鹤龄著《禹贡长笺》：“沂水，一出沂水县艾山，会沂蒙诸泉与沂山之汶，合流至邳入泗达淮地。”《禹贡》是战国时魏国人士托名大禹的著作，也是中国第一篇区域地理著作。《禹贡长笺》则是专门笺注《禹贡》的一篇著作。“会沂蒙诸泉与沂山之汶”句中有“沂蒙”“沂山”两个并列的概念，“沂山”指的是山，毫无疑问“沂蒙”指的是明代的沂水县和蒙阴县。

清代陈朝君笔记小说《莅蒙平政录》也记载了“沂蒙”。陈朝君，陕西韩城（今韩城市）人，清康熙二十八年（1689）赐进士出身，授任蒙阴知县。当时，泰安至沂州之间虽已开通了驿道，但因为山多路险，歹人时有出没，差役过往很不安全。陈朝君记载：“为清理疆界事，查看得沂蒙两县，无处非山，无处非岭。”沂蒙交界处常有非正常亡故者，“卑职亲勘尸……或委员查验，斯地界清而命案结，而造福于沂蒙百姓者”。为安全计，“嗣后凡有差使，照沂蒙两县驿站之例，送至垛庄，即为更替”。[①]很明显，《莅蒙平政录》中的“沂蒙”是沂水县和蒙阴县的简略合称。

黄六鸿所著《福惠全书》中也有“沂蒙”的称谓。黄六鸿是江西人，康熙九年（1670）以举人授认山东郯城知县。他在康熙三十三年（1694）所著《福惠全书》中写道：“郯当江南山左咽喉，举足便分吴鲁，上而沂蒙新泰，下而

①《莅蒙平政录》之《祥文·为沥陈蒙邑十大苦等事》。

宿桃清河，彼驿务废驰已极。”[1]显然，这里的“沂蒙”也是指沂水县和蒙阴县。

《清实录》更有多处有关“沂蒙”的记载，如：“六月初旬，因东省沂蒙等处之水并发，以致……一时俱张。”又如：“江苏阜宁、清河等处，因夏雨稍多，洪湖水涨，兼之上游沂蒙诸水下注，致成一隅偏灾。”还如：“所有沂蒙二县各案枭匪，即督饬文武员弁，勒限按名捕获，严审定拟具奏。”无疑，《清实录》中的“沂蒙”也都是沂水县和蒙阴县的简略合称。

“沂蒙山”称谓的源出

现代，“沂蒙”和“沂蒙山”是一个可以等同的概念，字面含义都是沂山与蒙山两大山系或所在地区的总称。

沂山是中国东海面向内陆的第一座高山。主峰玉皇顶海拔1031米，周围山峦重叠，群山起伏，绵延数百里。

蒙山，东西雄列，横跨费县、平邑、蒙阴、沂南四县，东西长约150华里，南北宽30华里。1000米以上山峰14座，主峰龟蒙顶海拔1156米，为山东第二高峰。

最早把“沂蒙山”作为一个地理概念提出来的人是郭洪涛。

1938年5月初，中共中央派陕甘宁边区书记郭洪涛，率干部约50人并携带两部电台来山东工作，由郭洪涛任山东省委书记。5月21日，省委在泰安县南上庄召开干部会议，郭洪涛在会上传达了毛泽东等中央领导人关于建立抗日根据地的指示，作了《为创建山东抗日根据地而奋斗》的报告。5月下旬，中共中央决定将山东省委扩建为中共苏鲁豫皖边区省委，郭洪涛任书记。6月30日，边区省委制定了《发展和坚持山东游击战争的战略计划》。

对这一过程，郭洪涛回忆说：

> 1938年5月21日，山东省委在泰安南上庄召开了干部会议。在会上，我传达了毛泽东同志关于建立抗日根据地、开展独立自主的游击战争的指示，作了《为创建山东抗日根据地而斗争》的报告……经过会议讨论，制定了《发展和坚持山东游击战争的战略计划》。确定创立以鲁中沂蒙山区为中心的根据地；向北以淄博山区为依托，开创清河地区游击根据地；向南开创抱犊崮山区抗日根据地；向东发展开创

---

① 黄六鸿著，周保明校点本：《福惠全书》，广陵书社，2018年版。

沿海地区抗日根据地；在津浦铁路以西，创立梁山泊和微山湖两块根据地；在胶东创立以大泽山为中心的根据地。会后，省委将这个计划报告了党中央；6月30日，又作了补充报告。7月4日，毛泽东同志电复省委："这个战略计划很好，望即照此去做。"8、9月间，在沂水县岸堤召开会议，研究了开辟沂蒙山区抗日根据地的问题。会议认为：沂蒙山区地势险要；我党与国民党山东第三区专员张里元以及当地的一些开明士绅建立了较好的统战关系，有利于坚持游击战争，创建根据地；在这一地区建立根据地，对坚持山东抗日游击战争具有战略意义。因此，我们进一步确定了在沂蒙山区建立抗日根据地的方针。省委机关即设置在岸堤。①

郭洪涛回忆文章中所说的"会后，省委将这个计划报告了党中央；6月30日，又作了补充报告"，具体过程是：5月30日，郭洪涛将这个战略计划致电请示毛泽东、刘少奇、张闻天以及中央局、北方局。郭洪涛在电报中是这样讲的："为什么选择沂蒙山区根据地？（一）地区险要是适当的，便利发展。（二）群众条件好，民枪很多。（三）友军只有张（里元）专员部，和我们的关系好，易于合作。（四）社会组织单纯，土匪会门很少。（五）物产丰富，给养容易，目前是最好根据地。"6月30日，省委又将《发展和坚持山东游击战争的战略计划》的主要精神向中央做了汇报。7月4日，毛泽东复电苏鲁豫皖边区省委："这个战略计划很好，望即照此去做。"②"沂蒙山"的称谓第一次被毛泽东知道和首肯。

郭洪涛给毛泽东的这封电报，是"沂蒙山"这个名称第一次正式出现。从此以后，"沂蒙"二字，就不再是一个行政区划概念，而是一个新的地理概念了。沂蒙山的名称伴随着抗日战争和解放战争，伴随着社会主义革命、建设和改革开放，一直到现在，响彻了祖国大地，成为临沂乃至山东的一个政治符号、文化符号。

1941年2月上旬，经中共山东分局批准，设立了沂蒙专区，同时成立了中共沂蒙地委（即鲁中区二地委，成立地点今在沂南县朱家里庄村）。1945年，撤销了泰南、鲁山地委，所辖泰宁、新泰、费北、沂源四个县委划归沂蒙地委，同时，沂蒙地区的范围也相应扩大到了上述县份。

---

① 郭洪涛：《山东省委确定战略计划》，《郭洪涛回忆录》，中共党史出版社，2004年版。
② 李洪彦：《"沂蒙"的由来》，《沂蒙晚报》，2018年11月03日。

从以上资料可以看出，当时的“沂蒙山区”，既是一个地域概念，也是一个革命历史称谓。从地域上看，沂蒙山区是沂山、蒙山地区的统称。沂蒙山区一开始专指鲁中区的沂蒙专区，主要包括今天的沂水、沂南、蒙阴、沂源的全部以及费县北部、平邑北部、新泰东部的区域。

随着抗日战争、解放战争形势的发展，以沂蒙山区为中心的革命根据地范围越来越广，影响越来越大，中共山东分局在这一区域先后建立了鲁中、鲁南、滨海3个战略区。1948年7月，中共华东局又将鲁中、鲁南、滨海以及泰西合并成立鲁中南区，逐步形成了广义上的沂蒙山区。广义沂蒙山区的范围大致包括：临沂市的全部，日照、青岛、潍坊、淄博、济南、泰安、莱芜、济宁、枣庄的全部或部分区域。新中国成立后，这些地方的核心区域统称为沂蒙老区。这一范围内的绝大多数县区，近代曾处于同一个行政区划——临沂专区之下，所以沂蒙革命老区又是当年临沂专区乃至今日临沂市的代名词。

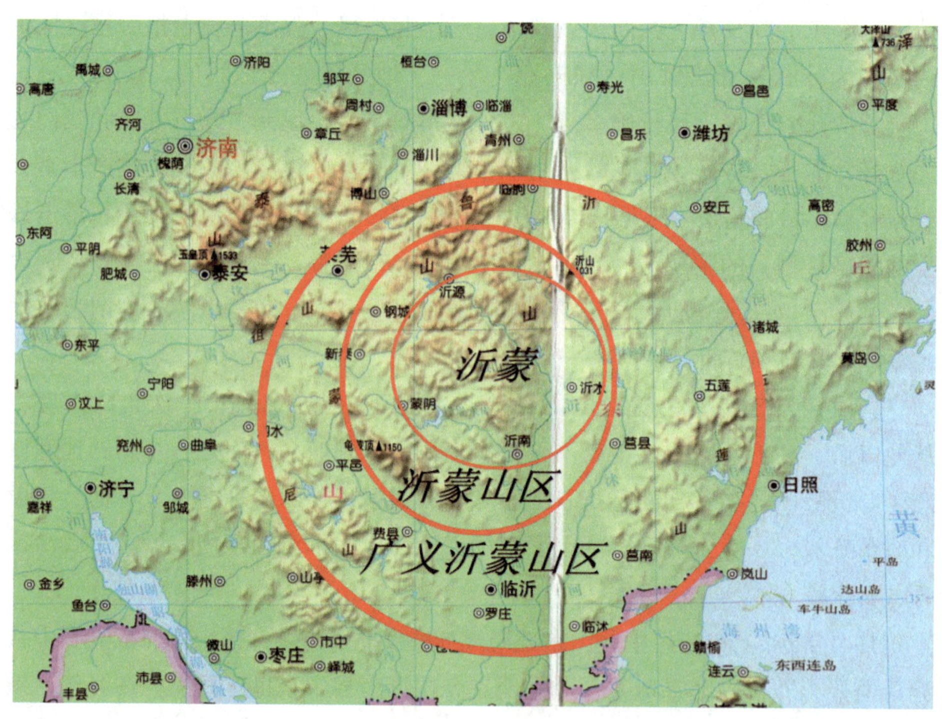

沂蒙概念演变示意图

现代“沂蒙”的概念

现代，沂蒙有两个概念。

政治概念，即“沂蒙革命老区”

2011年9月17日，国务院办公厅印发《关于山东沂蒙革命老区参照执行中部地区有关政策的通知》［国办函（2011）100号］，明确指出享受这一政策的沂蒙革命老区的范围为：山东省临沂市的费县、沂水县、沂南县、郯城县、平邑县、蒙阴县、临沭县、莒南县、苍山县、罗庄区、河东区、兰山区，淄博市的沂源县，潍坊市的临朐县，济宁市的泗水县，泰安市的新泰市，以及日照市的五莲县、莒县等18个县（市、区）。

地理概念，即“沂+蒙”

这一概念又演化出了两个概念，即“沂山+蒙山”和“沂水+蒙山”。

“沂山+蒙山”是最原始的“沂蒙”概念，现在“沂蒙山旅游区”就是使用这一概念。

“沂水+蒙山”是演化出的新概念。这一概念演化的催化剂是沂源县隶属的变动。

沂源县是1944年由原沂水、临朐、蒙阴三县部分地域组成的新县。1953年8月，正式划入临沂专区的版图。1978年7月，临沂专区改称临沂地区行政公署，沂源县仍在辖区内。1990年1月1日，沂源县划入淄博市。

沂山主体大部分在沂源县和临朐县境内，沂源县划出去后，临沂地区专有的“沂蒙”称谓，因为少了“沂山”就显得内涵不足了。但是，临沂辖区内还有沂河，而且早在1975年创作的现代舞剧《沂蒙颂》中就有“续一把蒙山柴炉火更旺，添一瓢沂河水情深意长”的经典唱句。因此，沂蒙就有了一个新的地理内涵——沂水和蒙山。严肃说来，这种解释只是临沂的自我认定罢了。

沂南县可谓沂蒙的正宗代表

说沂南县是沂蒙的正宗代表县，是有道理的。

“沂南”的称谓源自“沂蒙”

1939年10月，中共中央山东分局为了加强沂水县南部根据地，决定以沂水县南部地区为基础设立一个新区。因为，在9月份，八路军第一纵队司令员徐向前和政治委员（兼中共山东分局书记）朱瑞已经在蒙阴县北部第二区官庄一带建立了蒙北根据地，因此将沂水县南部根据地称之为南沂蒙根据地，在此设立的共产党领导机构称之为中共南沂蒙县委。当年12月4日，南沂蒙各界代表70余人在岸堤（今沂南县岸堤镇驻地）召开大会，选举产生了南沂蒙联防办事处（相当于县政府）。

1940年3月，南沂蒙县委和南沂蒙联防办事处改为沂南县委和沂南行署，直属山东分局。此后，虽隶属关系不断变化，但沂南县之名一直延续下来。

沂南县有蒙山也有沂山

蒙山狭长，横枕临沂市西北。蒙山四大景区之一的彩蒙景区就在沂南县双堠镇境内。孟良崮山系、孙祖镇与依汶镇之间的山系，都属于蒙山山系。

沂山坐落在鲁中大地，其支脉向南蔓延。从卫星地图上看，东汶河是蒙山余脉和沂山余脉的分界线，左岸的群山属于沂山山脉，右岸的群山属于蒙山山脉。

沂南县有沂水也有蒙山

蒙山在西南，巍然屏立，郁郁葱葱。沂河自北入境，浩浩荡荡，贯穿东部平原。沂河与蒙山，不仅在沂南县境和谐并存，而且蒙山之水还在沂南县境汇入了沂河，可谓山水相依，密不可分。

以上三个要件，在沂蒙范围内同时具有的县份唯有沂南县。当年，中国舞剧团创作现代舞剧《沂蒙颂》时，就在沂南县体验生活，第一场试演就在沂南县城。2017年3月，中央芭蕾舞副团长王全兴一行又专程来到沂南采风，创排芭蕾舞剧《沂蒙情》。这不是偶然，而是历史的必然。

沂南县，称之为“沂蒙的正宗代表县”，虽有戏言的成分，但的确名副其实。

沂汶交汇生风雷

蒙山之阴的涓涓溪流形成干流后，蜿蜒行进，一路不拘巨细，收将纳兵，逐渐汇聚成了浩浩荡荡的东汶河。每逢雨季，滚滚的洪流，在袁家石梁演化出了“石鸣风雨”的壮观景色。然而，也正是袁家石梁的阻挡，常导致洪水溃堤，南岸沃野顿成为泽国，其逆害也触目惊心。直至袁家石梁化作袁家口子大堤，才水患永绝，乡人太平。

石鸣风雨处

清朝道光七年（1827）《沂水县志》记载：“铁山。县南百二十五里，东抵沂岸。南为古阳都城，其北为汶水入沂口，即石鸣风雨处。”

东汶河出自蒙山，因干流较短，汛期水流湍急。1957年7月19日，国家水文部门测得，中游最大流量为5050立方米/秒。东汶河地势高，下游河床竟然比沂河河床高出近两米。东汶河入沂处的石灰岩河床，在流水腐蚀切割下，逐渐形成了纵横交错的石林模样。据当地老人讲，当年水中石头形状千奇百怪，有的如驼背老翁，有的似抱子农妇，有的像下山猛虎，矮的齐于水面，高的可达数米。当地人把这些河道中心的石林叫作石梁。虽然石梁在王家新兴村和袁家庄之间，但因为石梁靠近袁家庄的那侧更为壮观，所以人们就习惯叫它“袁家石梁”了。

春秋两季，清澈而平缓的东汶河水，循着石梁中宽窄不等的空隙，时分时合，顺利流过，两者相安无事，水石相映成趣。夏季，暴雨滂沱，百川争泄。在没有水库、塘坝的竭力揽蓄，也没有层层橡胶坝奋身堵截的昨日，东汶河洪流一路咆哮，摧枯拉朽，奔向沂河。

沂河大于东汶河，平常是以宽阔的胸怀接纳东汶河之水的。但自身膨胀，难以顺利下泄时，便以大欺小，向东汶河倒灌。这时，年年受到东汶河洪流撞击的袁家石梁，就仗着客援之力，奋力阻挡奔腾而来的老主人。两洪相交，各不相让，时有进退，杀声震天。水石相撞，震耳欲聋，十几里外也能听到隆隆声。风雨交加时，水借风威，风助水势，战场便扩大到岸上。这时，自然令人恐惧，极少有人冒险到河边了。即便是风雨过后，石梁处仍是雷声阵阵，水雾弥漫，站在岸上也需防备不时飘来的水滴。这时，虽能站在岸边观赏石梁，但已犹如雾里看花了。于是，这里就有了富有诗意的名字——石鸣风雨处。

明末清初，沂水县籍进士刘应宾《石梁》[①]诗描述曰：

萧萧岁将暮，稼人告成功。
命驾适别墅，飞鸿嘹泪冲。
东河薄暮宿，入夜响大风。
雷震耳根闹，床头万马讧。
披衣闻守舍，石吼偶然逢。
气交风雨至，水石始为通。
异境凌晨看，石梁乱插空。
沂汶流接处，严壑互长虹。
狮象纷眠卧，牛羊诧朦胧。
图排鱼复浦，窟幻龙藏宫。
学士鲜经历，河山便谓穷。
有如眉睫间，谁知鬼斧工。

袁家口子大堤

袁家石梁，蔚为壮观。也正是蔚为壮观的袁家石梁，历史上曾多次导致洪水决堤南下，致使30余村庄尽成泽国，万余亩膏壤悉被淹没。

这一历史，终于被一位青年人改写了，他就是牟宜之。

牟宜之，字去非，1909年出生在日照牟家庄一个乡绅家庭。15岁时，随举家迁往济南的姨父丁惟汾到省城读书。在正谊中学，他参加了反帝反封建的爱国学生运动，并加入了共青团。东渡留学归来，任山东日报社社长兼总编。抗日战争爆发后，被党组织派到沦陷区，借助与国民党元老丁惟汾的亲戚关系，开展抗日工作。1938年春，被吸收为中共特别党员，同年出任国民政府乐陵县

---

① 刘应宾（1588—1660），字元桢，别号思皇，沂水县沂水城人。明万历四十年（1612）举人，万历四十一年（1613）进士。前明时期官至吏部郎中。南明福王时任通政使。清顺治二年（1645）降清，擢安庐池太巡抚。旋因故被洪承畴劾罢。按：该诗系高自宝先生辑录，具体出处未详。

县长。1939年10月，调任共产党领导的鲁北行政委员会主任。

1941年2月26日，沂蒙区抗日民众代表大会在东汶河南岸的朱家里庄（今依汶镇朱家里庄村）召开。大会通过决定，成立了沂蒙区抗日民主政府——沂蒙区专员公署，并选举牟宜之为行政专员。新任专员牟宜之了解到东汶河入沂河口南岸常遭水患的情况后，立即深入现场调查研究，在广泛征求意见的基础上，做出了修建“袁家口子大堤”的决定。时年，牟宜之32岁。

当年4月，抗日民主政府在财政十分困难的情况下，组织民工65000多人，开启了史无前例的袁家口子大堤修建工程。经过三个月的奋战，终于赶在夏季洪水来临之前，修筑南岸防洪大堤5039米，其中石砌308米。

值得一提的是，当时组织实施的领导人还是很有文化品位的。面对既是沂水县著名风景，又是阻水为害的袁家石梁，他们并没有认为鱼与熊掌不可兼得，而是在保证袁家口子大堤建设用石料的情况下，将富有传说的石牛、石马、石人、石鼓、石鏊子等都保留了下来，并教育周边村民要保护好，要让袁家石梁永远是沂水县的靓丽风景。

大堤竣工后，立石碑以记其事。石碑用料是就地选取的一块天然石料。巨石抬到立碑的地方，由南黄埠村的世家石匠邹汉武打磨雕刻而成。碑体为六棱柱体，碑帽呈苇笠状。碑身高1.90米，加底座和碑帽通高3米，整体形似一栉风沐雨的劳苦大众。碑体面朝南，六面都镌刻着文字。

正阳面镌刻牟宜之题写的“袁家口子大堤落成纪念碑”，落款为“牟宜之题”，并刻有“牟宜之印”方形图章。

东南面镌刻当时区域内领导人的题词。其中，知名教育家、山东省临时参议会参议长、时年七十八岁的范明枢题词是：

> 上天下地人位乎中，志士担当乃有事功。袁家石梁，二水流洪，历年为灾。牟子宜之，矢勤三月，于焉荡平。

范老先生的题词，歌颂之情溢于言外，文字简练，文采斐然。今天读来，也能想象出那个白须飘飘、精神矍铄的抗战老人的风采。

西南面是“出工数目”“捐款数目”“监修人题名”等内容。其中“捐款数目”列下有：

> 边联县政府助国币八千元；里宏乡捐国币一千二百元。诒谷堂捐皂丹十斤半；刘晓九捐皂丹八斤半；述善堂捐皂丹八斤半。

“诒谷堂”是刘家店子刘氏大家族的一个堂号，刘晓久也是刘家店子刘氏大家族人士。他们捐助的是皂丹（即罂粟籽，有麻醉作用，被用作草药，也可变现）。

“出工数目”列下有：

专员公署助工二百名。砖埠子乡出工六千九百七十七名。蒋庄乡出工五千名。

另外还有其他出工的乡及出工数目。这些乡中，有沂河以西的土山乡、里宏乡、和庄乡、汉沿乡、朱里乡、唐山子乡、双凤乡，还有沂河以东的黄泥堰乡、葛沟乡、坊南乡、左泉乡、河阳乡、侯家宅乡。

“监修人题名”有江海涛、焦梦晓、刘佛缘、马星堦等八十一人。这些监修人中，江海涛、焦梦晓等几个是沂蒙专署的领导人，刘佛缘是著名的民主人士、刘家店子村的开明士绅，马星堦[①]是葛沟村的士绅，也是著名的民主人士。

西北、正北、东北三面镌刻《袁家口子大堤落成纪念碑文》。碑文曰：

本县沂西区袁家庄迤北，为沂、汶二河汇流处。每值夏秋雨季，山洪暴发，二河之水同时俱涨，复因河床过高，河身太狭，水量激增，宣泄不畅，辄由袁家庄东溃决南流，致三十余庄村尽成泽国，万余亩膏壤悉被淹没。数十年来，动成巨灾。虽旧有土堤，因岁久失修，颓废弃用。民众苦之，每思兴筑石堤以防水患，而卒未能也。

自我民主政权树立以还，兴利除弊，不遗余力，对此攸关民生之举，奚能漠然置之？经详细戡〔勘〕查，精确设计，乃决计兴筑。赖本区行政专员牟宜之、本县县长尚明两先生之号召领导，与全体工作同志、群众团体之奋起努力，及民众之热烈拥护，遂于本年四月上旬，鸠众庀材，经始兴工。民众莫不踊跃欢忭，输财服役。历时三月余，值我抗战建国四周年纪念之日克告厥成。此后，当可永杜水患，（丰）稔有期，乃举行盛会，以志不忘。与会民众举欣欣然有喜色，其乐从可知也。至沂、汶二河水利工程之全部兴修，则有待于异日。

大堤计共长五千零三十九公尺，土堤长四千七百三十公尺，石堤长三百零八公尺。石堤宽：底四公尺，顶一公尺，高六公尺，地基一千二百十五方公尺。共需民工五万六千三百名，

① 在以往的文史资料中，多是以“马星阶”的名字记述。

石工八千九百六十二名，用石灰八万七千五百十斤，费国币一万五千四百七十四元七角二分。

在敌后战斗环境与春荒严重期间，而能克服困难，竣此巨工，实为我民主政权对民众利益关怀之切，及民众有坚强组织与伟大力量之表现。我中华民族倘能精诚团结，发挥其有生力量，则抗战必胜，建国必成。证之堤工，吾人之信心当弥加坚定。为庆祝大堤之落成，爰撰文勒石，以资纪念。后之人当加意爱护，岁时培修，使此千金之堤与我中华民族解放事业并垂不朽云。

邑人刘云浦撰文

张射东书丹

邹汉武镌字

中华民国三十年七月七日立

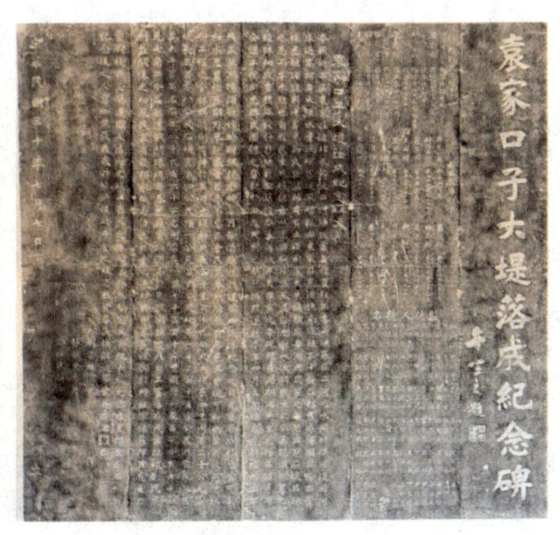

纪念碑及碑文

碑体、碑首的创意和设计，可能是集思广益后由工程组织者确定的。石碑创意的具体形状体现，据高自宝先生考证说是由南黄埠村孙树德设计的。孙树德是当地名医孙兰修的父亲，出生于1867年，当时已经75岁了，是闻名一方的“细木匠”。孙树德根据石材的体量，确定了六面体石碑具体尺寸，还用木料做了一个碑首的实体样子，让老石匠邹汉武等比量着做出了碑帽子。碑面磨制，先用錾头粗洗碑面，再轮番拉动磨盘打磨。碑石打磨平整刻字完工后，使用屯土的办法竖立起来，同样用屯土的办法，把碑帽子安装上了。

镌字的邹汉武是本乡南黄埠村人，当地知名的石匠，他负责大堤石墙的设计，别出心裁地在石墙的迎水面间隔垒筑凸墙，凸墙既能坚固墙体，又能分流下行的洪水，减缓水流对墙体的冲击。

当年，中国共产党领导的各级政府，都称抗日民主政府，针对的是国民党的独裁专制政府。这座大堤是抗日民主政府为人民群众修建的一个民生工程，为什么没有命名为“民生堤”而命名为“民主堤”呢？这是因为当时人们像黎玉的题词写的那样，认为“民主战胜一切”，有了民主就会有民生；没有民主，则谈不到民生。“民主堤”是共产党、八路军以人为本、关注民生，为民、爱民的真实体现。

袁家口子“民主堤”，在现代中国水利史上是一个有着特殊意义的历史事件。2015年11月27—28日，中国水利学会水利史研究会“第2届中国近代水利史学术研讨会”在四川绵阳召开。会上，中国水利协会理事周志强以“牟宜之与沂河民主堤”为题作了主旨发言，阐述了民主堤的建设过程和当今意义。

姻缘佳话

记事碑文撰写者刘云浦是清末沂水县垛庄（今属蒙阴县）刘姓“燕翼堂”人，是“八楼刘”之第六楼“后里楼”的主人，谱名刘坤厚，字云浦，又名刘文骧，秀才出身。大哥刘先浦，三弟刘成甫，四弟刘晓浦，刘云浦排序为二，乡亲们一般尊呼为“二老汉”。

刘云浦虽然出身于封建地主家庭，但他思想不保守，善于接受新思想、新事物。早在刘晓浦和刘一梦在上海求学期间，接受共产主义思想的刘云浦与大哥刘先浦、三弟刘成甫等，就进行了减租减息甚至减租免息行动。其四弟刘晓浦和侄子刘一梦为革命牺牲后，他就带领全家参与了革命事业。1938年春，中共中央山东分局书记郭洪涛带领八路军来到垛庄村时，刘云浦率领全家人敞开大门迎接，并将已组建起来的抗日武装和40多支长短枪，一次性交给了八路军，成立了垛庄独立营。在刘云浦的支持下，“燕翼堂”刘氏子弟，先后有26位热血青年参加了抗日队伍，其中8人为抗日救国献出了宝贵的生命。

刘家的“燕翼堂”庄园占地两万多平方米，是多代人用坚固石料逐渐建筑起来的，因为整体宛如一座迷宫式的城堡，被民间誉为“八卦宅”。在抗日战争最艰难的时期，“燕翼堂”曾多次被日军和汉奸队占领。我军多次攻打，都付出较大代价。1944年春节前后，刘云浦到垛庄、下峪、隋家店等村，做大家庭各房的工作，准备拆除规模宏大的“八卦宅”。当刘云浦对八路军首长们说了想法后，首长们说：“不能拆，这是祖传老宅，建造这样一座宅子太不容易了。再说，拆了后你们全家到哪里住啊？”刘云浦说：“有什么比人命更宝贵呢？在民族生死存亡的时候，我怎么连座宅子都舍不得呢？不拆了它，怎么对得起牺牲的烈士啊！先拆了再说，等抗战胜利后再建设更好的家园。刘云浦毁家纾难的壮举，带动了刘姓大家族和当地民众积极投身抗战大业的行动。1941年，沂蒙区成立参议会，刘云浦被选为副参议长。

1945年抗战胜利，时年36岁的牟宜之与刘云浦的孙女、21岁的刘纯喜结连理。

牟宜之、刘纯伉俪照

刘纯原名刘长珠，受父辈革命思想的熏陶，13岁就参加了八路军。参军后，因年龄小被分配到山东公学学习。在大青山突围战中，刘纯幸运地从死人堆里逃出来，后入抗大一分校学习。也许正是刘云浦与牟宜之这一老一少，因同为民主大堤纪念碑题名撰文而埋下了姻缘的种子，才有了牟宜之与“八卦宅”小千金喜结连理的佳话。

再续情缘

袁家口子大堤是共产党、八路军以人为本、关注民生、为民爱民的标志性建筑，1979年，被列入沂南县第三批县级重点文物保护单位，2015年，又被列入临沂市第一批重点抗日战争遗址名录。

经过七十多年的风侵雨蚀，修桥碑碑体已有些自然风化。2014年，东汶河右岸滨河路开工建设。2015年底，袁家庄东汶河大桥建成，滨河路和大桥引桥路基、路面提高，从纪念碑南侧绕弯通过。纪念碑所在地形成半月形洼地，雨季积水，碑体更受侵蚀。为保护文物，2016年6月，沂南县人民政府拨付专款对纪念碑进行保护。这次保护工程，

中共沂南县委书记姜宁（右）和牟宜之儿子牟广丰（左）共同为民主堤纪念碑揭开帷幕。（陈龙狮摄）

不仅垫高了地面，抬高纪念碑，还新建了八角形石雕碑亭，增加了排水绿化等工程，可谓良苑蓬瀛，焕然一新。

工程竣工之时，县政府邀请牟宜之之子、国家环保总局环保司原司长牟广丰撰写了《袁家口子大堤落成纪念碑保护工程碑记》。碑文由书法家刘长水书丹，朱锋先镌刻。碑记全文是：

> 袁家口堤伟业工程敌后战场民立誓盟造福百姓珍视民生固若金汤水患荡平日寇进犯扫穴犁庭丧心病狂挖字除名群众保护柴草覆倾军民一家鱼水情浓抗战必胜建国必成七十五载弊除利兴五七洪水波澜不惊风调雨顺五谷丰登十里八乡奉若神明正月祭拜十五上灯婚丧嫁娶长堤送迎香火不断供品丰盈丙申春夏大桥贯通培堤修路碑处低平降雨积水碑座泥泞县委县府雷厉风行拨款卅万垫土提升整饰堤碑勒石筑亭加固基座石板铺径美化环境植柏种松芳草绿茵岸沚兰汀清波微漾良苑蓬瀛二水交融同映碧空群山竞秀共汇沂蒙远接砚池近邻智圣老区新貌神女殊惊中华民族指日复兴千古丰碑万世传承
>
> 撰文牟宜之之子牟广丰
>
> 沂南县人民政府立
>
> 二〇一六年七月

沂南县政府对袁家口子大堤落成纪念碑进行保护，牟宜之之子牟广丰为保护工程记事碑撰写了碑文。相隔75年，一家两代三人，同为这一标志性建筑物先后题字撰文，岂不又是一段佳话！

遗憾的是，先人们有意保留下来的那些最美巨石，还是没有逃脱被毁坏的命运。1957年大洪水冲决里宏村以下的河堤之后，为了加固沂河堤堰，当地政府又组织分段修建袁家庄子段、殷家庄段、黄疃段、沙沟段、榆林段等石堰。修堰需要大量的石块，袁家石梁炮声隆隆，那石洞、石人、石牛、石马、石鏊子连同满河的岩石，便都被砸碎了。此后，附近村的人纷纷到石梁上取石修建家园，袁家石梁彻底消失了。

令人欣慰的是，历经风雨的六棱柱体纪念碑早已成为当地民众的一个崇拜和信仰。每当逢年过节的时候，人们都来这里烧纸、放鞭、拜祭。许多人家，让小孩子拜石碑认为干爹干娘，每到拜祭之日，都要拿着祭品来此祭拜。现在，时常有人到袁家石梁和袁家口子大堤观光凭吊，也时常有美妙的文字见诸媒体。虽然袁家石梁已是有其名无其实，“石鸣风雨”也仅是纸面上的风景了，但袁家石梁化为“袁家口子大堤”后，当年建设者的期望已成为现实：南岸万亩膏壤，永杜水患，乡人安居乐业，岁常丰稔。更让人欣慰的是，在这片残留石景上，电视剧《红高粱》完成了十九、二十集的拍摄，袁家石梁借助于现代媒体，第一次留下了渐去渐远的动人背影。几十年后，再回看当年袁家石梁的残存景观，肯定也是很美的。

历史中形成的事物，必定会在历史中消失。袁家石梁是消失了，但它是为做出新的贡献而消失的。第一次贡献是将功补过，化作石堤护佑万顷良田。第二次贡献是彻底献身，化作居所墙壁为民保安御寒。星移斗转，祸福转换；石鸣不再，顽石新生。细细品味起来，何憾之有？

红嫂考略

“红嫂”是著名作家刘知侠在中篇小说《红嫂》中塑造的一个艺术形象。

“沂蒙红嫂”是对抗日战争和解放战争时期送子参军、送夫支前、缝军衣、做军鞋、救伤员、抚育革命后代等为革命做出贡献的沂蒙妇女的誉称。

“红嫂精神”是对沂蒙妇女慈母般的大善大爱、无私奉献、吃苦耐劳等正能量精神的定名。

“红嫂”的原型在沂南。

两个老革命相聚的火花

1960年7月，山东省和安徽省共同组织了赴苏联和朝鲜参观团。参观团成员连同翻译共14人，由中共山东省委副秘书长李子超任团长，团员中有山东省文联副主席、作协主席刘知侠。参观团成立了临时党支部，由李子超任书记，妮星（安徽省文工团团长）、狄井芗（济南市副市长）、鲁歧山（山东省外事办公室干部）和刘知侠任委员。参观团从北京启程，乘坐苏联民航公司的伊尔飞机，首先到了苏联首都莫斯科。结束了在苏联的访问后乘火车回国，先参观了东北三省的工业基地，然后转道赴朝鲜参观访问。[①]

从莫斯科回我国边境城市满洲里，唯一便捷的通道就是西伯利亚大铁路。在乘坐火车七天七夜的漫长过程中，李子超与刘知侠这两位老革命有了专门时间去叙旧。

李子超

李子超是沂南县苏村镇西李家庄人，1920年出生，1939年参加革命工作并加入中国共产党。抗日战争期间，先后任南沂蒙县小学教员、区党校学员、区委委员、青救会会长、民运部部长、各救会工作队队长。解放战争时期，担任中共

① 见狄井芗《忆山东省首次民间旅游团赴苏联朝鲜》。

沂南县区委书记、县委副书记，鲁中南团工委组织部部长。新中国成立后，历任共青团山东省委秘书长，山东分局工业部处长。1954年起，历任山东省交通厅副厅长、党组副书记，中共山东省委副秘书长、城市工作部副部长。

刘知侠原名刘兆麟，河南卫辉人，1918年出生于一个贫困家贫，自幼跟随在村边铁路打工的父亲捡煤核，跟随母亲在外祖母家放猪。11岁那年才开始上半工半读学校，后来以优异的成绩考取了卫辉一中。抗日战争爆发后，他随父亲和铁路员工撤到了黄河以南，流落到武汉。1938年夏天，他从报纸上得知"延安抗日军政大学"招生的消息，怀着抗日救国的热情，奔赴陕北延安抗日军政大学学习。1939年5月，刘知侠从抗大毕业后，又留校学习军事专业，学习结束后，随抗大分校奔赴沂蒙山抗日根据地，分配到抗大山东分校文工团工作。在行军路上，他参加了中国共产党。

刘知侠

他们二人相识在沂蒙山抗日根据地。老友相聚，有说不完的话题。

当时，刘知侠已成功地创作出了长篇小说《铁道游击队》，引起了巨大的轰动。李子超问刘知侠又在写什么，刘知侠说正酝酿创作《沂蒙山的故事》。谈到这个话题时，刘知侠眼睛一亮，说："你是沂南县人，又在家乡担任过区委和县委领导，你知道的故事比我多，你给我提供些素材吧。"李子超本身就是个有文化的人，他深知作家想了解什么，就讲了好多发生在沂蒙山区的军爱民、民拥军的动人故事。其中一个就是沂蒙大嫂乳汁救伤员的故事。

1947年的9、10月间，时任沂南县委副书记的李子超，与县委书记高复隆去沂南县明生村一带的华东野战军医院慰问。他遇见有一个伤员，伤还未痊愈，就非要求出院回前线不可，不让他走他就哭闹，说："我再不回前线，就对不起救我命的那位大嫂！"医院的政委向高复隆、李子超讲述了这个伤员的经历。

这个伤员是在孟良崮战役中的青驼寺一带山上打伏击负了伤，他从山上爬下来，爬进秫秸团中藏了起来，由于失血过多，昏迷不醒。这时，一位青年大嫂到地里挖野菜时猛地发现了这个伤兵，在一阵惊恐之后，认出是个解放军伤员。她摸了摸伤员的头，知道他发着高烧。她低头叫了几声"同志"，战士微微睁开眼睛，连声喊："水，水……"这荒郊野坡到哪里去弄水？进村弄水，太远，也怕被人发现。怎么办？她急中生智，想到了用自己的乳汁去救活伤员。在战场上，人的生命是非常渺小的，而又是最为宝贵的。乳汁是水，也是最为天然的营养品。伤员醒来后，意识到是陌生大嫂用乳汁把自己从鬼门关拉回来时，泪水顿时溢满了眼眶。战士问大嫂姓名，将来报恩。大嫂说："不要问我是谁。你在这里不要动，我快回村找人转移你。"刚走了两步，又急忙回来，红着脸对伤员说："你要答应我一个条件，对谁都不能说我用奶水救了你。我公婆和丈夫都很封建，我怕别人说闲话。"战士含泪点点头。大嫂赶紧回村报告了村干部，村干部连夜将伤员转送到了部队医院。①

刘知侠被这位乳汁救伤员的大嫂深深感动了。这种行为，在世俗看来，被外人看见，即近乎失贞。为了挽救八路军战士的生命，这位大嫂不去顾及世俗的束缚，果断地把奶头送到了伤员的唇边。这样简单的动作谁都会做，谁都有能力去做，但有几人能去做呢？这是大善之心！是大爱之举！是生命的升华！刘知侠向李子超保证，一定把她写到《沂蒙山的故事》里去。

善良哑女明德英

出访回国不久，刘知侠专程来到沂南县，寻找这位富有"大善大爱"之心的大嫂。他在沂南县青驼一带寻访了几天，因为没有具体村庄名，结果没有找到。沂南县南乡这位大嫂的姓名，已被历史的尘埃掩埋了，但她的事迹，深深地印在了李子超和刘知侠的心底。

刘知侠怀着深深的遗憾和不舍，在蒙山沂水间展开了更为深入的采访历程。慢慢地，刘知侠发现，与无名大嫂一样的"大善大爱"故事，在沂蒙山区不是绝无仅有。明德英就是普通妇女中"大善大爱"的人，她也曾乳汁救伤员！

苦难的夫妻

1911年，明德英出生在沂南县岸堤村的一个贫苦农民家庭。刚刚会说话时，一场重病烧坏了她的听觉神经，从此也就失去了学习语言的机会，丧失了语言能力。5岁时，母亲因病去世了，父亲又娶了一房妻子。明德英是姐姐，下边还有一个弟弟，姐弟俩由继母抚养成人。明德英18岁那年，父亲得了重病，没钱医治，不久也病逝了。在苦难的日子里，明德英与弟弟相依为命，生母不在了，她自觉地以大姐的身份呵护着弟弟。见到失去母爱的孩子，她都用温暖的心给以力所能及的帮助。

1935年，虚岁已25岁的明德英，经人介绍嫁给了比她大15岁的横河村的李开田。李开田也是苦命人，家里没有土地，仅有两间破屋，靠给人家卖苦力挣

① 李子超：《"红嫂"的由来》，《临沂文史集萃》，山东人民出版社，1997年版。

口饭吃。横河村是李姓为主的村，结婚后，族长同情他，叫他俩到村西王家河西岸的李家大林去看坟。夫妻俩在坟地旁边搭了一个团瓢住了下来，靠种植着李家大林边待葬用的几亩薄地过日子。

明德英、李开田夫妻合影

抗日战争前，沂蒙山区局势十分混乱，汉奸、土匪、国民党顽固派各据一方，民不聊生。对兵匪带来的祸害，明德英记忆尤深。

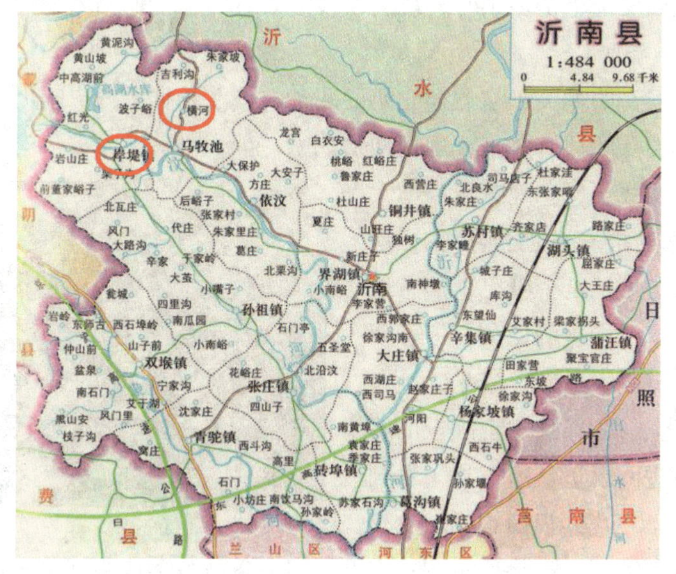

乳汁救活小八路

1938年，八路军来到了沂蒙山区，岸堤、马牧池一带都有部队驻扎。老百姓被兵匪吓怕了，听说当兵的就躲避起来。八路军用实际行动让老百姓认识到他们和老百姓是一条心的。明德英虽然听不到宣传的声音，但她从亲身经历的对比中，认识了八路军。八路军与老百姓亲如一家，明德英不仅看在眼里，喜在心里，而且主动为在她家附近进行训练的官兵送开水，表示慰问。丈夫李开田也当了民兵，跟着参加训练和学习救护知识。

1941年冬季，日军进行大“扫荡”。一天夜里，驻在马牧池村的八路军山东纵队司令部被日军包围了。由于情况来得突然，司令部机关的一些工作人员未能全部撤离，一场包围与反包围的战斗打响了。战斗进行到第二天中午，李开田和村子里的几个民兵把几名伤员送到北大山医院，回到家后，见一个年轻的战士躺在床上，明德英守在他身旁。见丈夫有些纳闷，明德英急忙揭开被子，指着受伤战士的手臂和肩膀让丈夫看，意思是说：我救的是八路军伤员。后来，明德英比画着说了她救伤员的过程，那位受伤的战士也向李开田叙述了事情的经过。

这位八路军伤员自我介绍说他姓彭，是司令部的炊事员。这天上午，他冲出敌人的包围圈，跑到了马牧池村的王家河沿上。敌人发现了他，向他开枪。他机灵地钻进了李家大林，敌人紧追上来。那片林地很大，光坟墓就有几百座，苍老的柏树一棵挨着一棵，荒草有一人多高。这位战士在坟墓、石碑、树木间与敌人周旋了半个多小时，最后，被敌人打伤了。他忍着伤痛，朝北跑出了林地。

这个时候，明德英正抱着还吃奶的儿子，坐在看林房门口晒太阳，看见受伤的战士气喘吁吁地奔过来，她便迎了上去。这位战士急急地喊了声“大嫂”。明德英指着自己的嘴摆了摆手，这位战士见她是个哑巴，焦急地用手朝林地指了指。明德英一下子明白了：后边有敌人追赶。于是，她一手抱着孩子，一手抓住这位战士的胳膊，把他拉进团瓢里。这位战士看到屋里又窄又小，藏人很困难，转身想走。明德英急了，一把将他按倒在床上，用一条破被子从头到脚把他盖得严严实实，自己装出没事的样子，抱着孩子坐在了屋门口的石台子上。

过了一会儿，两个日本兵追了过来，朝屋里望了望，没有发现什么异常。当他们弄清楚明德英是个哑巴后，便打手势问她看见一个受伤的八路军没有。明德英毫不犹豫地朝西山指了指，两个鬼子信以为真，拔腿朝西山追去。看着两个日本兵走远了，明德英急忙进屋，掀开被子一看，吓了一跳：这位战士由于流血过多，昏迷了过去。李开田当民兵，学过急救知识，他也把这些急救知识教给了哑巴妻子，以备不时之需。明德英知道这时候最需要的是水。可是，水缸里的水用光了，怎么办？明德英急得团团转。“哇”的一声，孩子啼哭起来，这一声哭提醒了明德英：这奶水不是也可以当水喝吗？想到这里，她毅然解开衣襟，把奶头放到伤员的嘴边，乳汁一滴一滴地滴进战士的口里。甘甜的乳汁滋润了八路军伤员干渴的喉咙，八路军伤员从鬼门关回到了阳间。

李开田担心鬼子还回来搜查，就把他转移到林地一座弃用的空坟里。李开田在空坟里铺上一层厚厚的干草当床，然后又用草把坟口堵上。冬天的野外十分寒冷。回到家后，李开田两口子又商量着把家里唯一的一条破棉被给小彭送去，还送去了便盆。这位战士执意不要棉被。到了半夜，明德英又叫醒丈夫，把小彭从空坟里扶回家来，让丈夫和小彭在床上，她坐在床边；实在困极了，就趴在床沿上睡一会儿，还不时地到外边听听动静。从那以后，他们白天就让小彭到那座空坟里躲藏，夜里就扶他回到屋里睡觉。

明德英用盐水给小彭洗伤口，外敷灰马包粉（学名马勃，俗名灰包、灰马包、马粪包，是一种常用的中草药）治枪伤，还杀了两只心爱的老母鸡，给小彭补养身体。在明德英的精心护理下，半个月后小彭的伤口基本愈合了，想要归队。李开田打听到在马牧池一带住过的部队转移到了日照一带，就买了一个锅饼，让他在路上吃。临别时，小彭同志依依不舍，跪下磕了几个响头，发誓说只要活着就一定会回来报恩的。

在横河村，李开田有一个最要好的朋友叫赵成全（后来成了儿女亲家）。伤员小彭在明德英家养伤期间，赵成全也曾受李开田的邀请来帮过忙。小彭去找部队时，李开田委托赵成全把小彭送到了去日照方向的大路上。在与赵成全离别时，这个八路军小战士哭着向赵成全讲述了明德英用奶水救他的事，并告诉赵成全，李开田不让他对外人说，但要是不说出来，就可能谁都不知道了。他还说，只要他活着，就一定会回来报恩的。

然而，小彭走了，却再也没有回来，可能是牺牲了。

后来一个偶然机会，李开田与赵成全在一起喝酒。期间，赵成全忍不住问起了这件事，李开田就对信得过的兄弟把整个过程一五一十地说了一遍，并再三嘱咐不能对其他人说了。

用乳汁救了伤员的事，明德英没有对别人“说”，李开田除了对赵成全透露过实情，再也没有对别人说过。横河村的老百姓只知道哑巴不顾危险救了一个八路军伤员。尽管赵成全开始守口如瓶，但是他后来还是忍不住又告诉了本村1938年入党的党员李开文。

冒险救护庄新民

1942年底，日军对沂蒙山区进行大“扫荡”。在一次反“扫荡”时，山东纵队卫生部第1所下属分所的人员被敌人冲散了，才十五六岁的看护员庄新民混到逃难的人群中。1943年正月的一天，李开田被日军抓去当民夫。从泰安城回来时，在路上遇见了因为脚部受伤掉队的庄新民。李开田把庄新民当作儿子看待，对庄新民说："跟我走吧，伤好了再去找部队。"

庄新民随同李开田来到了横河村。过了几天，又一同被鬼子抓去，押到了沂水城。敌人在他们脸上涂上了颜色做记号，让他们牵着在"扫荡"中抢来的牛、驴、羊送到泰安城。到泰安城以后，一位翻译告诉说："你们是良民，牛、羊、驴已送到，可以走了。"庄新民鞋跟磨透了，脚底被扎破化了脓，在回家的路上，基本靠李开田扶着走，过水时就背着。回到李家大林的家，明德英见庄新民脚伤得厉害，马上用盐水给他洗脚，又用灰马包粉撒在伤口上，用布把伤口包扎起来；白天把他藏在空坟中，夜里让庄新民与李开田睡在一起。庄新民心里很不安，这是一个十分贫穷的家庭，又添上一张嘴，可怎么生活呀！过了几天，他告诉李开田，要找部队去。李开田夫妇几次挽留，他说啥也不肯再住下去。明德英煮了几个地瓜，让他吃了一半，另一半让他带着在路上充饥。临别，李开田告诉庄新民："你去找找看，找不到部队再回来。"临别时，庄新民给救命恩人磕了三个头，叫了声爹妈，指天发誓，只要死不了，一定报答救命之恩。

滴水之恩涌泉报

离开了沂蒙山区，部队一路南下。越往南走，庄新民越是想念救命恩人。随部队一路南下，解放上海后，庄新民复员，被安排在地方上工作。1955年，在上海安顿下来的庄新民，给沂水县政府写了一封信，寻找沂水县南乡的哑妈妈。因为新中国成立前，横河村隶属于沂水县，新中国成立后横河村已隶属于沂南县，这一行政区域的变化，庄新民还不清楚，所以靠着模糊的记忆把信写到了沂水县。沂水县政府在沂水县境内没有查找到这位"哑妈妈"，又把信转到了沂南县。沂南县民政局经过多方查找，终于使庄新民与李开田夫妇取得了联系。庄新民工作忙脱不开身，便寄来了路费，让二位老人到上海享清福。明德英在家里看门，李开田带了些山货去了上海。

到了约好的时间，庄新民特地请假到火车站去接李开田。单位的领导知道了这件事，特地安排了几个工作人员陪着庄新民一起去接。庄新民见到了李开田，立即跪下说：爹，儿子接你来了。几个陪同的工作人员见状，也一起跪下了，齐声说：爹，儿子接你来了。这个场面，一下子把李开田弄蒙了，周围的人也都感到稀奇。经过庄新民简要介绍，在场的人都激动地流下热泪。

回到家，庄新民给李开田洗脚，用新毛巾给他擦脚，急得李开田连声说："使不得，欺祖啊！"庄新民对自己的孩子说："这是你们的爷爷，你们可以不孝敬我，要是不孝敬爷爷，绝不行！”他劝李开田把全家带到上海来，组织上答应给办户口。李开田说：“我们是种地的，到城里什么也不干，那不跟地主一样了？再说，现在日子安稳了，也吃饱饭了，在家里也是享福啊。”住了十几天，李开田觉得被人伺候着难受，就要回家。临走，庄新民说，你有什么要求尽管说。淳朴的李开田说：“家里有吃的了，还喂了一群鸡，天天吃鸡蛋，什么都不缺。你就把我换下来的旧衣服给我，我带回吧。”庄新民见他在上海也不开心，还挂惦家里，就给他买上了一大包上海产的“大白兔”牌奶糖，让他带回家给“娘”吃。从此，两家书信来往不断，庄新民知道“娘”好吃“大白兔”牌奶糖，就经常往家里寄送。李开田也经常往上海寄些山货。

1956年李开田和庄新民在上海合影

李开田与庄新民两家的情谊，在当地传开了，有的赞叹：行好积善，好人有好报啊！有的赞美：不忘救命之恩，好人啊！但明德英乳汁救伤员的事基本上没人知道。

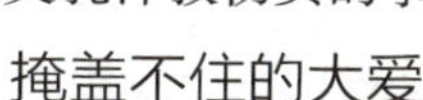

掩盖不住的大爱

刘知侠为了撰写《沂蒙山的故事》，来到了他曾经工作战斗过马牧池、岸堤一带，探访旧地、看望房东、走访老乡，搜集创作素材。

在这期间，刘知侠慕名采访了李开田夫妇。李开田把救庄新民和庄新民对他的感恩说得很详细，也说了此前救了八路军战士小彭的事，但他还是隐去了乳汁代水救伤员的事。

采访完李开田，刘知侠又采访了曾经帮着救助伤员的赵成全。这次，赵成全没有保密，把明德英用奶水救八路军小彭的事原原本本地说了出来。刘知侠又回头采访李开田，李开田才说出了他隐瞒的原因：怕传出去不好听。刘知侠被哑女明德英的大善大爱和李开田的朴实无华感动得热泪盈眶，他激动地对陪同采访的人员说：义薄云天的沂蒙女，隐身在青驼寺，现身于马牧池！

刘知侠还采访了祖秀莲。

祖秀莲生于1891年，娘家在双泉峪子村（今属沂南县马牧池乡），婆家是大山后面的桃棵子村（今属沂水县院东头镇）。她原来没有名字，因为婆家姓张，所以年轻时，人们叫她张大嫂，年龄大了就成了张大娘。解放了，她才有了自己的名字——祖秀莲。

1939年初，年近50岁的祖秀莲参加了本村妇女救国联合会，她和青年妇女一起，磨军粮、做军鞋，积极参加抗日活动。

1941年秋，日军对沂蒙山区进行铁壁合围大“扫荡”。原在“山东纵队”司令部当侦察员的郭伍士，在抗大一分校学习返回部队的途中，被裹进了敌人的包围圈。当他奉命在桃棵子村南山侦察时，被鬼子发现了。他身中数枪，被打倒了，鬼子冲过来又向他身上捅了几刺刀。最后鬼子踢了他几脚，见没反应，就走了。

他是幸运的，枪没打到要害处，刺刀也没捅到致命处。醒来后，他艰难地朝山下的小村子爬去。他知道，沂蒙山区是八路军根据地，民情好，遇到老百姓就有活命的希望。第二天拂晓，祖秀莲开门，见家门口躺着个戴八路臂章的血人，便招呼老伴把他抬到家中。伤处太多，祖秀莲照着在妇救会学到的急救知识，先掰开郭伍士被子弹击伤的嘴，抠出嘴里满是血块的断牙，喂了水，又连忙找来本家侄子把他抬到村外柴草屋子躲避。祖秀莲用盐水给他清洗伤口，这才发现伤口共有七处。为防止鬼子袭扰，祖秀莲在村干部的帮助下，又把伤员藏到村西大卧牛石下的山洞里。祖秀莲每天以上山挖野菜的名义，把“萋萋菜”揉碎，用布包着挤出菜汁，用来清洗伤口，再撒上马包灰吸水消炎。

俗话说，老太太最关心的三件事：孙子、外甥、老母鸡。在山庄里，本来都喂很多鸡。鬼子来了，时常“跑反”（沂水、沂南一带人把外出躲避战乱叫“跑反”），喂多了鸡也带不走，都被鬼子汉奸逮去了。“跑反”时，祖秀莲把能下蛋的一只老母鸡带在身边，带点粮食喂着。为了给郭伍士补养身子，祖秀莲把这只曾经跟随她“跑反”的唯一一只老母鸡杀了，熬成了鸡汤。祖秀莲一勺一勺地喂着郭伍士，心里一遍一遍地念叨着：可怜的孩子，快好了吧，好了再去打鬼子！

祖秀莲与郭伍士

经过二十多天的精心护理，郭伍士伤势明显好转。祖秀莲听村干部说八路军后方医院已到山后中峪村，便在村干部的带领下，让几个侄子趁天黑翻山越岭把郭伍士安全转移到了后方医院。

新中国成立后，已复员在沂南县隋家店

落籍的郭伍士，经过艰难寻找，终于找到了日夜思念的救命恩人。他与妻子一起迁居到了桃棵子村，以儿子的身份为恩人奉献一份孝心。

得知这一线索后，刘知侠深入桃棵子村进行了采访。

《红嫂》传播及影响

1961年，刘知侠根据这些感动天地的事迹，写出了反映沂蒙军民生死相依反“扫荡”的短篇小说集《沂蒙山的故事》，其中第四篇《张大娘家里》、第五篇《山西人》，就是根据祖秀莲和郭伍士的故事写成的。

刘知侠本来计划将明德英乳汁救伤员的故事写到《沂蒙山的故事》中，因为觉得如果篇幅太小，则难以容纳丰富的故事情节和深刻的内涵；如果篇幅过大，又与《沂蒙山的故事》其他篇章不相称。于是，他将乳汁救伤员的故事独立成篇，创作出了中篇小说《红嫂》。

《沂蒙山的故事》，于1961年8月由山东人民出版社出版。

同月，《红嫂》发表于《上海文学》。《红嫂》发表后，在全国引起了巨大反响。

1963年秋，为了繁荣现代京剧的创作，文化部决定次年在北京举行全国性的京剧观摩演出。为挑选出优秀的剧目参加这次演出，山东省文化部门决定在全省举行京剧会演。淄博市京剧团将刘知侠的中篇小说《红嫂》改编成了现代京剧戏。在1964年春天举行的全省京剧会演中，《红嫂》因故事感人，唱腔优美，与山东省京剧团演出的《奇袭白虎团》脱颖而出，一起获得了进京参加全国京剧观摩演出的入场券。为了把《红嫂》打造成精品，省有关部门决定重新组班子，演员也要全省挑选。最终，由梅兰芳的弟子、被借调到青岛市京剧团的张春秋饰演红嫂。为了演出更加协调，又把周信芳的弟子、青岛市京剧团的另一名演员李师斌调来演彭林。

1964年6月20日，淄博市京剧团与青岛市京剧团联合出演的《红嫂》参加了全国京剧现代剧观摩演出大会。《红嫂》演出的第一场是在北京的二七剧场，精彩的表演，感人的剧情，博得了观众的满堂彩。在首都剧院演第二场戏的时候，刚从国外访问归来的周恩来总理赶来观看会演。演出结束后，总理走上台接见了演出人员。

总理还专门召集《红嫂》剧团领导召开了一个座谈会，就乐曲、唱腔提出了自己的意见和建议。观摩演出结束后，在首都人民大会堂举行了颁奖仪式，张春秋饰演的《红嫂》荣获演出奖。

在周恩来总理的推荐下，1964年8月，《红嫂》与《奇袭白虎团》剧组专程到北戴河为毛主席、刘少奇、周恩来、朱德等党和国家领导人演出。8月12日，《红嫂》在北戴河亮相。毛主席在观看过程中频频点头，以示赞赏。演出结束后，毛主席高兴地走上台，与全体演职人员一起合影留念。随后，毛主席参加了座谈会，他高兴地说："《红嫂》这台戏可用'玲珑剔透'来概括，剧本编写得细致，人物表演得细腻，充分体现了军民之间的鱼水情深。"毛主席还鼓励大家说："这次山东带来两个好戏，我看了很高兴。《红嫂》这出戏是军民鱼水情的戏，演得很好，要拍成电影，教育更多的人，做共和国的新红嫂。"

从此，全国掀起《红嫂》热，许多京剧团和地方剧团都效法山东排演《红嫂》。

1964年，文化部决定由上海天马电影厂将《红嫂》拍成电影。1965年，电影导演傅超武带着《红嫂》剧组主演们，先后多次到沂南县的马牧池村体验生活。

1970年春天，《红嫂》剧组再次进京演出。在北京，《红嫂》剧组展演于

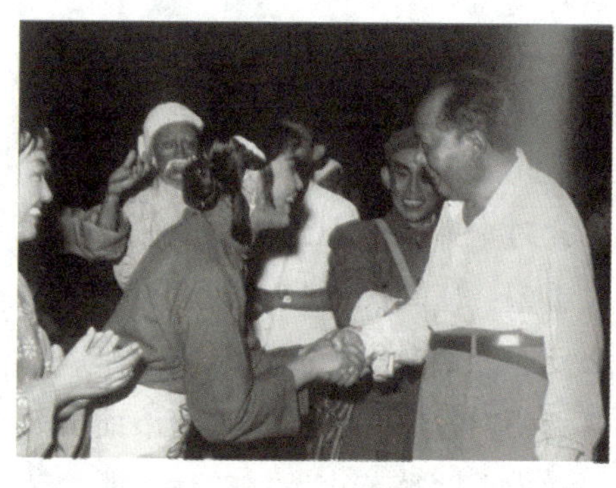

人民剧场、首都剧场、民族文化宫等北京各大剧场之间，几乎每天都有演出，在京11个月，可谓轰动京城。

1971年，中国舞剧院芭蕾舞团将《红嫂》改变成芭蕾舞《沂蒙颂》。剧组全体演职员到沂南县马牧池横河村体验生活；返京前，在沂南县城露天剧场进行了汇报演出。

愿亲人早日养好伤

舞剧《沂蒙颂》选曲

1=♯B $\frac{2}{4}$ 亲切地　　佚名词曲

蒙山高，沂水长，军民心向共产党，心向共产党，红心映朝阳，映朝阳。炉中火，放红光，我为亲人熬鸡汤，续一把蒙山柴炉火更旺，添一瓢沂河水情深意长。愿亲人早日养好伤，为人民求解放重返前方，重返前方。

1973年5月，芭蕾舞剧《沂蒙颂》在北京天桥剧场进行了首场演出。从此，《我为亲人熬鸡汤》的经典唱段传遍了祖国各地，经久不衰。

1975年，八一电影制片厂将京剧《红云岗》拍成电影，定名为《红嫂》。

1992年3月，明德英被山东省妇联、省民政厅和山东省军区政治部命名为“山东红嫂”，并被授予省“三八红旗手”荣誉称号。

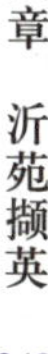

鱼水情深

1985年春天，庄新民再次回到了沂蒙。此时李开田老人已经过世，聋哑的明德英也已老态龙钟。因明德英家时常来人看望，庄新民的到来并没有引起她的注意，家人给她做手势说明，她也没什么反应。情急中，家人拿出上海产的“大白兔”奶糖，又指指庄新民，老人家蓦然明白过来，两行热泪滚滚而下。她一把将庄新民拉到怀里，庄新民像孩子一样抱着明德英痛哭。突然，明德英松开双手，转身在一个低矮的橱柜内摸索出两个苹果，用衣襟擦了又擦，硬往庄新民嘴里塞，庄新民噙着眼泪将苹果吃了下去。

1994年春节前，庄新民准备好了一切，要回沂南跟娘过春节，结果买东西时摔了一跤，严重骨折。他派身为海军少校的二儿子庄健来到沂南，替他尽孝。

这时，明德英的眼睛已经看不清了。当庄健把大白兔奶糖放到她嘴里的时候，明德英立即明白了，她先用手比画着帽盖，接着用手向远处指了指，意思是我知道了，是那个当兵的，从很远的地方来的；又用双手放在头一边，做了一个歪头的动作，紧接着又用手在脖子上做了个“杀”的动作，意思是：别走了，在这里住下，杀鸡给你吃。在场作陪的人，虽然对明德英的故事早就耳熟能详，但看了明德英的手语、听了他儿子的翻译，还是为明德英的朴实善良感动落泪了。

1995年正月，明德英病了。这时庄新民因为骨折还不能行走，他心急如焚，正准备派他的大儿子庄举华到沂南替他看望救命恩人时，上海电视台来了。原来，因为这年9月4日—15日，第四次世界妇女大会在中国北京召开，上海电视台计划邀请庄新民一起到沂南拍些“母子相逢”的资料。见庄新民不能成行，上海电视台就专门为庄新民拍了一段想念妈妈的片段，与庄举华一起来到了沂南。

1995年4月21日，明德英病逝，终年85岁。庄氏兄弟代表父亲专程前来为老人送终。

为永久纪念这位伟大的母亲，上级有关部门破例批准为她在鲁中烈士陵园修了纪念碑。其碑文说：“一九四一年冬，日军举五万虎狼之师犯我沂蒙，我军民协力同心，奋勇抗战……一八路战士身伤数处，至横河村外，被哑妇明德英壮救。是时，日军追逐在前，搜捕于后，而战士失血过多，生命垂危，明德英悉力照顾，喂其乳汁，继而得救……伟哉，明德英之所举可谓惊天地泣鬼神……”

红嫂精神的形成

由乳汁救伤员的无名大嫂为起点，刘知侠集明德英、祖秀莲等大爱母亲事迹于一体，以红嫂这一鲜亮的名字，以乳汁救伤员这一点睛之笔，为爱党爱军、无私奉献的沂蒙妇女树立起了一座丰碑。红嫂是沂蒙妇女英雄群体的代名词，红嫂精神是沂蒙精神最本质的标志与最生动的体现，最能凸显沂蒙精神“水乳交融、生死与共”的特质，是沂蒙精神影响全国的标志性符号。

一方水土，化育一种精神。红嫂精神的形成，有着深刻的文化背景和政治背景。

优秀的文化基因奠定了红嫂精神的基础

由于不同区域的群体所依赖的生存环境不同，所积淀下来的历史文化环境不同，因而形成的代代因袭的文化基因也就有所不同。

从生存的地理环境看，沂蒙两山之间的地域，生产生活环境相对较差。在艰苦劳作才得以生存的环境下，沂蒙民众逐渐培育出了“勤劳”“坚毅”的意识；相互协作才能抗拒自然灾难的生活经历，逐渐养育成了“仁爱”“友善”的性情；努力奋争才能保护生活资源不被外部侵占的斗争实践，逐渐催生出了“勇敢”“强武”的精神。

从文化的历史积淀看，汉代以来，这一地域内以诸葛家族为代表的“忠”，以王氏家族为代表的“孝”，以颜氏家族为代表的“悌”，以及他们本人及家族的“功业”，都是十分显亮、名载史册、享誉百世的。明清时期，这一区域内的府志、县志，都将史籍记载的这些望族名流视为本土文化的精髓而载入其内。这些望族名流的事迹与精神影响着一代代的有文化的人，通过这些有文化的人的传播，“忠”“孝”“悌”等理念，又逐渐转化凝结成了普通民众的“忠信”“孝悌”“功业”等观念。

特别是在民间有着广泛影响的“二十四孝”，沂蒙大地上就有六个典型。沂南县辛集镇潮沟河信量桥的栏板上，就有明代雕刻的“王祥卧鱼奉母”“杨香扼虎救父”“郭巨为母埋儿”等典范故事。这些具有正能量的故事，代代口口相传，已经渗透到沂蒙人的骨子里，成为遗传不断的文化基因。

红色文化因子诱导了沂蒙文化基因的优化

由于沂蒙人民有着优秀的原始文化基因，有着朴实、善良、包容、勤劳等区域化明显的特质，共产党、八路军才能很快在沂蒙山区扎下了根。

共产党、八路军进入沂蒙山区后，又为沂蒙人民优秀的文化基因注入了先进的红色因子，沂蒙人民的优秀基因得到了升华。

共产党的理论指引和行动引领不是概念化的，而是具体的。其红色文化因子更是以具体的行动措施体现的。沂南县民间收藏家董士君收藏、沂南县政协文史资料委员会编辑出版了一本文献集——《沂蒙红色文献》。本资料集收录抗战时期资料38份，解放战争时期资料72份。这些珍贵的资料虽然仅是红色文化因子的一部分，但这些资料系统而直观地向世人展示了何为“红色文化因子”。

妇女读本

抗日战争时期，沂蒙抗日根据地内各级妇女组织机构相继成立，妇女运动成为抗日斗争的重要组成部分。《妇女读本》就是为了提高根据地妇女的政治觉悟和文化理论水平而编写的通俗读物。

这本《妇女读本》是沂蒙抗日根据地“前进社”于1942年4月编印的。读本设置了10篇课文，其中有“妇女在人类中的地位”“男女本来是平等的”“中国抗战和妇女解放的关系”“妇救会是妇女自己的团体”“抗战以来山东妇女的情势”“怎样做一个模范妇救会员”等。

学生课本

抗战时期，沂蒙山抗日根据地内建立了抗日小学。据有关资料记载，抗战中期，沂蒙山区（辖5个县）有初级小学589处，高级小学5处。

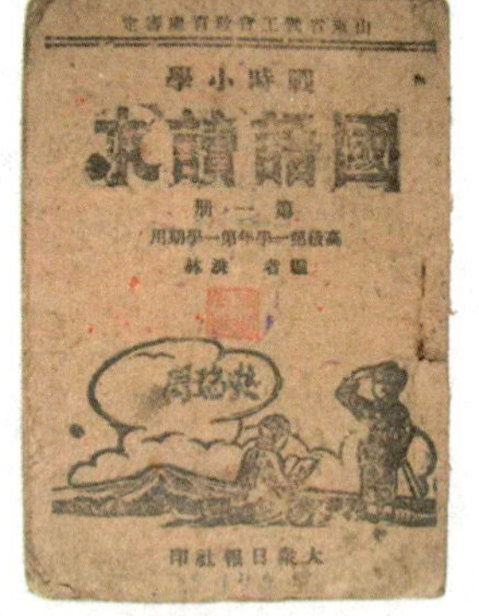

抗日小学的课本是根据国民教育的原则编制的，内容注重抗日爱国教育。在极端艰苦的条件下，课本是用土造纸张，手工刻字油墨印制。为了便于记忆，附有大量的木刻插图。

这本战时小学《国语读本》第一册第30课写的是八路军大战平型关的战斗情景：“过一山，又一山，敌人来攻平型关。八路军，真勇敢，一声冲锋杀上前。杀得敌人忙逃窜，杀得敌人叫连天。平型关，这一战，敌人死伤四五千。”插图是八路军战士奋勇杀敌的场景。

农民教材

冬季是农闲季节，利用这一季节组织根据地的青年农民们集中学习的方式叫“冬学”。冬学的主要对象是根据地的普通民众，军队、政府机关的工作人员也参加冬学学习。为此，山东省教育处编写了冬学课本，由大众日报社出版发行。

其中的冬学《政治课本》分为“时事”“备战”“经济建设”“民主运动”“农村统战”“妇女问题”等分册。

这本《政治课本》是“备战”分册，有10篇课文，篇名有“爱护军队”“民兵”“空舍清野”“爆炸运动”“抗战戒严”“反对抓壮丁”“公民誓约”等。

八路军识字课本

抗战时期，沂蒙根据地不但重视广大民众的识字教学文化，也十分重视八路军部队的识字教学，当时就有专门的教材。

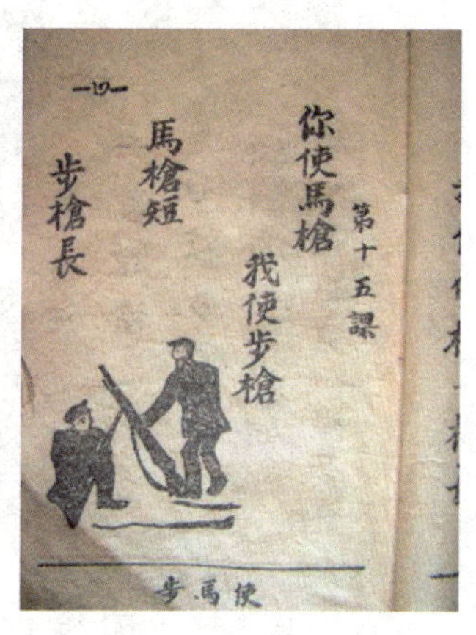

这本《国文课本》，70篇课文，配有木刻插图。每篇课十几个字，超过20个字的不多。

第11课仅有12个字：“军人，军人，我们是抗日的军人。”

第22课也是12个字：“抗日军，责任大，救人民，把敌杀。”

第56课21个字：“八路军是人民的子弟兵，救人民，打日本，为了老百姓。”

正是这样简单易记、文浅意深的识字课本，配合思想政治教育，共产党

“依靠人民”“为了人民”的思想在军队战士的灵魂深处扎下了根，也因此形成了行动上的自觉。

红嫂精神的“活化石”——“识字班”

共产党、八路军开辟了沂蒙山根据地，沂蒙山区的农村妇女首次得到了身心的解放。她们的思想一经解放，便迸发出极大的学习热情，不仅在课堂上认真听讲，而且在课后认真复习所学内容：劳动休息的时候，在地上写字；回家做饭，在灶台前练字；晚上睡觉，在肚皮上比画。房前屋后，四面墙壁，到处写满了字。由于勤学苦练，她们文化水平提高很快，三四个月下来，不仅能认得路条，而且能写简单的书信，还能阅读简单的书报。在学习文化的同时，识字班还学习政治，学习妇女解放的道理，学习共产党的政策和法令。通过学习，大大提高了政治理论水平。朴素的原始传统基因，逐渐升华成了“爱党爱军、忠诚坚韧、忠诚博爱、勤劳勇敢、无私奉献”的红嫂精神。

在沂蒙山区，因参加识字班的多为农村未婚年轻妇女，“识字班”便逐渐演化为对年轻妇女尤其是未婚少女的称呼。这种称呼一直持续到20世纪末。20世纪公社化时期，“识字班”突击队又派生出了“穆桂英”“花木兰”等英雄称号。在波澜壮阔的治山治水活动中，新时代的“穆桂英”“花木兰”们，以实际行动继续诠释着“爱党爱军、忠诚坚韧、忠诚博爱、勤劳勇敢、无私奉献”的红嫂精神。

“识字班”称谓是一块“活化石”，不仅诠释着红嫂精神，也是红嫂精神的具象化显现。

红嫂精神的意义

沂蒙红嫂精神，是沂蒙妇女善良、博爱、坚韧的优秀品德与对党忠诚、无私奉献的革命信念共同熔铸的结晶，是沂蒙精神的重要组成部分和集中体现，也是中华民族精神的优秀代表。

“爱党爱军”是沂蒙红嫂精神的灵魂，展现了沂蒙女性所具有的立场坚定、追求执着的崇高政治信仰。

“忠诚坚韧”是沂蒙红嫂精神的本质，体现了沂蒙女性不管在什么困难条件下，都矢志不渝跟党走的坚定信念。

“勤劳勇敢”是沂蒙红嫂精神的品格，充分体现了沂蒙女性忠厚朴实、吃苦耐劳、敢作敢为的精神风貌。

“无私奉献”是沂蒙红嫂精神的核心，高度概括了沂蒙妇女顾全大局、自我牺牲、勇于奉献的价值取向。

红嫂，是一段永载史册的真情传奇。沂蒙红嫂是一批感动了几代人的伟大女性。

2009年，中央十一部委联合组织开展“100位为新中国成立作出突出贡献的英雄模范人物”评选活动，明德英被推荐为150名候选人之一，《人民日报》于7月20日予以公告，公开评选。明德英实至名归，成功入选登榜。

人民日报　　公　告　　2009年7月20日 星期一　29

097.陈赞贤(1896–1927)

男，汉族，江西省南康县人，中共党员。

陈赞贤1921年考入南昌省立第一师范。1925年加入中国共产党。同年，回家乡领导人民进行反帝反军阀的斗争。后到广东南雄参加工农运动，任南雄总工会委员长。1926年被党组织派往国民革命军第2军第5师政治部任宣传科科长。1926年7月，北伐战争开始，他奉命到江西赣州领导工农运动，任中共赣州特别支部书记。11月，当选为赣州总工会委员长，发动全市工人开展以增加工资、改善待遇、实行八小时工作制为中心内容的斗争。为了推动罢工运动继续高涨，又举行了全市钱业店员的大罢工并取得胜利。这是赣州历史上第一次由中国共产党领导的大罢工。1927年2月，参加江西省第一次工人代表大会，被选为省总工会副委员长。1927年3月6日，被国民党反动军队逮捕。敌人逼他签字解散总工会，停止工农运动，他斩钉截铁地说：“头可断，血可流，解散工会的字我不签！”“我从事工农运动，何罪之有？你们镇压民众，破坏革命，才是大罪弥天！”敌人同时向他开枪射击，陈赞贤在身中18弹的情况下，仍高呼：“打倒新军阀！”“工会万岁！”“中国共产党万岁！”后壮烈牺牲，年仅31岁。

委委员、广州工人纠察队总队长、中共广州市委组织部部长兼市委工委书记等职。陈铁军1924年秋考入广东大学文学院预科。求学期间，为追求进步，铁心跟共产党走，她将原名燮军改为铁军。1926年4月，加入中国共产党。大革命失败后，1927年4月广州“四一五反革命政变”后，任重建的中共广州市委组织部长兼市委工委书记。10月，周文雍被选为中共广东省委候补委员，投入广州起义准备工作。陈铁军受党的派遣，装扮成周文雍的妻子，参与准备广州起义。1928年1月，周文雍当选为中共广东省委常务委员兼广州市委常务委员，再次与陈铁军回到广州，重建党的机关。1月27日，由于叛徒出卖，周文雍与陈铁军同时被敌人逮捕。在共同的革命斗争中，周文雍和陈铁军产生了爱情。但为了革命事业，他们将爱情一直埋藏在心底。在生命的最后时刻，他们决定将埋藏在心底的爱情公布于众，在敌人的刑场上举行了革命者婚礼，表现了大无畏的英雄气概。

100.周逸群(1896–1931)

男，汉族，贵州铜仁县人，中共党员。

周逸群1919年赴日本留学，1923年毕业回国，在上海参加创办《贵州青年》旬刊，宣传反帝

明德英出生于贫苦农民家庭，两岁时因病致哑。全国抗战爆发后，她在家乡目睹了共产党八路军坚持抗战、一切为了民众的实际行动，从而对共产党八路军怀有深厚感情。1941年冬，大批日伪军包围了驻沂南牧马池村的八路军山东纵队司令部。11月4日，八路军一名小战士在反“扫荡”突围中身负重伤，被明德英机智救下，为他包扎伤口。当搜捕的日军走后，伤员因失血过多，缺水休克，在周围没有水源的情况下，正在哺乳期的明德英毅然用乳汁救活了伤员。随后，她又和丈夫李开田倾其所有，收养伤员半个多月，使其康复归队。1943年，她又从日军的枪林弹雨中抢救出八路军山东纵队军医处看护石分所13岁的看护员庄新民。明德英救护八路军战士的情节，后被写入小说《红嫂》，编入京剧《红云岗》、舞剧《沂蒙颂》。沂蒙红嫂用乳汁救伤员的故事随之传遍全国，家喻户晓，明德英也被公认为沂蒙红嫂的生活原型，赢得了人们的敬重和爱戴。解放后，她仍不忘爱党爱军，先后把儿子、女儿、孙子等送入子弟兵行列，体现了爱党爱军的沂蒙精神。国防部原部长迟浩田上将在探望她时，题词“蒙山高，沂水长，好红嫂，永难忘”。

103.林祥谦(1892–1923)

诗：“慷慨登车去，相期一节全。残躯何足惜，大敌正当前。”表现了一位共产党员视死如归的革命气节。1928年4月21日被国民党反动派杀害，年仅26岁。中共中央在《布尔什维克》第20期上刊发《悼罗亦农同志》文章，指出：“罗亦农同志的热烈的革命精神，可为中国共产党全党党员的楷模。”

105.罗忠毅(1907–1941)

男，汉族，湖北省襄阳县人，中共党员。

罗忠毅1927年入冯玉祥部当兵。1931年参加宁都起义，编入中国工农红军第5军团。后到瑞金入红军学校学习。1932年加入中国共产党。参加了中央苏区第四次、第五次反“围剿”。1934年10月中央红军主力长征后，任福建军区第3分区副司令员兼参谋长、闽西南第1作战分区司令员、闽西南游击队第1纵队司令员，在闽西南地区坚持极其艰苦的3年游击战争。抗日战争全面爆发后，任新四军第2支队参谋长、江南指挥部参谋长，参与创建以茅山为中心的苏南抗日根据地。参与指挥水阳伏击战、官陡门奇袭战等战斗。1940年7月新四军江南主力北渡长江后，任重建的江南指挥部指挥，留苏南坚持敌后抗日游击战争，指挥部队多次挫败日伪军“扫

渠向黄河以南撤退的命令，率部接连击退敌人多次进攻。后接受中共鲁西北特委建议，将各地武装和地方民团收编为抗日游击队，先后建立了20多个县的抗日政权和5万人的抗日武装。1938年，拒绝国民党政府将抗日武装改编为省属保安旅的命令，并与八路军129师签订互相支援的协议。武汉保卫战期间，先后两次组织部队袭击日军占领下的济南，牵制日军行动。1938年11月，日军进攻聊城，范筑先率部督战，守军被日军包围，600多名将士大部分战死。范筑先宁死不当俘虏，抵抗至最后，举枪自尽，壮烈牺牲。

108.郑律成(1918–1976)

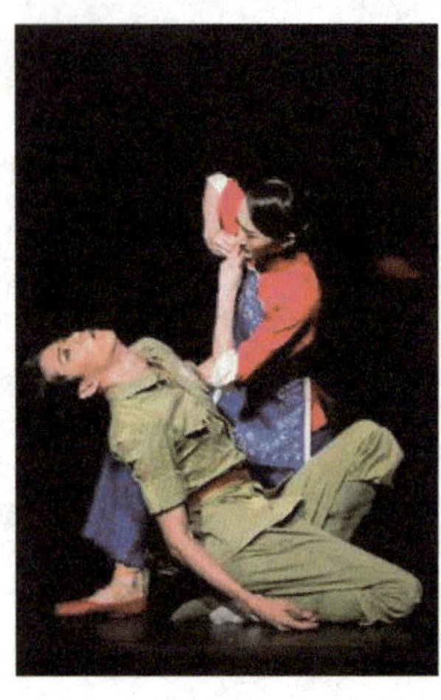

2017年3月，中央芭蕾舞团《沂蒙情》主创团队重返沂南马牧池乡体验生活，以现代视角回眸历史，再次用足尖语汇诠释红嫂精神。

2019年4月19日，中央芭蕾舞团新创芭蕾舞剧《沂蒙三章》在北京天桥剧场首演。该剧将无数沂蒙红嫂和她们的英雄故事浓缩为3个极具代表性的足尖篇章：《火线桥》《永远的新娘》《沂蒙情》。这三段故事刻画了不畏牺牲、用肩膀搭起火线桥的沂蒙妇女，勤劳坚贞、为从未见过面的烈士丈夫守护家园的“永远的新娘”以及体现军民水乳交融、用乳汁救伤员的红嫂形象。这是为沂蒙红嫂书写新时代的华彩篇章。

红嫂故事各种体裁的变化，唯一没变的是它最感人最闪光的情节，即“乳汁救亲人”。情节的认可和传播看似随机自然，但绝非人之愿望所能左右的，包含着一定深刻的必然性和规律性，包含着对特定文化价值的认可。一个年轻的乡村女性毅然突破伦理禁忌，用乳汁救活生命垂危的解放军战士，情节具有多重象征意义：子弟兵是人民的乳汁哺育的，人民是子弟兵的母亲。它象征了军民鱼水之情，人民军队就是依靠了人民群众的“乳汁”，依靠了人民群众的支持才成长壮大，才不断取得胜利。更深层的意义是党的群众路线的形象化显现，“一切为了人民，一切依靠人民，从群众中来、到群众中去”，真正为了群众，真心依靠群众。这个高度典型化的情节，揭示了人民解放军之所以能够取得最终胜利的根本原因，它是战争年代人心向背的形象化标志。

红嫂是沂蒙特殊的印记，沂蒙红嫂精神向我们展示了无穷的群众力量。大力弘扬沂蒙红嫂精神，必将进一步激发中华民族妇女的无穷智慧和伟大创造，必将为中华民族妇女在追梦路上注入不竭的精神动力。

银杏巍巍

1940年7月26日，山东省国大代表复选大会，山东省临时参议会，山东省民众总动员委员会，山东省工、农、青、妇、文化各界总会以及山东省各界救国联合会成立大会，在临费沂边联县青驼寺村三官庙古银杏树下开幕。出席大会的有山东初选的国大代表，有各地区工、农、青、妇、文动委会和各群众团体的代表，还有驻在当地的党、政、军等各界代表共400余人。后来因为日、伪军的袭扰，联合大会转移到孙祖继续召开，在孙祖闭幕。整个会议前后历时近一个月。

边联县

1940年6月，为巩固临沂、费县、沂南边区平原根据地，保持沂蒙山区与鲁南、滨海根据地的联系，中共山东分局决定，在临沂县北部的老三区、老四区的诸满、汪沟一带和沂南县南部原沂水县十区葛沟、阳河、左泉、张庄4个乡的平原地带边缘区，建立临沂、费县、沂南边联县工委。时任中共沂南县委委员、官庄区委书记的王介福和中共临费县委书记尚明，奉命带领一班同志来到临沂、费县和沂南三县的边缘区开展活动，组建新的领导班子和政权组织。当时，这个边缘区包括葛沟、河阳、左泉、张庄、青驼、高里、李官、茶山、汤头、汪沟和诸满一带，核心区域在青驼，王介福等领导经常活动的地点就在大冯家楼子村。

当年6月的一个夜晚，在大冯家楼子村西沟崖头大白果树下的冯氏家庙里，召开了中共临费沂边区联防工作委员会（简称“工委”）成立会议，边区办事处同时成立，王介福任“工委”书记，尚明任办事处主任。8月，临费沂边区联防“工委”改为县委，简称中共临费沂边联县委，王介福任县委书记，田子珍任组织部部长，刘亚明任宣传部部长，马万杰任民运部部长。

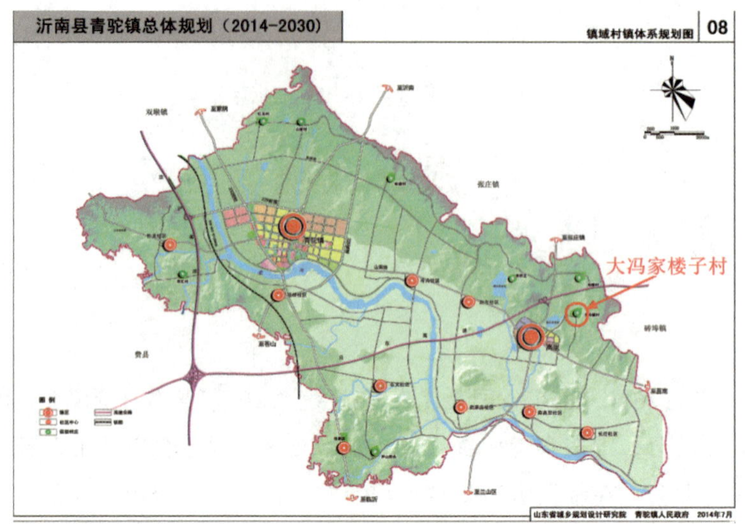

大冯家楼子村位置

当时的边联县算得上山东抗日根据地形势最为稳定、群众基础打得最好的县。这一时期，全省党政群团的很多活动都是在这一带举行的。1940年12月，中共山东分局高级党校在王家圈村（今青驼镇王家圈村）创办，翌年1月1日正式开学，朱瑞、罗荣桓、李林、李竹如、萧华等参加开学典礼并讲话。朱瑞、罗荣桓、萧华、王建安等领导都集中在这里办公和生活。王家圈党校办了6期，培养了近千名党政军领导干部，全省的县委书记、团职以上军队干部都在这轮训过。

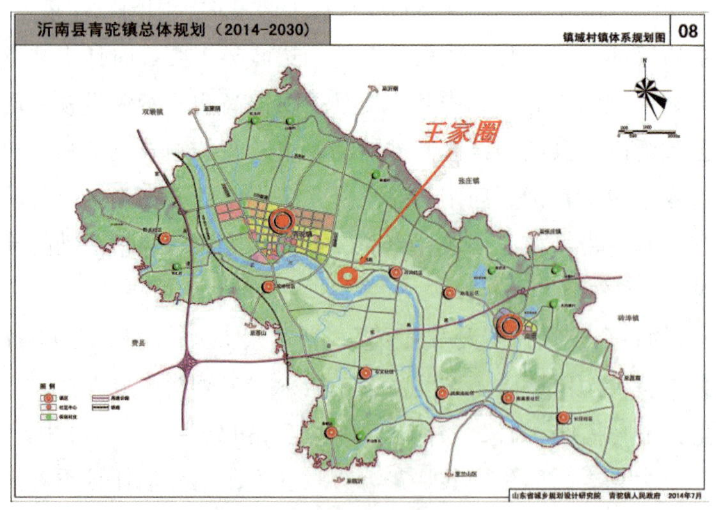

王家圈村位置

山东省各界代表联合大会选在临费沂边联县的青驼寺村召开，成为时势的必然。

三官庙银杏树

青驼寺村由西城子、东围子、沟北、南宅子四个自然村组成。一条东西大街，自西城子向东，穿过沟北和南宅子接合部，过花鼓桥，在东围子折向南。花鼓桥以东路两侧是清末巡检司和把总的府衙，老百姓叫它们文衙门和武衙门。东围子村东有一座三官庙，庙里有两株参天蔽日的古银杏树。

三官庙供奉着三官大帝。在上古社会，天、地、水是人们生产、生活的必要条件，没有它们，人类无法生存生活，因此人们常怀敬畏之心，虔诚地顶礼膜拜。道教是中国本土宗教信仰，自然地将天、地、水推崇为天官、地官和水官，合称三官大帝，亦称“三元大帝”“三官帝君”。道教信奉天官赐福，每逢正月十五日来人间，校定人之罪福，为人赐福；地官赦罪，每逢七月十五日来人间，校戒人之罪福，为人赦罪；水官解厄，每逢十月十五日来人间，校戒人之罪福，为人消灾。三官下界日即为三元节。明清时期，三官信仰盛行，每逢三元节，老百姓纷纷到三官庙烧香祭拜，祈福免灾。

青驼寺村的三官庙始于哪朝哪代，地方志书没有记载，历史上那些修葺记事碑也早已荡然无存，缺乏考证的信史依据。但当地老百姓传说，三官庙的前身是清风寺，清风寺的前身是兴隆寺，还说兴隆寺是唐朝建立的，老银杏树就是唐朝和尚栽植的。

这些说法虽然没有确切的依据，但基本符合佛、道发展的脉络和习惯。

佛教创始人释迦牟尼，在一株菩提树下结跏趺坐，静思冥索，最终顿悟，创立了佛教。那株菩提树也成了人们心目中的圣树。因为菩提树是生长在热带地区的一种常绿乔木，并非随处可见，所以唐代高僧就以适应性强、树龄长、秋季满树黄叶的银杏树取代菩提树，在各地佛寺中栽植。一则，银杏树寿命长，树体高大雄伟，最能衬托寺院宝殿的庄严肃穆；二则，银杏树秋天满树黄叶，与僧人袈裟颜色融为一体，有不受风尘干扰的宗教寓意。它不仅与古刹相映生辉，也令僧人和佛门弟子敬畏。

道教主张道法自然，提倡隐居修炼，认为“道生万物，德育万物，生生不息”，主张效法天道，尊重自然，清除私欲，淡泊宁静，达到人与自然、社会的和谐。道教崇拜神仙，认为景色秀丽、山林幽深的地方就是神仙聚居之处。在道家看来，天下名山就是神仙的乐园。他们把天下名山分为十大洞天，三十六小洞天，七十二福地，喜欢在大小洞天和福地种植银杏，称银杏为仙树。道教代表人物多研习医药学说，在养生、炼丹、疗疾等方面与银杏有许多牵连。

佛教与道教都敬奉银杏，所以凡是佛寺或道观都有孤植、列植或丛植的银杏树。由此说来，民间说唐朝时期建起了兴隆寺、栽植了银杏树是有道理的。遗存下来的雄株银杏树，县林业部门专业工作者测量，树高高22米，胸围5.35米，树龄在1300年左右，认定是唐朝栽植的银杏树，在时间上是符合的。

遗存雄株银杏树

青驼寺三官庙有幽静的院落可容纳数百人开会，院落内两株遮天蔽日的古银杏树可以遮阳避雨。三官庙临近的青驼寺村，村内的农户和古宅大院可以安置与会人员住宿、讨论，也便于各界代表与民众交流。将联合大会主会场设在三官庙内是十分自然的选择。

联合大会

在第二次国内革命战争的前半期，蒋介石叛变革命后制造白色恐怖，从1929年初至1933年7月，中国共产党山东省委员会先后11次遭国民党反动派破坏，数百名党的干部和普通党员牺牲在敌人的屠刀之下。特别是1933年7月的那次破坏特别严重，损失特大，以至于山东党组织与上级党组织与党中央失去联系长达近3年之久。因为山东党组织遭受到严重破坏，1936年5月，中共北方局派黎玉同志到山东重建山东省委，使山东的党组织得到了很好的恢复和发展。在当时山东省委的直接领导下，发动了徂徕山、黑铁山、天福山等遍及全省的十余处抗日武装起义。1938年，八路军第一一五师等部陆续挺进山东，当年12月，中央决定组建八路军山东纵队，这为山东抗日根据地的开辟和山东抗日民主政权的建立奠定了坚实基础。

1939年2月，中共中央指示：“我党必须坚持独立自主原则，在冀、察、鲁三省放手发展与扩充武装部队，建立与扩大抗日民主政权。”11月，国民党六中全会宣布：于1940年11月12日召开国民大会，国民党借此大肆进行欺骗宣传。中共中央为了揭穿这种欺骗阴谋，成立了宪政促进会，毛泽东同志在1940年2月20日延安宪政促进会成立大会上发表了“新民主主义的宪政”演说。遵照中央指示，山东党组织及时地总结经验教训，积极发展抗日武装和建立民主政权，先后成立省宪政委员会，举行了国大代表的预选；并在有条件的地区建立了专区、县、区的宪政委员会，成立了行政区、专区、县、区、乡参议会和抗日民主政府。截至1940年7月，山东抗日根据地内建立了1个行政主任公署、9个专员公署、66个县级抗日民主政府、200多个区乡抗日民主政府。为了加强对山东各级抗日民主政府的统一领导和进一步发展促进民主，调动广大人民的抗日热情，迎接更加艰苦的敌后斗争，中共山东分局决定召开山东省各界代表参加的联合大会，成立山东省级抗日民主政权。

参加联合大会的各界代表，通过敌占区、顽固区，经过了敌伪的袭扰、顽固分子的阻挠与破坏，跋山涉水，汇聚到了沂蒙山区临费沂边联县的青驼寺村。各界代表联合大会预定包括国大代表复选大会，全省工、青、妇、文各界总会成立大会、全省民众总动员委员会成立大会，及全省各救国联合会成立大会四个部分。

1940年7月27日，联合大会在青驼寺村隆重开幕。大会主会场设在三官庙院内。三官庙大门外扎起了松坊，银杏树下搭起了大席棚，四周围墙上挂着几百副贺联。300多名代表组成了四个代表队：国大代表队、青年队、工农队和妇女队，各队依次整齐入场，席地而坐。当时虽然细雨蒙蒙，但有两株古银杏树的庇护，与会者情绪高昂，会场气氛热烈。大会开幕仪式在《义勇军进行曲》和《大会会歌》的歌声中开始。大会筹备负责人、中共山东分局秘书长霍士廉宣布大会开幕。因为当时是第二次国共合作时期，代表们一致通过的大会主席团名单，名誉主席为毛泽东、林森、朱德、蒋介石等18人。大会主席团由范明枢、朱瑞、黎玉、李澄之等17人组成，杨希文为大会秘书长。全体代表在主席团带领下，向孙中山遗像和抗战领袖毛泽东像致敬，向抗日阵亡将士默哀。76岁的抗战老人、大会主席团主席范明枢致开幕词；霍士廉代表大会筹委会报告大会筹备经过；中共山东分局和山东八路军代表黎玉讲话；各团体和各界代表、回民代表等相继致辞；随后，抗战耆老杨汉章、农民领袖郭英、青年王克和陈大娘等共十余人自由演讲。大会自开幕起，就洋溢着民主团结的气氛。

大会开幕后，八路军第一纵队政治委员、中共山东分局书记朱瑞作了题为

《从国际到山东》的政治报告（另外还作了《思想方法和领导方法》《妇女问题》两个专门报告）。在学习讨论朱瑞同志的重要报告后，大会又邀请中共山东分局委员、八路军山东纵队政治委员黎玉同志作了《论山东目前投降与反投降的斗争》的报告。

山东省联合大会开幕词

（1940年7月26日）

范明枢

各位代表！

诸位从或远或近的各个地区，通过敌占区、顽固区，跋山涉水，千辛万苦地来到这里开会，是非常劳苦的。我向诸位致以慰问的敬礼！

今天是联合大会正式开幕的一天，这个联合大会包括着——国大代表复选大会，全省工、农、青、妇、文各界总会成立大会，全省民众总动员委员会成立大会，及全省各救联合会成立大会四个部分。诸位代表，这个联合大会的开成，是由于三年来各方面奋斗的结果。这个大会有其伟大的历史意义和政治意义的，在山东可说是空前的创举。

在学习讨论以上两个重要报告的基础上，大会从各个方面总结了过去三年的工作，提出了今后的工作方针、任务。李澄之作了《宪政与民主》的报告，强调抗战与民主不可分割；李竹如作了《战斗中的山东人民》的报告，总结了群众工作的经验教训，提出了新时期的群众工作方针。此外，霍士廉作了《山东职工运动的总结》报告，郭英作了《山东的农民工作》报告，刘居英作了《抗战以来山东青年运动的总结及其发展的新方向》的报告，陈若克作了《山东妇女运动的新任务》的报告，杨希文作了《亟待开展的山东新文化运动》的报告。大会一致否定了国民党圈定的所谓山东出席“国民大会”的代表。经过充分酝酿，复选出了于学忠、徐向前、朱瑞、郭洪涛、黎玉、罗荣桓、张经武、范明枢、亓养斋、牟中珩、陈光、李澄之等61人为真正代表山东民意的国大代表。

大会通过了《山东省临时参议会组织条例》，7月31日投票选出了山东省临时参议会正式参议员81人，候补参议员26人。8月1日，省参议会举行隆重的就职典礼，中共山东分局书记朱瑞为监誓人，全体参议员宣誓就职。8月3日，省临时参议会召开第一次会议，选出17人为驻会委员，并组成驻会委员会，为省临时参议会的常设机构。范明枢任参议长，马保三、刘民生任副参议长，李竹如任秘书长。为了推动和加强全省政权建设，把党关于抗日根据地的各项政策变成政府的各项法令，以便统一思想，统一行动，大会代表经过热烈讨论，一致要求建立省级抗日民主政权。为了给国民党山东政府留一个机会，争取他们幡然悔悟，停止反共投降活动，继续留在抗日阵营之内，将新成立的民主政权机关暂定名为山东省战时工作推行委员会（简称战工会）。大会通过了《山东省战时工作推行委员会组织大纲》，于7月底选出了黎玉、张经武、李澄之、陈明、罗舜初等23人为战工会委员，黎玉为首席组长。8月17日，召开了山东省战工会成立大会，在300多名各界代表面前，在山东省参议会范明枢参议长的监督下，由黎玉带领全体委员宣誓就职。省战工会下设政治军事、财政、经济、教育、民众动员6个组。从此，经过多年的前赴后继艰苦斗争的山东人民，终于摆脱了封建军阀、国民党反动派的统治与压榨，组织起了自己的新民主主义性质的省政权。

在联合大会期间，山东省民众总动员委员会、山东省各界救国联合总会、山东省职工抗日联合总会、山东省农民救国总会、山东省青年救国总会、山东省妇女救国总会、山东省文化界救亡协会分别举行成立大会，讨论通过了各总会的章程、纲领。各总会选举出了主要负责人。从此，全省抗日群众组织实现了统一的领导。

民主的盛会

各界代表不仅来自山东的四面八方，而且来自社会的各个层次。他们中有粗臂宽肩的工人农民，也有德高望重的名宿士绅；有白发皤然的老人，也有朝气蓬勃的青年；有短发新装的女学生，也有小脚粗衣的老大娘。各界代表分成的四个队——国大队、青年队、妇女队、工农队，每一队都有他们的特点，但是在各方面谁也不肯落后，挑战书不断地从这一队到那一队，又到另一队。最后，大会救亡室提出全面竞赛，更使得各队把所有的力量都拿了出来。天刚蒙蒙亮，起床哨子在巷子里响过后，马上歌声和笑声就从各个宿舍里爆发了。不到十分钟，各个门里拥出来的代表们站成整齐的队伍，房子里只剩下一方方捆好的行李，在每个床板上的一端竖立着，茶缸、毛巾也排成笔直的行列。虽然墙上多数是乌黑的，但全屋已找不到一点灰尘。就是从未有过训练的工农代表也都努力适应新生活，士绅老者也焕发了青春，不甘心落后。

中共山东分局为了帮助代表们学习文化、学习革命理论知识，赠送了大批书籍。每天短时间的早操之后，在草坪上、树荫下，代表们一堆一堆地坐着，各自埋头在书本中，如饥似渴地汲取知识，充实自己。国大队中有几位富有理论修养与斗争经验的老前辈，也和青年们同样紧张而愉快地学习。工农队的同志们则用笔、用树枝，甚至用指尖练习写生字。妇女队的韩大娘是五十多岁的人了（那个时期已经是老人了），在生病期间也没间断她的识字。赵金才是个一字不识的工人，在大会期间他学会了三百多字。

大会的进程往往是从早饭后持续到下午四五点钟，有时还到夜晚。会场上的情绪始终是高涨的，妇女们常成为被欢迎唱歌的目标。但妇女队的啦啦队也从不让人。国大队和工农队都变得年轻了，每次都以他们的低粗音和妇女队的细高音，以及青年队整齐有力的音节合成一部和谐的大合唱。

在紧张的会议期间，代表们每开几天会，就在晚饭后集合在大会场东面的空场上，举行一次问答晚会，各代表对于学习上生活上等各种问题，都会积极地提出来讨论，发言非常踊跃。有一次，马保三副参议长发表意见，提出苏联斯太汉诺夫（今译斯达汉诺夫）竞赛法，就是谁够了标准，谁就是英雄斯太汉诺夫，会场对这一建议一致拥护通过。为了调剂代表们的生活，八路军宣传队还为各界代表开了一个文艺晚会。

联合大会各界代表中，有共产党员150余人。大会期间，成立了党总支，四个队都建立了党支部。党总支、党支部主要根据大会主席团的部署开展活动，保证党员起先锋模范作用，把会议开得更好。

这些与会各界代表的生活细节和风采，被参加会议的记者记录下来，印成了会议简报，再次激励了各界代表。

鼻子山伏击战

8月中旬，临沂费县一带的敌人经常到大会驻地附近进行骚扰，均被当地的八路军和地方武装击退。8月16日，临沂日寇集中了费县、蒙阴等据点的日、伪军1500余人，分三路向青驼寺村进犯，企图对联合大会进行突然袭击。为了保证大会的安全，大会主席团决定转移到与沂南交界的北部山区继续开会。由蒙阴出犯之敌400余人，于18日侵占了青驼寺，得知大会代表早已安全转移到北山之后，气急败坏，放火烧了三官庙和会场，三官庙内东侧那株雌株银杏树也牺牲在大火之中。19日，蒙阴之敌向北山进攻。大会代表在鼻子山西侧转了几天后，见进犯日、伪军烧毁了三官庙，最终决定转移到沂南县的孙祖村继续开会。孙祖村在青驼寺村以北，直线距离约30公里，中间隔着鼻子山。为确保联合大会继续安全进行，保卫会议的武装部队在通往孙祖的各条要道设了防线。当敌人越过鼻子山主峰西侧的山口进至罗圈崖附近时，在此设伏的山纵特务一团与敌展开血战，毙伤敌百余人。下午，山东纵队各部对半程、垛庄等地的日伪军发起攻击。进攻孙祖的残敌担心被截断后路，便撤出战斗。山东纵队特务一团乘胜追击。侵占青驼寺、垛庄的日、伪军，在八路军夹击下一并窜回，八路军收复青驼寺、垛庄两地。此战共毙敌200余名，并缴获大宗军用物品。

8月21日，联合大会在孙祖村西部一空闲场地内召开庆祝鼻子山战斗胜利及

追悼阵亡将士大会。黎玉、马保三、霍士廉出席会议并讲话。鲁南各界也纷纷召开祝捷大会，热烈慰劳作战将士。为庆祝胜利，联合文艺工作者还创作了歌曲《鼻子山战斗》，在沂蒙山区广泛传唱。

鼻子山战斗

1=F 2/4

孙元吉 演唱
秦丕山 刘洁 整理

55 55 | 6i 5 | 5.3 21 | 5 - | 56 5 | 56 1 | 655 61 | 5 - | 16 5 | 166 12 | 5 - |
高粱叶子 青又青，鬼子要出 动。 临沂县 蒙阴城 发来了鬼子 兵， 哎 哟 发来了鬼子 兵。

|: 6i 5 | 6i 5 | 5.3 21 | 5 - | 56 5 | 56 1 | 655 61 | 5 - | 16 5 | 166 12 | 5 - :|
刘黑七 王洪九 真是不要 脸， 卖国家 卖民族 替鬼子打前 站， 哎 哟 替鬼子打前 站。
鬼子们 五六百 进攻鼻子 山， 从早上 到下午 大炮 响连 天， 哎 哟 大炮 响连 天。
八路军 得消息，埋伏在 徐公 店， 只杀得 鬼子们 叫苦 又连 天， 哎 哟 叫苦 又连 天。
同胞们 团结起，大家 来抗 战， 打鬼子 除汉奸，保卫 咱鲁 南， 哎 哟 保卫 咱鲁 南。

8月26日，大会胜利地完成了所确定的各项任务，在孙祖隆重举行了闭幕典礼。

在闭幕式上，朱瑞致闭幕词。闭幕词最后说："大家快回到各地去了，希望在长长的归途中，每一个代表要作为一个宣传员，一个巡视员，扩大对群众的深入宣传，同时要在一路上考察群众团体的组织工作情况，并希望把这些考察所得总结报告到各个群众团体的全省总会里来，使得总会易于了解各地的状况，密切今后工作的联系。”

战时工作推行委员会

在联合大会进行期间，山东省战时工作推行委员会召开了第一次全体委员会议，根据战工会组织大纲，讨论和决定了各委员的分工。会议公推黎玉为首席组长，李澄之为副首席组长，陈明为秘书长。

政治组：黎玉（组长）、李澄之（副组长）、陈明、刘居英、张伯秋、吴仲廉（女）；军事组：张经武（组长，未到前由罗舜初代）、罗舜初、梁竹航（副组长）、宋澄、牟宜之；财政经济组：艾楚南（组长）、冯平、耿光波（副组长）、郝伊人；教育组：杨希文（组长）、李竹如（副组长）、刘子超、张立吾、孙陶林；民众动员组：李澄之（组长）、霍士廉（副组长）、孙鸣岗、朱则民。

省战工会实际上就是民选的省级抗日民主政权，统一领导全省抗日根据地的各项工作。《山东省战时工作推行委员会组织大纲》中明确规定："本会职权如下：（1）领导与推动全省各级抗日民主政权之行政工作。（2）计划指导与推动全省地方武装之动员、组织、训练等工作。（3）指导与推动全省各级抗日政府之一切财政、经济建设等工作。（4）指导与推动全省国民教育之一切工作。（5）指导与推动全省群众战时动员工作。这些工作都是省政权的职责范围。

山东省各界代表联合大会是抗日战争时期具有人民代表大会性质的一次会议。大会期间，选举产生了代表民意的立法机关——山东省临时参议会，成立了省级行政机关——山东省战时工作推行委员会，同时成立了山东省工、农、青、妇、文等各界抗日群众团体。从此，全省实现了抗日群众组织的统一领导。

山东省战时工作推行委员会是中国共产党领导下建立的第一个省级政权，也是抗战时期全国唯一一个以省区域为主体的抗日民主政权，在中国人民抗日战争中发挥了重要历史作用，为抗战胜利做出了重大历史贡献，被徐向前元帅誉为"政权建设的创举"。省战时工作推行委员会的成立，统一了对山东各地抗日民主政权的领导，从此，山东抗日民主政权进入全面建设的新时期。

1941年3月，省战工会设常务委员会，首席组长改称主任委员，黎玉任主任委员。

1943年8月至9月，临时参议会一届二次大会在莒南县召开，将山东省战时工作推行委员会更名为山东省战时行政委员会（简称省战委会），黎玉任主任。会议通过了《山东省战时施政纲领》。省战委会是山东全省行政领导机关，对山东省临时参议会负责，下辖清河、胶东两个行政主任公署和相当于行署的冀鲁边战时行政委员会、鲁中行政办事处和鲁南、滨海两个直属专署、11个专员公署、90个县政府。

1945年8月，经省临时参议会和省行政委员会联席会议通过，山东省战时行政委员会改为山东省政府，黎玉任主席，驻址为临沂市莒南县大店镇。9月，省政府移驻临沂。1949年3月初，省政府迁至济南。

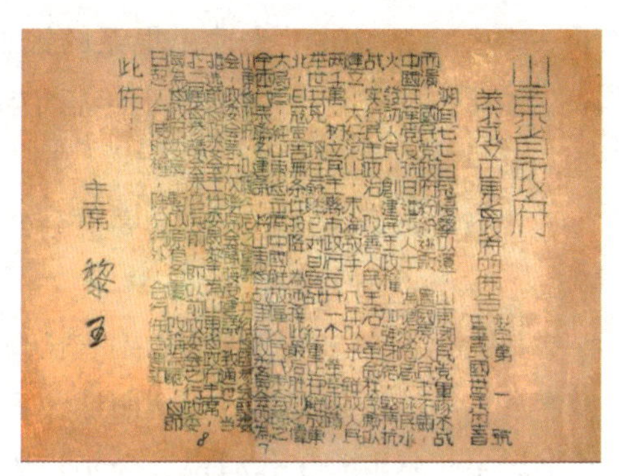

山東省政府

此佈

主席 黎玉

成立山东省政府布告

1949年3月底，省参议会驻会委员会和省政府委员会召开联席会议，将山东省政府改称山东省人民政府，推选康生等19人为省人民政府委员，康生任主席，郭子化任第一副主席，方毅任第二副主席。

山东抗日民主政权创建纪念馆

抗战期间，山东抗日根据地军民对日、伪军作战7.8万余次，毙、伤、俘、日、伪军53万余人。山东八路军发展到27万余人，民兵和自卫团达200万人。在中国共产党领导的几个战略区中，在山东组建、成长、壮大的武装部队最多。至2015年，人民解放军保留的18个集团军中就有7个是从山东根据地走出来的。这是中国共产党正确领导和八路军英勇奋战的结果，也包括山东抗日民主政权在发动群众、动员参军，发展生产、保障供给，拥军优属、支援前线等方面发挥的重要作用。山东抗日民主政权在政权建设、廉政建设、法治建设、经济建设和文化建设等方面，都取得了显著的成就和宝贵的经验，为争取抗日战争及解放战争的胜利，为中华人民共和国的建立，做出了重要贡献。1943年9月1日，毛泽东在复山东省临时参议会的电报中说：“贵会坚持敌后，艰苦奋斗不屈不挠为民族伸正气，为全国作榜样，凡属国人莫不钦佩。”

中華民國三十二年九月九日 DAZHUNG RNBAO 星期四 第一版

大衆日報

中華民國二十八年一月一日創刊 第八十號

本報今日一大張 零售每份五分

毛主席電賀省臨參會

望敵後軍民再接再厲

反對投降分裂倒退

堅持抗戰團結進步

（新華社山東分社魯中五日專電）省臨參會日前致電中共中央與毛主席致敬，毛主席特于九月一日復電致賀，原電錄後：

山東省臨時參議會諸先生：

接電敬悉，貴會堅持敵後，艱苦奮鬥，不屈不撓，爲民族伸正氣，爲全國作榜樣，凡屬國人莫不欽佩。當此中國抗戰陣營內部一部分頑固主義者、失敗主義者、投降主義者，企圖對敵妥協，製造內戰，危機嚴重之際，尚望貴會抑敵後全體愛國軍民，團結一致，再接再厲，爲堅持抗戰團結進步，反對投降分裂倒退而奮鬥。全國愛國同胞都是願意援助你們的，目前世界時勢極端不利于德意日法西斯強盜與中國賣民族及準備賣民族的無恥反動的投降派，蘇聯紅軍的鐵拳即將打斷希特拉野獸的脊骨，英美盟邦的愛國軍民亦正爲最後打倒法西斯而努力，中國人民打到日本帝國主義獲得自由解放的偉大日標益發接近了

毛澤東

日本人侵占青驼寺后，在青驼寺村修建了炮楼和围子，战工会会址三官庙遭到了彻底破坏，成为一片废墟。三官庙荡然无存，只有那株饱经战火洗礼而幸存的雄株银杏树顽强地活了下来。

1967年，人民政府在三官庙旧址上修建了一座医院，已被洪水冲出根系的银杏树也被圈在了院内，培上了新土。千年庙宇获得了新生，千年银杏树焕发了生机。

1977年12月，山东省革命委员会公布战工会成立旧址为省级重点文物保护单位。

1990年正月初一，山东省副省长高昌礼来到了沂南县，与老区人民一起欢度春节。第一站来到了战工会旧址，看望医院坚守岗位的医务工作者。沂南县委书记牛泉然汇报工作时说，今年是战工会成立五十周年，沂南县已决定搞一次庆祝活动。高昌礼当即表态，回去后向省政府汇报，争取由省政府组织这次纪念活动。高昌礼回济南不久，省政府就做出了建立纪念馆、举行战工会成立五十周年庆祝大会的决定，并派分管这项工作的副省长宋法棠到青驼镇做实地考察。宋法棠考察后说，见证历史的千年银杏树依然健在，在此建立一座纪念馆，以铭记历史、教育后人，非常有意义；并说，政府是为人民谋福利的，要为民做好事，不要扰民：可以拆掉陈旧的卫生院，但不要拆迁民居；要在原址建立纪念馆，还要新选地方为青驼人民新建一座医疗设施齐全的医院；建设纪念馆和新建医院的工程款由省政府划拨。

纪念馆由临沂市建筑设计院设计，沂南县建设委员会负责建设。鉴于已到雨季，工程建设时间短，先修建东西两厢展厅各10间，留下北面正殿位置作为第二步建设空间（现在北面已建起了展馆）。工程自1990年6月26日破土动工，到8月12日正式建成。纪念馆坐北朝南，纪念碑立在院中间南北中轴线上。碑基为圆形，直径15.6米，高0.9米，四面各有六步将军红花岗岩台阶通向纪念碑，四面台阶八个扶手，寓意当时参加会议的代表来自四面八方；圆形平面具有“聚”的特点，意指各地爱国之士云集于此，共商救国救民大计。碑基上的碑座为五面攒聚造型，碑身落在攒聚起来的红色五角星上，象征山东人民政府是

在中国共产党的领导和人民的支持下诞生的红色政权，具有坚实的群众基础。碑体总高8.5米，碑身横截面为“工”字形，碑帽为“山”字形，“山”字中间一竖用红色花岗石点缀，寓意战时工作推行委员会是山东省第一个省级红色政权。碑体正面是徐向前元帅题写的碑名：“山东抗日民主政权创建纪念碑”；西面是杨得志的题词：“丰功壮齐鲁，伟绩照千秋”；东面是谷牧的题词：“为人民政权而献身的先烈们永垂不朽”；背面刻有“山东省战时工作推行委员会简介”。

1990年8月30日，中共山东省委、省人民政府在此隆重召开了“纪念山东省战时工作推行委员会成立50周年”纪念大会，谷牧、霍士廉、刘居英、朱则民、杨希文、赵志浩等出席大会并为纪念碑揭幕。

纪念馆内陈列着山东省联合大会资料展览，内容有大会盛况、会期花絮、会议之光、50周年纪念活动概况。展览资料翔实具体，配合实物，再现了当年全山东300多名代表为了民族大业，冲破敌人的阻挠和破坏，胜利地举行空前盛会的场面及继而发展和壮大起来的山东人民民主政权的光辉历史。山东抗日民主政权创建纪念馆与原址尚存的那株千年银杏树交相辉映，共同见证着历史的巨变。

在三官庙旧址上建设的战工会纪念馆，因为受场地限制，规模较小，所以已不适应革命传统教育的需要。2012年9月13日，新规划的山东抗日民主政权创建纪念馆举行了奠基仪式。新规划的纪念馆，东西长275米，南北宽155米，连同旧馆总占地扩大到了66亩。2013年8月25日，新纪念馆竣工。

2012年新建纪念馆时，在旧馆北面预留空间补建了展览馆，拆除了旧馆东南角绿地，与新馆隔河连通，形成了各自空间独立又合为一个整体的格局。

纪念馆主题展厅面积6000平方米，共分五个部分。

第一部分：抵御外侵、奋起抗战。主要介绍中共山东党组织以国家民族利益为重，毅然肩负起领导山东人民抗战的重任，发动群众，组建抗日武装，开创山东抗日根据地的战斗历程。

第二部分：联合各界、民主建政。主要讲述各级党组织认真贯彻中共中央统战方针，放手发动群众，开展敌后游击战争，建立抗日民主政权的经验做法。

第三部分：施政为民、团结抗战。主要展示山东各级抗日民主政权一切从人民的利益出发，颁布、实施一系列有利于革命事业、有利于抗日斗争、有利于人民群众的施政纲领、方针和政策、法律、法规，赢得广大人民衷心拥护和大力支持的奋斗业绩。

第四部分：艰苦奋斗、公仆风范。主要讲述了各级干部始终牢记党的宗旨，心系人民，廉洁奉公，在人民群众中树立起良好形象的感人事迹。

第五部分：夺取胜利、走向辉煌。主要介绍山东抗日民主政权深入进行政治动员、经济动员和军事动员，为夺取反“扫荡”、反“蚕食”、反封锁、反摩擦斗争胜利做出的重要贡献。

新建设的山东抗日民主政权创建纪念馆在旧馆的东面，以东西方向为中轴线，面对朝阳。纪念馆整个建筑两侧辅厅呈递进结构，寓意好客的沂蒙老区人民伸开双臂迎接神州八方来客。主体结构为山字形，象征巍峨雄壮的沂蒙山。

山东抗日民主政权创建纪念馆是山东省委省政府、临沂市委、沂南县委共同打造的党的群众路线教育基地，是目前全国唯一一个以“政权建设”为主题的纪念馆。纪念馆内的千年古银杏，不仅曾为各界代表遮风避雨，也因此遭到了日、伪军的毒手。那株浴火重生的古银杏树，饱经千年风霜雨雪和战火，依然繁盛。它不仅见证了山东省人民政权的诞生，而且至今还在为后人诉说着当年各界代表的壮志风采。

银杏苍苍，见证了民主政权应时而生，生机勃勃。

银杏巍巍，昭示着民主政权根深叶茂，历久弥坚。

外一章

煎饼史话

用鏊子摊烙而成的圆形薄饼叫煎饼。以煎饼为主食的地域主要在山东省，所以人们习惯称之为山东大煎饼。虽然叫山东大煎饼，但以煎饼为主食的地域却不是全省，而仅仅是鲁南地区，更确切地说是沂蒙山区。沂蒙山区出土了迄今为止年代最为久远的金属鏊子，因此还可以说，沂蒙山区是煎饼的发源地，应该叫作沂蒙大煎饼。

抗战时期，沂南县是沂蒙根据地的中心，人民子弟兵就是吃着煎饼坚持抗战的，“沂蒙母亲”托儿所的革命后代就是吃着煎饼长大的，他们都对煎饼有着浓浓的情谊。

煎饼溯源

正宗的煎饼离不开石磨、金属鏊子这两种工序相连的器具。

用鏊子摊烙煎饼的糊状原料，不论是用石磨将粮食加水直接磨成糊状，还是先用石磨将粮食加工成粉状，再加水调和成糊状，都与石磨有着密切的联系。

这一粮食加工器具，最初叫硙（wèi），汉代才开始叫磨（mò）。自从有了磨这一名称，人们也就把汉代以前的硙也叫作磨，而不称之为硙了。

最早的石磨

石磨起源于何时呢？

磨的原始形态，是由石磨盘、石磨棒组成的研磨石具。1999年1月，城子崖遗址博物馆工作人员在山东省章丘市龙山街道境内的西河遗址发现了石磨盘、石磨棒。这组石磨盘、石磨棒，器形完整，为砂岩质，石磨盘长82厘米、头宽34厘米、尾宽28厘米、头高18厘米、尾高8厘米，石磨棒长46厘米、直径7.5厘米。

西河遗址出土的石磨盘、石磨棒

考古专家认为，农业生产的进步为出现巨型石磨盘、石磨棒提供了动力。

现代意义上的石磨，能被人们公认的实物考古发现，时代最早的是陕西省西安市临潼区郑庄秦石料加工场遗址出土的石磨的下扇。该磨扇直径54厘米，厚7厘米，磨中间轴孔为5×5厘米的方形，靠内圈有直径20厘米的平面，从此往外有旋槽相隔的四圈磨槽。这时石磨的形状与今天的石磨已经没有什么大的区别了。

西安博物馆馆藏汉代石磨

汉代，石磨已经比较普遍地应用于生活中。实用性石磨的考古发现，据不完全统计，大约在70件以上，涉及陕西、山西、河北、河南、山东、江苏、安徽、湖北、宁夏、北京十个省市，五十多个县。这些石磨的直径，都在50厘米至55厘米之间。

两汉石磨出土的地区，大都是盛产小麦的地区。正是小麦这种粮食的普遍种植，推动了石磨的改进和普及。也正是石磨的出现，人们才从粒食文明进步到面食文明。

鏊子材质的演变

制作煎饼的器具叫鏊，俗称鏊子。这种器具，金属制作，面平无沿，三条短腿。平面由外向内逐渐稍微隆起，形如鳌（传说中海里的大龟或大鳖）背，短腿犹如鳌足，故而名之为“鏊”。从字面分析，一定先有了这种金属器具，而后才有这一名称的。《说文句读》说：“鏊面圆而平，三足，高二寸许，饼鏊也。”这说明，鏊古已有之。

现今出土的鏊状食品加工器具，按时间顺序有陶鏊、铜鏊、铁鏊。

仰韶遗址陶鏊

陶鏊发现于新石器时代仰韶文化遗址（即距今约7000年至5000年）。1980年和1981年，在河南省荥阳市境内的两处仰韶文化遗址中，发掘到多个形状特殊的陶器。这种陶器平面圆形，有的周边有经过捏塑的泥条形成的附加堆纹。下附三足或四足，瓦形足下部稍有内收，足间形成的空间就是置薪烧柴的火门。底面遗有烟炱。因烧制过程中火候不匀，鏊体局部呈红色，局部泛暗褐色。

发掘者称这种器物为“干食器”，认定是“做烙饼用的”，是仰韶文化居民烙饼的陶制器具。

鏊，本是人们对三足平面铁质器具的命名。陶鏊，则是人们对考古发现的形似鏊的食品加工器具的追认名称。因此可以说，陶鏊只是铁鏊的原始状态。因为当时还是以粒食为主要饮食方式的时代，还没有出现将粮食磨成粉状的转动石磨，磨碎粮食的方式还是用石制圆棍在平板石块上滚动碾压。用这种工具磨成的粮食粉制成的食品，也仅仅是烙熟的饼而已。

铜鏊出现在铜器时代，其始点在公元前2000年左右。因为这一时期还没有铁器，更没有出现淬火技术，因此也就没有制作旋转石磨的条件。没有旋转石磨，也就没有大批量制作煎饼这一食品的必要条件。

中国最早的铸铁器见于春秋早期偏晚，约为公元前8世纪。进入战国时期，中原冶铁业发展迅速，已作为生产工具、武器等消费品广泛使用。中国殷商文化学会、中国历史学会、中国社会科学院历史研究所、中国社会科学院考古研究所等单位13位专家学者，经实地考察与论证，认定中国冶铁技术发明的源头在山东淄博铁山。冶铁技术的成熟和普及，为铸造铁鏊提供了必要条件。

鏊子用途的转变

铁鏊的使用，使面食文明出现了一个分支——以煎饼为主食。

已知最早的铁鏊实物，收藏于莒县博物馆中。据博物馆介绍，这盘在山东省莒县小店镇耿家庄村出土的汉代鏊子，直径37.6厘米，鏊面中间稍微隆起，三足，通高6.2厘米，用生铁一次浇铸成型，形状与现在的鏊子完全相同。如果博物馆的断代不谬，从汉代到近现代，饮食与器具几经变迁，唯有铁鏊依然故我，变化极少。

汉代铁鏊

鏊子的材质是生铁。中国殷商文化学会、中国社会科学院、国家文物局、中国冶金学会等13位国内顶级专家经实地考察论证，我国冶铁技术发明的源头是山东省淄博市的铁山。铁山位于张店区中埠镇铁冶村西北，汉代铁鏊出土地与冶铁源头地直线距离不足180公里，这就不是巧合而是必然了。

鏊是加工煎饼的唯一器具。这件出土的铁质鏊子，与现代鏊子的材质相同，形状完全一致。这表明，沂蒙山区的煎饼已经拥有2000多年的可考证历史了。也就是说，远在汉代，面食文明就已出现了分支——以煎饼为主食的饮食文明。

金属鏊子还有四足的。1991年在沂水县姚家店子镇苗家庄出土了金朝四足铁质鏊子，其中一组对称的二足，近似扁方形，足上有三个竖长方形孔；另一组对称的二足为长方形，足中央有一圆洞，鏊面直径41.5厘米，通高10.5厘米，周边高8.5厘米。

金朝四足铁鏊

这说明汉代以后，在鲁中南山区以煎饼为主食已经成为普遍现象。

在出现煎饼文明的同时，有些地方虽然有了鏊子，但停留在用来烙制面饼的阶段。

如，甘肃嘉峪关魏晋墓出土砖画“厨娘烙饼图”。厨娘用右手为主左手辅助挑起新烙制的薄饼，进行展示，好像觉得成色不错。但是从画面看，厨娘烙制的面饼是软的，与干燥的煎饼不是一种食品。

厨娘烙饼图1

又如，河南登封高村宋朝墓葬出土壁画“厨娘烙饼图”。画面上有三位执事厨娘，一位在擀面，一位在用铁鏊烙制，一位端起烙制好的面饼要离开。铁鏊平面无沿，平面由外沿向内逐渐隆起，与现在的鏊子形状基本一致，但加工方式不同，烙制的面饼也不是煎饼的类型。

厨娘烙饼图2

鲁中南吃煎饼的必然

从甘肃嘉峪关魏晋墓出土砖画和河南登封高村宋朝墓葬出土壁画中的两幅“厨娘烙饼图”分析，黄河流域上游和中游地区早就具备了制作煎饼的条件。但为什么这些地区的烙制食品没有发展为煎饼，而唯独鲁中鲁南地区发展出了煎饼呢?

考察鲁中南地区的粮食发展史可知，煎饼的产生与地域内以“杂粮”为粮食主体有关。

麦，在中国有着悠久的历史。20世纪60年代初，新疆天山东部的巴里坤县石子乡土墩遗址（距今1万年前）里，就发现了已经炭化的小麦粒。距今3100—3400年的甲骨文中，就有了“麦”字。

中国最早的诗歌总集《诗经》记载的距今2000多年前的诗歌中，就有多处提到“来”（小麦）、“牟”（大麦）、“麦”（两种麦的统称），如《鄘风·载驰》就有诗句：“我行其野，芃芃其麦。”

但是，在汉武帝末年，关中地区还没有形成普遍种植麦子的习惯，董仲舒向汉武帝提建议时就曾说“今关中俗不好种麦”。到西汉末年的成帝时，关中地区的麦作，在农学家氾胜之的大力推广之下才得以普及。

由以上信息可知，种植小麦是自西向东传播的。

小麦的最佳食用方式是“面食”，即加工成粉状再制作成熟食。汉代以后，陕西渭河两岸、河南北部、山东北部、河北全域的粮食作物逐渐以小麦为主体，其他品种的粮食逐渐退居到次要地位。而山东鲁中南地区，自古以来以高粱、谷子、黍子、稷子、穇子、荞麦和大豆等农作物为主。小麦传入鲁中南地区后，由于立地条件差，种植面积偏小，很长时间内没有占主体地位。因此，鲁中南地区自古代到民国时期，都把小麦称之为“细粮”。相比于“细粮”，其他粮食则被称为“杂粮”。这些杂粮可以做成蒸制类食品，也可以做成烙制类食品。但这类杂粮唯有制作成煎饼后，才既改善了口感，又易于一次加工后长时间贮存，还可以“卷”上菜肴成为复合状食品。泰山及沂蒙山区有生产石磨的条件，沂蒙山区自汉代就有了铁质鏊子，烙制煎饼又是杂粮的最佳处理方式，因此，鲁中南地区的面食文明发展出了煎饼文明，实属历史的必然。

迄今出土的石磨实物，都在陕西、山西、河南、安徽、山东、河北等北方几省范围内。诚然，石磨是将粮食加工成粉状或糊状的必要条件，但加工后的粉状或糊状食材，并非都进一步制作成了煎饼。鲁南地区有制作石磨的石料资源——石英砂岩和花岗岩，铁质鏊子在沂蒙山区出土，沂蒙山区人又是以煎饼为主食，这三条信息综合起来分析，可以认定，现代形状的煎饼，发源地就在鲁中南山区，也可以说发源地的核心区域就是沂蒙山区。

史籍中记载的煎饼

史籍中早就有“煎饼”这一食品的名称，但这些记载中的“煎饼”与用鏊子摊烙而成的煎饼不是同一种食品。

对“煎饼”的记载，最早见于东晋史籍。其后，历代皆有记载。如：

东晋郭缘生《述征记》记载：

> 北人以人日食煎饼于庭中，俗云薰天。

同代人王嘉有《拾遗记》记载：

> 江东俗称正月二十日为天穿日，以红丝缕系煎饼置屋顶，谓之补天漏。相传女娲以是日补天地也。

南梁人宗懔在《荆楚岁时记》中写道：

> 正月七日为人日……北人此日食煎饼，于庭中作之，支薰火。

唐代牛僧孺《玄怪录》记载：

> 既同诣其家，二吏不肯上阶，全素入告，其家方食煎饼，全素至灯前拱曰：阿姨万福！

五代王定保《唐摭言》记载：

> 段维……性嗜煎饼，尝为文会，每个煎饼才熟，而维一韵赋成。

宋代庞元英《文昌杂录》记载：

> 唐岁时节物，元日则有屠苏酒、五辛盘、校牙饧，人日则有煎饼，上元则有丝笼。

北宋人李觏有诗曰：

> 娲皇没后几多年，夏伏冬愆任自然。只有人间闲妇女，一枚煎饼补天穿。

《辽史·礼志六》记载：

> 人日……俗煎饼食于庭中，谓之薰天。

明代刘若愚《酌中志》也有类似记载：

> 二月初二日，各宫门撤出所安彩妆。各家用黍面枣糕，以油煎之，或白面和稀摊为煎饼，名曰“薰虫”。

明代沈榜的《宛署杂记》也记载：“用面摊煎饼，熏床炕令百虫不生。”

有些人认定，这些记载中的“煎饼”与现在的“煎饼”是同一类食品，并以此为煎饼历史久远的证据。但是仔细分析起来，这些记载中的“煎饼”，多与人日（又称人节）、天穿节、二月二、送穷、熏虫等风俗有关。这些记载中的所谓“煎饼”，实际是一种用油煎出来的面饼。

对这些记载，日本奈良时代（710—794，一说结束于784年）初期的白话汉语辞书——《杨氏汉语抄》就明确认定说：

> 煎饼……以油熬小麦面之名也。《文昌杂录》：唐岁时节物，人日则有煎饼。《唐六典·膳部职》……正月七日三月三日煎饼，亦谓此也。

奈良时代相当于中国的盛唐和中唐时期。据此，可以肯定地说，以上史籍中记载的所谓“煎饼”，与山东煎饼不是相同性质的食品。

“油煎之饼”靠加热后油的高温将面饼“煎”熟，而山东煎饼虽然也需要用油擦鏊子，但那是为了防止食品粘在鏊子上。虽然本质不同，但因为方式相似，因此沿用了“煎饼”的名称。

既然山东煎饼由来已久，为何史籍中鲜有记载呢？这可能与地域范围小，影响力有限的缘故。

虽然叫作山东煎饼，但以煎饼为主食的地方，主要是鲁中南地区，这一地区包括临沂、泰安、莱芜、沂源、枣庄、济宁、日照地区。所以，历史上记载山东煎饼的都是山东人，偶尔有外省人记载煎饼的，也是记载的山东煎饼。这种他人他处未见记载的事实，也可反证“因地域范围小、影响力有限而史籍鲜有记载”这一推理之不谬。

古代文人笔下的山东煎饼

历史上，准确记载山东煎饼的都是山东人或记载的山东煎饼。

元代农事专家记载的煎饼

王桢在《王桢农书》卷二十六记载：

（荞麦）治去皮壳，磨而为面，摊作煎饼，配蒜而食。

王桢是山东东平人，曾出任宣州旌德县（今安徽旌德县）尹、信州永丰县（今江西广丰县）尹。他记载的煎饼以荞麦面为原料，“摊”制而成，与现代煎饼的制作方法完全相同。他记载的荞麦面煎饼，与今天的煎饼是相同性质的食品。他描述的煎饼及制作方法，无疑是来自家乡。

明代记载的煎饼

徐光启《农政全书》卷五十七《荒政·米谷部》记载：

山菉豆……采其豆煮食或磨面摊煎饼食亦可。

明代也有民间以煎饼为主食的实物证据。1967年，泰安市省庄镇东羊楼村发现了一份明代万历年间的“分家契约”，其中记有：

鏊子一盘，煎饼二十三斤。

分家分鏊子还分煎饼，不仅表明煎饼可以储存，而且说明至迟在明代，煎饼就已是寻常百姓家的主食了。

清代史籍记载的煎饼

汪灏《御定佩文斋广群芳谱》记载：

> 荞麦……春取米，可作饭。磨为麪，滑腻亚于麦麪，北人作煎饼及饼饵，日用以供常食。农人以为御冬之具。

麪（miàn），古义同“麵”，今都简化为“面”。《御定佩文斋广群芳谱》的记载中有两个重要信息：一是煎饼是北方人、农人的日常食品，二是煎饼在冬天可以大量存放，以为过冬食品。

袁枚在《随园食单》中说：

> 山东孔藩台家制薄饼，薄如蝉翼，大若茶盘，柔嫩绝伦……吃孔方伯薄饼，而天下之薄饼可废。

袁枚是钱塘（今浙江杭州）人，他不仅是清朝乾嘉时期著名的诗人、散文家、文学评论家，还是著名的美食家。藩台是省总督的属官，又称布政使，雅称方伯，专管一省的财赋和人事。孔藩台特别喜欢煎饼，并视之为稀有的美食，还常用这一美食招待客人。孔藩台家的煎饼，自然材料精美，制作精致，其品质高于普通粮食制作的煎饼，这对于生于杭州的袁枚自然是难得的美食了。

最全面记载煎饼知识的，是清代蒲松龄的《煎饼赋》。蒲松龄是淄川蒲家庄（今淄博市淄川区洪山镇蒲家庄）人，他生于斯，长于斯，终老于斯，与煎饼有着不解之缘。在赋文中，他既考证了煎饼演变的历史，又记述了当时制作食用煎饼的状况。

《煎饼赋》收录在《聊斋文集》中。由于《聊斋文集》一书长期以来只以抄本形式流传，因而《煎饼赋》一文流传版本颇多。九州书局出版的《聊斋文集》新式标点本，收录的《煎饼赋》（并续）全文如下：

序

> 古面食皆以饼名，盖取面水合并之义。若汤饼、蒸饼、胡饼之属，已见于汉魏间。至薄溲、薄持、安溲、牢丸、束晰赋及之，然

不解其何物。齐俗则尚薄饼。昔高瓒卷大饼如庭柱，蜀赵氏合三斗面，为一枚，是皆乖巧，当世即秘其传。惟明邱文庄，进轶饼于上而甘之，因以为名。是薄饼之制，其来已数代矣。独煎饼合米豆为之，齐人以代面食。二月二日尤竞之。是时荐新葱，富者夹半咸肉，比户胥然。昔惟北齐主与石动筒有"卒律葛答"之谜，而他不概见。岂非自古及今，惟齐有之欤？缘行于世者不远，故见之古者尤稀。康熙中，齐亢旸甚，二麦辄数岁不登。则煎饼之裨于民生，非浅鲜也。因为之赋。

赋

煎饼之制，何代斯兴？溲合米豆，磨如胶饧。机须两歧之势，鏊为鼎足之形，掬瓦盆之一杓，经火烙而滂溯，乃随手而左旋，如磨上蚁行，黄白忽变，斯须而成，卒律葛答，乘兹热铛，一翻手而覆手，作十百于俄顷，圆如望月，大如铜征，薄似剡溪之纸，色似黄鹤之翎，此煎饼之定制也。若易之以莜屑，则如秋练之辉腾；杂之以蜀黍，又如西山日落返照而霞生。夹以脂肤相半之豚胁，浸以肥腻不二之鸡羹，晨一饱而达暮，腹殷然其雷鸣。备老饕之一啖，亦可以鼓腹而延生。若夫经宿冷毳，尚须烹调。或拭鹅脂，或假豚膏，三五重叠，炙爇成焦，味松酥而爽口，香四散而远飘。更有层层卷折，断以厨刀，纵横历乱，绝似冷淘。汤合盐豉，末锉兰椒，鼎中水沸，零落金条。时霜寒而水冻，佐小啜于凌朝；额涔涔而欲汗，胜金帐之饮羊羔。奈尔东人运蹇，奇荒相继，豆落南山，拟于珠粒。穷惨淡之经营，生凶荒之妙制，采绿叶于椒榆，渍浓液以杂治，带藜烟而携来，色柔华而苍翠。野老于此，效得酱于仲尼，仿缩葱于侯氏。朵双颐，据墙茨，咤咤枨枨，鲸吞任意。左持巨卷，右拾遗坠，方且笑锅底饭之不伦，讶五侯鲭之过费。有锦衣公子过而美之曰："愿以我鼎内之所烹，博尔手中之所遗可乎？"野老怃然，掉头不易。

《煎饼赋》内容大体可分为三个部分。开头到"此煎饼之定制也"为第一部分，简要介绍了煎饼的基本制作方法。其后到"胜金帐之饮羊羔"为第二部分，描述了煎饼的食用方法。之后到文末为第三部分，刻画了在灾荒之年中百姓制作、食用煎饼的情况。

《煎饼赋》制作方法部分写得十分精彩，译成现代汉语是：

煎饼的做法是从何年何代兴起的，现已无从知晓了。做煎饼之前，把米和豆一起浸泡，磨成黏稠的浆液。摊煎饼工具的扒像耙子，烙煎饼的鏊子三条腿，呈鼎立形状。从瓦盆中舀出一勺黏稠的糊浆倒在烧热的鏊子上，立即发出“滂溯”之声。然后，立刻持扒向左旋转，糊浆像蚂蚁一样在鏊盘上爬行，颜色变成黄白色，片刻间便烙成煎饼了。趁着这时的热鏊，手一翻一覆，再来一张，很快就能做出几十甚至上百个煎饼来。煎饼像满月一样圆，似铜锣一样大，如剡溪出产的纸一样薄，颜色则像黄鹤的羽翎。这就是煎饼的基本制作方法。如果换成荞麦面，煎饼的颜色就会像洁白的丝绢光彩闪耀；若掺入高粱面，就会像晚霞升起。在煎饼中卷上猪肉中肥瘦适宜的五花肉，或者蘸以肥而不腻的鸡汤，那么只需一顿早餐，直至傍晚腹中还没有饥饿感。老饕享用一次煎饼，必定吃得鼓腹而不止，他一定拍打着肚子高兴得无法形容。如果过了一宿，煎饼变冷发脆，食用时可以再加烹调，如擦涂上鹅的脂肪或猪的油脂，将三五张煎饼折叠起来，用火烤焦，其味道松软酥脆，入口清爽，香气四溢，飘向远处。也可以将煎饼一层层卷起，用厨刀切成面条的形状，在汤中放入盐、豆豉和兰椒粉末，待锅中的水沸腾时，将煎饼下入锅中，则又像金条一般。有时天气寒冷，南山中散落的豆子，像珍珠一样珍贵。人们费尽心思，想出了在灾荒时期制作煎饼的奇巧办法：从花椒树和榆树上采摘下绿叶，混合浸泡，与粮食一同磨成糊状，摊烙出的煎饼，颜色柔华苍翠。村野老人就像孔子得酱、侯思正缩葱一样，大口咬下，鼓动腮颊，慢慢咀嚼，倚靠在墙边，发出“咤咤枨枨”的声音，惬意如鲸吞。左手拿着煎饼卷，右手捡起掉落的煎饼碎末，刚要笑话自己的饭菜不像美味佳肴，这时有衣着华丽的公子路过，羡慕地说：“我愿意用我鼎中所烹调的食物，换你手里所剩下的煎饼，可以吗？”村野老人听后，连忙扭过头去，不愿意和他交换。

《煎饼赋》（并序）中的典故

其一：束晰。

束晰是晋朝人，曾作《饼赋》。晋朝，人们把馒头也称作“饼”。凡以面加水做剂子，中间有馅的，都叫“饼”。

其二：卒律葛答之谜。

隋朝侯白《启颜录》卷下《石动筒》记载：南北朝时的某一天，北齐高帝萧道成对几个大臣说：“我出个谜语你们猜猜吧，谜面是‘卒律葛答’。”只有石动筒猜出来是煎饼。萧道成又让大臣们也出个谜语，大伙还没制作出来，石动筒便说：“卒律葛答！”萧道成没猜出来，问他是什么？石动筒说：“是煎饼。”萧道成说：“这是我刚才出过的谜语，你怎么又重出呢？”石动筒说：“我趁你的煎饼锅还热，就跟着又做了一个。”萧道成于是大笑。“卒律葛答”是北方少数民族突厥语，译成汉语是“前火食并”，这四字合起来正好组成“煎饼”二字。

其三：得酱于仲尼。

《论语·乡党》有孔子“不得其酱不食”之语。这里的“酱”，喻指美味。

其四：缩葱于侯氏。

北宋《太平广记》卷二五八《侯思正》记载：任职侍御史的侯思正贪吃，为在笼饼中多加肉，令其厨师在制作笼饼时少放葱，时人笑称侯思正为“缩葱侍御史”。

其五：五侯鲭。

《西京杂记》记载：汉成帝的舅舅王谭、王根、王立、王商、王逢五人同封侯，但相互不和，门下宾客亦互不往来。娄护能言善辩，在五侯之间辗转受供养，并能各得其欢心，常能享受到各家奇特的膳食。娄护将从五侯之家所得奇膳合成制作成鲭，世称“五侯鲭”。后世遂将“五侯鲭”比喻为美味佳肴。

蒲松龄不仅特别喜欢吃杂粮煎饼，而且还亲自研究摊煎饼的工艺方法。他摊出来的煎饼不但在色泽、薄厚上统一规格，口味上独具特色，而且在吃煎饼上也时常花样翻新。传说，煎饼卷大葱就是蒲松龄推广的。

蒲松龄的家乡山东淄川，有一对以卖煎饼为生的母女。由于做的是小本生意，她们没有本钱像其他煎饼铺那样在煎饼中间卷上油条，也买不起炸油条的设备，无奈之下，娘儿俩只得把大葱剥净切段，再配以小菜，卷在煎饼中间卖给顾客，可是买的人却很少。一天，蒲松龄路过她们的煎饼铺，看到娘儿俩的窘境，十分同情，便想帮帮她们。不一会儿，蒲松龄拿着一副对联走进了娘儿俩的煎饼铺，并亲手帮她们贴到了门上。上联是：鏊圆糊稀摊开大；下联是：葱多酱少卷上长。众人一看不禁齐声喝彩。再看横批：越吃越短，又引发了一阵笑声。于是人们纷纷掏钱购买，吃着煎饼卷大葱，顿觉别有风味。此后，母女俩的煎饼铺果然生意兴隆，她们也一直非常感念蒲松龄的伸手相助。

虽然是传说，但仔细琢磨起来的确是可能的：沂蒙山区及淄川盛产煎饼，与之毗邻的章丘盛产大葱，而且口感脆、甜，辣味轻，适合生食，吃煎饼常花样翻新的蒲松龄，将两者有机结合起来而形成简单而独特的食用方法，自然是合情合理的。

冯玉祥对煎饼的研究

近代人对煎饼的研究莫过于冯玉祥。

冯玉祥原籍安徽省巢县（今安徽巢湖市），生于直隶青县（今属河北沧州市），从小到大没有吃过煎饼。他对煎饼的研究，不仅是因为在山东品尝到了煎饼的美味，更在于他感悟到了煎饼可成为军粮，能利于抗战。

1935年，冯玉祥组织的“察哈尔民众抗日同盟军”被蒋介石强行解散。无奈之下，他到泰山隐居读书。但他隐居泰山期间，心中仍念念不忘抗日救国。

山东煎饼是泰山百姓的日常主食，冯玉祥的餐桌上也常备煎饼。对这种干硬的主食，他由不适应到适应，很快就喜爱上了。为了食用方便，他安排伙房支上了鏊子，让炊事员自己制作煎饼。

有一天，他去伙房慰问炊事员，看见摊焦的煎饼上的焦痕像个文字，颇有文才的他触发了灵感，立即派人去定做一盘鏊子，并在鏊子中间铸上了他写的四个隶书字——抗日救国。用这个特制鏊子摊出来的煎饼，中间都显出“抗日救国”四个字。从此，冯玉祥招待客人都摆上这种煎饼，不仅展示了文采，更是借以宣传抗日救国。

冯玉祥不仅把煎饼做成了抗日食品，还极力提倡用煎饼做军食，供应抗日前线。他认为：

> 资本主义国家的军队，战时吃的是饼干、罐头。我们国家穷，吃不起。馒头、大饼易腐，不好储存。在战地生火做饭，又容易暴露目标。只有煎饼既久而不腐，又省钱，且容易携带。而制作煎饼用的原料，又是我国盛产的玉米、高粱、小米、大豆，最适合我国的情况了。他将自己的研究成果写成一本专著，名为《煎饼——抗日与军食》。

这篇小册子有57000多字，分为五个部分。

第一部分：抗日战争是不可避免的。

他从国民经济上的原因、政治上的原因、国际关系上的原因、历史上的原因等方面深入分析，得出了亲日政策是自取灭亡的死路的结论。

第二部分：抗日与军食。

在这一部分，冯玉祥从抗日准备的角度，分析了我国民食供给的现状、民食不足的原因、怎样解决我国民食不足等问题；分析了抗日的军食问题、抗日战争之时间与战士数量的估计、粮食的耕地数量和产量估计，对粮食资源做了一个量化的大致估计；分析了我国民食原料的百分比、军食的基本条件、军食与干粮、制作干粮法；分析了麦面与谷米及稻米制作干粮的方法，并对皖南的“炒锅巴”“锅巴粉”和“锅巴粉糕”作军粮优缺点进行了分析对比；还以戚继光剿倭寇的“光饼”为例说明干燥面饼作军粮的意义。

冯玉祥专著《煎饼》

第三部分：煎饼与军食。

这一部分考证了煎饼的历史，煎饼粮食的化学成分，煎饼粮食养分与其他粮食的比较，煎饼的地理范围，煎饼粮食的栽培面积与产量以及东北四省在粮食生产上的地位等，还记述了煎饼的制造工序，制造煎饼的工具，石磨的形式及作用，鏊子的作用，以及需用的燃料问题。

第四部分：抗日军食的一个计划。

这一部分论述了制造和供给军食的中心地的选定，战期各阶段的抗日战士数量的估计，一千万战士的军食的需要量，以及煎饼军食的制造、供给和石磨的制造和数量、鏊子的制造和数量、煎饼工人的数量和训练、燃料的需要量和改良等相关问题，指出计划的根本在于认识和精神。

第五部分，抗日战争应有的认识和前途。

这一部分指出，抗日战争是民族解放的历史任务，抗日战争是中国民众心坎里的要求，要从一切生活习惯，思想行动上实践抗日的准备和奋斗，结论是抗日战争的前途是光明的。

1937年卢沟桥事变之后，他将这本书送给蒋介石，希望能解决抗日战争中军队的粮食补给问题。尽管蒋介石及其政府没有重视和采纳冯玉祥用心良苦的建议，但在后来的抗日战争和解放战争中，山东煎饼确实发挥了很大的作用。

冯玉祥隐居泰山期间，时常有当时的军政要人、社会名流前往拜访或交流，他招待客人也都少不了这种煎饼。

冯玉祥赠送友人的礼物，不是名人字画、古董、珠宝等，而是他的“抗日煎饼”。这些最为普通的山东普通食品，却使许多文化名流如获至宝。如老舍、郭沫若、胡适、翦伯赞等人，都曾获此特别礼物，他们将这种礼物称之为“冯玉祥煎饼”。胡适在1937年7月25日的日记中写道：

> 回寓后，沧波来谈到半夜。肚子饿了，我取出了冯玉祥先生送我的煎饼，和他分吃，居然很可吃！

沧波即程沧波，曾任国民党中央日报社社长。胡适收到冯玉祥赠送的煎饼后，没有随后吃掉，而是珍藏起来。他跟程沧波谈话久了肚子饿了，才舍得拿出来共同享用，足见其珍惜之情。

诸葛亮与煎饼的传说

琅邪阳都是诸葛亮的祖居地、出生地和少年生活地。诸葛亮少年时以煎饼为主食，在他身上也有着许多与煎饼有关的美好传说。

煎饼解军困

诸葛亮辅佐刘备之初，兵微将寡，常被曹兵追杀。有一次，他在河南某地被曹兵围困在一个山坳里。士兵饥饿困乏，在逃跑中大部分行军锅又丢失了，按时就餐成为一大难题。情急之中，诸葛亮想起了家乡的煎饼，便发动士兵用石头把粮食碾磨成细粉，教士兵把细粉加水调成糊状，把铜锣置火上，用木棍将面糊摊平，不一会儿就烙出了香喷喷的薄饼。毕竟铜锣太少，不够用的，诸葛亮又教大家用薄石板代替铜锣烙煎饼。吃了煎饼后，军士士气大振，杀出重围。诸葛亮以石板烙制薄饼的方法很快传开了，当地人纷纷依法炮制。后来，当地人从诸葛亮家乡人口中得知了烙煎饼的铁器叫“鏊子”，从此用鏊子做煎饼就传到了河南。

“五胡乱华”时，中原汉民大量逃往江南，河南学会摊烙煎饼的那部分汉民也随之过江避难。以后他们辗转到了闽粤地区，逐渐成为客家人。虽然喜食煎饼的习惯保留了下来，但是随着食材和气候的变化，由原先习惯摊烙薄而干燥的煎饼，逐渐返祖，回归了烙制厚饼或用油煎制面饼了。

煎饼卷天下

赤壁大战前，诸葛亮寻求联盟来到东吴。孙权热情设宴款待，并令周瑜筹备宴席。周瑜素知诸葛亮知识广博而善辩，便精心设计了一桌酒席，准备出其不意地诘难诸葛亮。宾主落座，开始上菜，只见很快端上来十几个盘子，在桌子上围成一圈，每个盘中都有一条用鱼做的菜。诸葛亮看了一眼孙权，赞美说：“鱼米之乡，名不虚传也！”孙权客气中带着炫耀兼有试探性地请诸葛亮品尝：“先生钟情江东水席乎？”诸葛亮回答说：“江东水席，口味偏淡。吾北人口重，偏爱浓郁之味。”周瑜见机，朝侍者使了一个眼色，侍者立即端来了两个盘子放到中间，一个盘中盛着清蒸雏鸡，另一盘中盛着麻辣雏鸡。周瑜笑着对诸葛亮说：“南人爱食鱼，北人爱雏鸡。特地为先生准备了清蒸雏鸡和麻辣雏鸡，先生喜食何味？”诸葛亮心里暗笑：“你视我为来自北方的雏鸡，寓意我落汤啊！看我如何对付你。”只见诸葛亮笑着说：“北菜咸鲜，食之壮体。鄂川麻辣，更开胃口。二者皆我所欲也。”说完，命从人取来自备的煎饼，先将清蒸雏鸡夹了一块放在煎饼上，又将麻辣雏鸡夹了一块混在其中，然后不慌不忙地把煎饼卷起来，美滋滋地吃了一口，说：“美哉！”周瑜大惊：“先生欲席卷天下乎？”诸葛亮答曰：“江东独存。”接着又说：“清蒸雏鸡有味，红烧岂不更美？”孙权似有所悟，也索要了一张煎饼，先夹了一点清蒸雏鸡，又将水席菜逐一夹了一点，学着诸葛亮卷而食之，独留麻辣菜未动。诸葛亮会意，满意地笑了起来，周瑜也开心地笑了。

后来，诸葛亮计借东风，周瑜火烧战船，孙刘联手在赤壁大败曹军。周瑜回想到诸葛亮“清蒸有味，红烧更美”的话，由衷地佩服之余，嫉妒之心也油然而生，不禁仰天长叹：“既生瑜，何生亮！”

据说，唐朝武则天时期，祖籍东海郡郯城县的谏臣徐有功，游览赤壁时曾吟诗一首：

滚滚长江虽天堑，怎挡百万虎狼兵。
若非煎饼合吴蜀，天下早已归曹公。

煎饼传密令

赤壁一战，曹操大败而还，刘备不仅占领了荆州的江南四郡，而且又成功地向孙权借了荆州的要地——江陵郡（俗称借荆州），从而站稳了脚跟，开始向西川发展。孙权越想越觉得吃了大亏，便派诸葛亮的哥哥诸葛瑾去讨还荆州。刘备犯了难：如果把荆州还给孙权，就失掉了将来两路出兵中原的战略基地；当时诸葛亮出面借荆州时说是临时借用以作落脚之地，如要赖不还，必定被天下人耻笑。刘备找诸葛亮商议对策，诸葛亮笑答：“此事不难。你可答应下来，我修书一封给云长，他自会处理。”

诸葛亮修书一封，让诸葛瑾带着去见荆州守将关羽，让关羽退还荆州，并顺便捎去煎饼和粳米粥粉，以示慰劳。关羽收到信件和慰劳礼品后，明白了这是“兼并（煎饼）荆州（粳粥）”的意思，便以“将在外君命有所不受”为由，拒还荆州。为此，东吴上下都记恨关羽。后来，关羽与东吴作战败走麦城，被东吴大将吕蒙杀死。所以在关羽的故乡山西运城有：“煎饼成全诸葛亮，却害关羽走麦城”的说法。

明朝，诸葛亮的老乡，官居太子太保的临沂人王憬却对此说法不以为然，写诗为煎饼辩冤：

人食煎饼皆福寿，何以单独害关公？

英雄最忌骄矜气，应防吴下有阿蒙。

后　记

沂南县的近代历史，已有不少人做了挖掘整理工作，也形成了一大批研究成果，但也还有许多有待进一步挖掘和考证的史实。相比之下，沂南县的古代历史就很少有人下功夫去挖掘了，即便是有人涉猎，也略嫌散乱和浅显。我在这方面挖掘的史料，在《古史撷英》中载录了一部分，本著《古史究真》可视为续集。

历史这种几乎看不到什么“产出”和“收益”的学科，在功利的视角下自然是“没用”的，特别是一个县区域内的史志记载以外的边角史料，更是如此。

殊不知正是这些边角史料，也许能弥补史志之不足，或能纠正史志之谬误。如，本著《杨家道口与桥船碑》钩沉出的马应午职为沂水知县的史实，就填补了沂水县对道光七年以后知县辑录的空白。又如，《信量桥史实辩正》对信量桥栏板浮雕画内容的识读，至少纠正了1997版《沂南县志》对浮雕识读的三处错误。还有，羊阑湖之战的钩沉，也填补了临沂市研究幅军与捻军历史的不足。

《古史究真》中的有些文章偏于对以往定型之说的指谬和纠误，故名之曰“究真”。所谓究真，并非刻意与谁过不去，意在认真计较也。

这些指谬、纠误和补白，对一般读者来说可能是过于计较，但对于热爱历史研究的人来说可能读来眼睛一亮，也可能因有不同见解而诉诸笔端。若有如此青睐和执着者，当属真同仁也。

笔者生于沂南南乡，曾工作于沂南西南乡，因为较为熟悉的原因，所以对沂南南部的历史挖掘较多而深，他地则相对挖掘较少且浅。笔者年及古稀，精力有限，只能留有遗憾了；这也好，为后来者留下了继续笔耕的土地。

李遵刚

记于芥子书屋

2021年10月